Palmen in Warschau

Annette Dittert

PALMEN IN WARSCHAU

Notizen aus dem neuen Polen

Kiepenheuer & Witsch

1. Auflage 2004

© 2004 by Verlag Kiepenheuer & Witsch, Köln
Alle Rechte vorbehalten. Kein Teil des Werkes
darf in irgendeiner Form (durch Fotografie, Mikrofilm
oder ein anderes Verfahren) ohne schriftliche
Genehmigung des Verlages reproduziert oder unter
Verwendung elektronischer Systeme verarbeitet,
vervielfältigt oder verbreitet werden.
Bildrechte: © WDR
Reproarbeiten: grafik & sound, Köln
Karte: © Wieslaw Prus
Umschlaggestaltung: Rudolf Linn, Köln
Umschlagfotos Titelseite: © WDR / Bettina Fürst-Fastré und Peter Salomo
Umschlagfoto Rückseite: © Maciej Walczak
Gesetzt aus der Garamond Stempel (Berthold)
Satz: Kalle Giese, Overath
Druck und Bindearbeiten: GGP Media GmbH, Pößneck
ISBN 3-462-03444-8

Inhalt

In Polen, also nirgendwo	9
Palmen in Warschau	11
Kakerlaken in der Milchbar	31
Dinosaurier an der Ostsee	53
Warum Wanda nicht mehr in die Weichsel springt	71
Das Mädchen aus den Plattenbauten	93
Krakau, der Papst und die neue Zeit	115
Kino in Masuren	135
Die Straße der Ameisen	153
Blues in Oberschlesien	175
Der letzte Rabbi in Lezajsk	193
Hippies in den Karpaten	213
Heimat	237
Zeittafel	247
Literaturhinweise	251

In Polen, also nirgendwo

Wenn ich gewusst hätte, wo ich landen würde, hätte ich es vielleicht nicht gewagt. Aber ich wusste nichts, rein gar nichts über dieses Polen, als ich vor drei Jahren an einem trüben Wintertag in Warschau mit dem Flugzeug ankam.

Ich hatte meinen Vertrag bereits unterschrieben, ohne jemals hier gewesen zu sein, und das Erste, was ich von oben sah von dem Land, das ab jetzt meine Heimat sein sollte, war das orange leuchtende Signet eines deutschen Baumarkts, der seine Container in einem Vorort der Hauptstadt aufgeschlagen hatte.

Seltsam, dachte ich, ausgerechnet ein deutscher Baumarkt in der Stadt, die Deutschland im Zweiten Weltkrieg so gnadenlos zerstört hat.

Seltsam war auch, dass mir beim Landeanflug das erste Mal auffiel, dass ich überhaupt keine Vorstellung von diesem Land und seiner Hauptstadt hatte. Nur eine graue Idee, verschwommen und unklar. Ein diffuses Wissen darüber, dass Warschau damals vor dem Zweiten Weltkrieg eine außergewöhnlich schöne Stadt gewesen sein muss, bevor die Nazis sie als Rache für den Warschauer Aufstand komplett in die Luft sprengten. Den Rest hatten dann die Kommunisten erledigt. Zumindest architektonisch.

Die Plattenbauten waren das Zweite, was ich vom Flugzeug aus erkennen konnte. Größer und gespenstischer schienen sie mir als die, die ich aus Ostberlin kannte. Als Westberlinerin hatte ich Ostberlin nie gemocht, die graue, anonyme andere Seite der Stadt. Über eine Stadt wie Warschau hatten wir deshalb erst recht nicht nachgedacht. Nie. In meinem Schulatlas war alles, was östlich hinter der Mauer lag, grau. Karteneinheitsgrau.

Deshalb konnte ich auch jahrelang die Straßen von Berlin-Mitte nicht unterscheiden, verfuhr mich dort noch viele Jahre nach der Wende. Und Warschau – obwohl es de facto nur 500 Kilometer entfernt liegt – war noch weiter im Ungewissen, noch weiter Richtung Osten. Irgendwo da hinten. Die Steigerung von grau, wenn es so etwas geben sollte.

Da landete ich jetzt. Ich landete also mitten in einem Land, von dem ich nichts wusste und das nicht auf mich gewartet hatte. Aber ich war wild entschlossen, mich hier zurechtzufinden. Der Baumarkt war schließlich auch schon da. In Polen, also nirgendwo.

Am Ende wurden es drei Jahre voller Überraschungen. Die Palme in Warschau war eine davon. Und zwar gleich die erste.

Palmen in Warschau

Es ist die blaue Stunde. Die Zeit zwischen Tag und Abend, in der mit dem Beginn der Dämmerung jede Stadt eine kurze magische Phase durchlebt. Die Zeit, in der die Kunstlichter gerade angesprungen sind und noch für einen Moment mit dem Tageslicht konkurrieren. Selbst Warschau, die große Betonburg, ist schön in diesem kurzen Moment.

Das Mädchen steht mitten auf der Verkehrsinsel, die rote Wollmütze tief ins Gesicht gezogen, in der Hand eine kleine Plastikpalme. Wenn man näher hinsieht, erkennt man, dass es kein Mädchen ist, sondern eine junge Frau. Die Mütze lässt sie jünger scheinen. Und die riesigen Augen. Die Frau heißt Joanna Rajkowska. Sie will hier mitten im Zentrum eine Palme pflanzen. Eine Palme aus Plastik. Joanna Rajkowska ist Künstlerin und will den Warschauern durch die Palme zeigen, wo sie leben. Oder vielmehr, wo sie nicht leben: nicht in Amerika, nicht in Florida, nicht im Westen, sondern im Osten. In einer Stadt, in der eine Palme nur aus Plastik sein kann.

Ich hatte mich mit ihr verabredet, auf dieser Verkehrsinsel, dem Rondo de Gaulle, um hier mit ihr ein Interview zu drehen. Ich wollte wissen, worum es ihr eigentlich ging, bei diesem Projekt, von dem ich in der Zeitung gelesen hatte. Ein Projekt, das sie seit Monaten gegen alle Widerstände verfolgte. Ziemlich hartnäckig übrigens.

Ein kleiner dicker Polizist, den irgendjemand in eine hellgelbe Schutzkleidung gesteckt hat wie in eine Rüstung, versucht zunächst, uns zu vertreiben. Diese Verkehrsinsel ist sein Platz.

Aber Joanna kennt den Mann schon. Und so lässt er uns unser Gespräch in Ruhe führen.

Sie zieht sich die Wollmütze tiefer ins Gesicht, es ist Anfang Dezember und klirrend kalt heute Abend. Die kleine Plastikpalme hält sie mit beiden Händen direkt vor ihr Gesicht, bevor sie sie dann sorgfältig in ihrer Tasche verstaut. Erst dann beginnt sie zu erzählen, während rund um uns der Feierabendverkehr tobt. Laut und rücksichtslos, wie immer um diese Zeit.

»Warschau ist eine so zerrissene Stadt. Eine Stadt, in der der Kapitalismus nach 1989 in seiner rohen, blutigen Form eingeschlagen ist, völlig unerwartet. Und sie ist eine sehr östliche Stadt. Die das nicht erwartet hatte. Die Menschen sitzen jetzt zu Hause. Weil sie nicht mehr wissen, wer sie sind, haben sie sich dort eingeschlossen, meist paarweise, und kapseln sich ab. Es spricht hier niemand mehr miteinander. Es gibt keinen Austausch mehr. Nur noch Konsum. Und damit kommt keiner klar. Denn das war vorher ganz anders.«

Sie steht sehr gerade, die kleine Frau, und streckt sich noch einmal, bevor sie weiterspricht. »Selbst hier, im Zentrum von Warschau, keine Kommunikation. Und deshalb habe ich beschlossen, dass hier, genau hier, eine Palme stehen soll. Damit die Menschen, die hier entlanghasten, kapieren, dass sie nicht in Amerika leben, sondern im Osten. In einer Stadt, in der eine echte Palme gar nicht überleben könnte. Und dass wir, die Menschen hier, nur dann gut überleben werden, wenn wir uns auf unsere eigene östliche Identität besinnen.« Ein Ambulanzwagen mit amerikanischer Sirene rast heulend über den Platz. Als der ohrenbetäubende Lärm vorbei ist, setzt Joanna noch einmal an. »Wenn hier eine Palme stünde, dann müssen die Leute nach oben schauen, dann müssen sie irgendwie miteinander sprechen, und sei es darüber, dass das eine idiotische Idee war. Die Palme könnte eine Art Plattform sein, von der aus die Stadt beginnt, sich selbst zu sehen.«

Es ist ein seltsamer Platz, dieses Rondo de Gaulle, mitten im Zentrum von Warschau. Ein Kreisel, um den herum nicht nur zur Rushhour die Autos toben. Auf der einen Seite bewacht von einem großen bunkerartigen sozialistischen Gebäude, der ehemaligen Parteizentrale der Kommunisten, in die kurz nach der Wende zunächst die Börse einzog und in der heute eine Versicherung ihren Sitz hat. Auf der Seite gegenüber begrenzt durch ein hohes, mit Werbeplakaten behangenes Kulturkaufhaus. Amerika eben. Einer der unübersichtlichsten Punkte in dieser an architektonischem Durcheinander nicht eben armen Stadt. Joanna selbst hat hier gewohnt, drei Jahre lang. Seitdem sei dieser Platz mit der Jerusalem-Allee, die wie eine große Arterie durch ihn hindurchgeht, zu einem Wendepunkt in ihrem Leben geworden. Eines Tages habe sie bei roter Ampel vor dem Straßenschild gestanden, es gelesen und innegehalten. Es war der Tag, an dem sie begriff, wie blind und taub die Menschen in ihrer Stadt geworden waren. Und dass sie selbst ihre eigene Stadt, das Viertel, in dem sie lebte, noch nie wirklich wahrgenommen hatte. »Die Leute spüren sich hier heute nicht mehr, es ist einfach zu viel auf einmal passiert in den letzten Jahren. Nicht nur den Kontakt zu sich, sondern auch den zur Vergangenheit haben sie verloren. Niemand denkt noch darüber nach, wieso diese Straße eigentlich Jerusalem-Allee heißt.«

Sie selbst hatte es schließlich nachrecherchiert und eine seltsame Geschichte zu Tage befördert. Im 18. Jahrhundert, genauer: im Jahr 1774, gründete hier, am damaligen Stadtrand, ein polnischer Fürst namens August Sulkowski ein jüdisches Viertel. Das neue Jerusalem sollte es werden. Zu einer Zeit, in der es den Juden aber noch gesetzlich verboten war, innerhalb der Stadtmauern jüdische Siedlungen zu errichten. Der Handel der Juden wurde schnell eine unangenehme Konkurrenz für die umliegenden Handwerker und Händler. Zwei Jahre später, im Januar 1776, kam es zu einem Prozess gegen die Siedlung, den Sulkowski verlor. Die Waren der Juden wurden konfisziert, die

Häuser dem Erdboden gleichgemacht. Erste Ausprägungen von polnischem Antisemitismus, der sich in der Geschichte noch wiederholen sollte.

Joanna will jetzt gehen, denn es ist so kalt geworden, dass das Sprechen schwer fällt. »Es ist doch seltsam, dass das alles verschwunden, der Straßenname aber geblieben ist und dennoch kein Mensch mehr darüber nachdenkt, woher er kommt.« Die Jerusalem-Allee. Die so gar nicht nach Allee aussieht, die stattdessen nur aus Beton und Asphalt besteht. Ursprünglich wollte Joanna deshalb hier eine ganze Reihe von Palmen aufstellen, »aber das war schon gar nicht machbar, die eine Palme ist schon irreal und teuer genug.« Denn eigentlich hatte sie das Projekt schon längst aufgegeben. Einige zehntausend Dollar würde es nämlich kosten, ein solches Plastikteil aus den USA zu importieren. Nur dort, von einer Firma in San Diego, würden sie so hergestellt, wie sie, Joanna, sich das vorstelle. Und Sponsoren gebe es auch nicht, weit und breit. Alle Firmen, bei denen sie bis jetzt angefragt habe, hätten sie nur ausgelacht.

Sie nimmt die kleine Plastikpalme zum Abschied noch einmal aus ihrer Tasche, winkt damit wie mit einem Zauberstab und verschwindet im Verkehrschaos. Zurück bleibt der dicke gelbe Polizist, der kopfschüttelnd zusieht, wie wir unsere Ausrüstung zusammenpacken und davonfahren.

Dieses Gespräch blieb mir lange im Kopf. Auf dem gedrehten Material war die kleine Plastikpalme so real. Von nahem gegen den Warschauer Abendhimmel gefilmt, sah sie so groß, so echt und so überzeugend aus, wie Joanna es sich vorgestellt hatte. Als ob sie schon immer hier gestanden hätte. Sie würde ihm gut tun, diesem chaotischen Platz ohne Mitte, dieser Stadt ohne Identität. Und ein Jahr später stand sie tatsächlich dort.

Nach diesem Interview hatte ich begonnen, Joanna bei der Suche nach Sponsoren zu helfen. Und das, was so lange nicht sein sollte, gelang plötzlich. Zwei deutsche Firmen erklärten sich bereit, einen Großteil der Kosten zu übernehmen, und Joannas Hartnäckigkeit tat ein Übriges. Nach einem Jahr Kampf gegen die Stadt, die Bürokratie und besonders gegen das städtische Verkehrsamt, das sich Sorgen um die Autofahrer machte, stand ich wieder mit ihr dort am Rondo de Gaulle. Sie hatte wieder die dicke rote Mütze auf dem Kopf. Es war wieder Winter, aber diesmal war die Plastikpalme echt. So weit man das von einer Plastikpalme sagen kann. Jedenfalls war sie kein kleines Spielzeug mehr, sondern 15 Meter hoch. Genauso, wie Joanna es sich gedacht hatte. Mit einer großen Schere und unter dem Applaus von vielleicht 50 Menschen, die zur »Vernissage« gekommen waren, schnitt sie ein rotweißes Plastikband durch, das vor den Stamm gespannt war. Die Ausstellung war eröffnet. Und das Theater begann.

Schon am nächsten Morgen. Denn zu übersehen war das riesige Plastikgewächs, das jetzt hier aufragte, nicht mehr. Als Erster erregte sich der Taxifahrer, mit dem ich an der frisch gepflanzten Palme vorbeifuhr, um das Werk im hellen Tageslicht zu sehen. Es war schließlich Dezember, und sonst hatte die Stadt um diese Zeit hier immer einen Weihnachtsbaum aufgestellt.

»Das war wenigstens etwas fürs Herz. Aber so eine Plastikpalme? Was soll das denn?« Als ich ihm erkläre, dass sie mir gefällt, dass ich es großartig finde, dass sie hier steht, dass ich denke, dass sie hierhin passt, in diese völlig verrückte Stadt, und dass der Platz vorher viel schlimmer aussah, dreht er sich abrupt zu mir hin, um mir direkt ins Gesicht zu sagen, was *er* davon hält. »Wissen Sie was?! Ich bin einer der wenigen echten Warschauer hier, und ich kann mich noch erinnern, an das, was hier passiert ist, nachdem die Deutschen die Stadt gesprengt hatten.« Dass ich eine Deutsche sei, das habe er gleich gemerkt, und dass ausgerechnet ich jetzt für noch mehr Chaos in dieser Stadt sei, in der sich doch auch so schon keiner mehr zurechtfinde, das könne er nicht verstehen. Er habe wirklich nichts gegen die Deutschen, nicht mehr, aber das gehe jetzt einfach zu weit. »Wissen Sie überhaupt, was das heißt, auf Polnisch, von der Palme geschlagen zu sein? Nein, wissen Sie nicht? Eben.« Er macht eine eindeutige Handbewegung. »Verrückt sein heißt das, ganz einfach.« Und das sei doch wohl das Bekloppteste, was ihm seit langer Zeit hier untergekommen sei. Eine Palme! Hier! Und was jetzt wohl die Touristen denken würden, die hier in die Stadt kämen? »Die müssen doch denken, dass wir alle total durchgedreht sind, wir Warschauer...«

Es habe schon einmal so etwas Seltsames hier gegeben, erzählt mir der Taxifahrer. Damals, in den 70ern, da seien Leute gekommen und hätten Mäuse in Käfigen dorthin gestellt, wo jetzt die Palme stehe, mitten auf die Verkehrsinsel. Das aber habe wenigstens noch einen Sinn gehabt. Die Mäuse sollten die Abgase der Autos einatmen. So wie die Polizisten, die dort seit ewigen Zeiten stünden und die Abgase einatmeten. Nach ein paar Wochen hätten sie die Mäuse wieder eingesammelt und untersucht. »Und da haben sie dann festgestellt, dass die total vergiftet waren. So wie die Verkehrspolizisten, die dort stehen, wahrscheinlich auch total vergiftet sind. Das war wenigstens mal was Sinnvolles, diese Aktion, aber was bringt denn diese Palme da?«

Er schaut mich im Rückspiegel an, trommelt mit den Händen ungeduldig auf dem Lenkrad. Eine Antwort erwartet er nicht: »Sehen Sie! Da fällt Ihnen jetzt auch nichts mehr ein.« Er dreht sich befriedigt um, die Ampel ist auf Grün gesprungen. Er tritt aufs Gas, als ob ihm das laute Motorgeheul Recht geben könne, und wir lassen das Rondo hinter uns. Meine leise Nachfrage, was der Mäusetest den Polizisten denn gebracht habe, die dort schließlich immer noch stünden, wie eh und je, hört er nicht mehr oder will er nicht mehr hören. Vielleicht sollte ich den dicken gelben Polizisten einmal selber fragen, wie es ihm geht, denke ich noch.

Die Gelegenheit dazu habe ich schneller, als ich geglaubt hätte. Einige Monate später, als ich mit Darek im Auto sitze, einem jungen HipHopper, und wir zwischen alten sozialistischen Plattenbauten und modernen amerikanischen Bürohochhäusern kreuz und quer durch die Hauptstadt fahren. Nicht in irgendeinem Auto, sondern in einer alten Syrenka. Die Syrenka, das war einmal der polnische Luxus-Trabbi. Damals, vor der Wende. Ein schönes, rund geschwungenes Gefährt, das von weitem wie eine Kreuzung aus einem alten Saab und einem VW Käfer der 50er Jahre aussieht. Darek ist glücklich. Die Syrenka haben wir für ihn geliehen, da seine beziehungsweise die seiner Eltern schon lange den Geist aufgegeben hat. Er hat, anders als seine Eltern, sehr an ihr gehangen. Darek ist 23. Die Zeit vor der Wende war das Paradies seiner Kindheit, und der Sozialismus ist heute für ihn »cool«, weil er mit ihm nichts mehr verbindet.

Darek ist Moderator beim polnischen Ableger des Musik-TV-Senders Viva. Er ist jung, dünn und nervös und trägt dazu eine Baseballkappe. Heute ist er mit uns unterwegs, um alte sozialistische Relikte für seine Show zusammenzusuchen. Überbleibsel aus der Zeit der alten Volksrepublik, der »PRL«, die jetzt auch hier wieder »in« sind: »Good Bye, Lenin« auf Polnisch. Und das wollten wir drehen. Denn seine Begegnungen, vor allem mit älteren Warschauern, bei denen sich diese Dinge noch finden lassen würden, interessierten mich. Und auch seine ganz andere Sicht auf diese Zeit, die er uns umgehend und gerne darstellt: »Ich war drei, und es war 1981, als der General Jaruzelski das Kriegsrecht ausrief, und ich hatte einen Sandkasten, in dem wir gespielt haben. Meine Spielzeuge waren vielleicht nicht so schön wie die, die die Kinder heute haben, kein Hightech und kein Lego, aber ich war happy. Ich hatte nicht das Gefühl, dass mich die politische Situation erdrückt. Nur manchmal und nur dann, wenn ich mit meiner Mutter zum Fleischer gehen und, statt zu spielen, mit ihr in der Schlange anstehen musste. Aber sonst war das eine super Zeit.«

Warum es heute wieder so viele junge Polen gibt, die diese Zeiten auferstehen lassen, ohne sich an sie zu erinnern, will ich wissen. Darek hat die Frage zwar mitbekommen, kann aber nicht gleich antworten, denn der dritte Gang streikt. Er flucht, fummelt an der Kupplung herum und haut ihn schließlich mit Gewalt rein. Es kracht gewaltig, und er lehnt sich für einen kurzen Moment erleichtert zurück, bevor er wieder rhythmisch zum Verkehrslärm zu wippen beginnt. »Ich glaube«, sagt er, »diese Mode ist gekommen, weil die alten Zeiten einfach ein Klima hatten, eine eigene, unverwechselbare Atmosphäre. Heute ist hier alles amerikanisch. Guck doch mal, rechts und links Glas- und Stahlhochhäuser, in denen die Yuppies in ihren superschicken Büros sitzen. Und wenn sie abends da rauskommen, rasen sie nach Hause, um sich irgendwo in einem genauso schicken, genauso anonymen Vorstadtreihenhaus davon zu erholen. Und wenn wir uns jetzt diese alten Klamotten kaufen, dann wollen wir damit klarmachen, dass *wir* ein bisschen mehr im Kopf haben als die. Dass *wir* bei diesem Rattenrennen nicht mitmachen.«

Obwohl das manchmal schon unpraktisch sei, mit diesen Klamotten. »Die Plastikhemden aus dem Sozialismus stinken einfach«, Darek grinst. Und ein bisschen lächerlich seien sie auch. Vor allem die nachgemachten Ostjeans und die Schlaghosen.

Die Syrenka, die wir für ihn geliehen haben, ist knallgelb und hat keine Heizung. Das hatten die Syrenkas übrigens nie. Dareks Atem, der sichtbar kleine Wölkchen formt, lässt die Scheibe und unsere Kamera beschlagen. Janek, der Kameramann, klemmt unbequem unten vor dem Beifahrersitz und flucht. Denn es ist eng, und der Wagen hat innen wenig Platz. Weniger jedenfalls, als man von außen vermuten würde. Und der Motor ist auch nicht der allerzuverlässigste, vor allem im Winter nicht. Seit Darek den Gang so hart geschaltet hat, klingt er auch nicht mehr rund, und als ich darüber nachdenke, wie lange das noch gut gehen werde mit der Kälte, dem Interview und dem Auto, gibt der Motor auch schon seinen Geist auf. Erst klingt er so, als habe er Schluckauf, dann macht er mit dem Auto einen kleinen Satz nach vorne und schließlich – nichts mehr. Eine kurze Sekunde lang herrscht Stille, mitten im Verkehr, zwischen all den anderen Autos, bevor sie fast gleichzeitig im Chor empört zu hupen beginnen.

Als ich vor mir den dicken, kleinen, gelb gewandeten Polizisten erkenne, merke ich, dass es ausgerechnet das Rondo de Gaulle ist, wo wir gestrandet sind. Direkt unter der Palme. Manchmal gibt es Zufälle im Leben, die man nicht hätte inszenieren können. Da das Hupen um uns herum aggressive Züge annimmt, schieben wir die Syrenka auf die Verkehrsinsel. Der Polizist ist wohl doch ein anderer als der, der uns damals verscheuchen wollte. Denn er ist gütig und nickt uns zu. Er kennt das mit den Syrenkas. Seine Eltern hatten sicher auch eine.

Darek friert und wirkt noch dünner, als er hektisch in seiner Tasche nach dem Handy fahndet. Es gebe da so einen Typ, der das Ding reparieren könne. Aber das könne dauern, bis der hier sei. Bei dem Verkehr. Und gesund sei das auch nicht, hier herumzustehen. Ich muss an die Mäuse denken, die hier für die Verkehrspolizisten vergiftet wurden, irgendwie umsonst. Wir erklären dem Polizisten die Situation, und er grinst breit. Wie man aber auch heutzutage noch so ein Auto fahren könne ...

Ob es eigentlich anders für ihn sei, seit die Palme hier stehe, will ich wissen. Er verdreht die Augen und sagt, er wisse auch nicht, warum die hier stehe. Dass er jetzt aber ständig danach gefragt werde. Wahrscheinlich wegen des EU-Beitritts und der neuen Zeiten, antwortet er dann. Sicher sei er sich da aber nicht. Niemand habe ihm erklärt, was die Palme hier solle. Und lästig sei es außerdem, dass hier jetzt dauernd Menschen auf der Verkehrsinsel herumstünden, wo das doch eigentlich verboten sei. Neulich sei sogar eine ganze Hochzeitsgesellschaft hier vorbeigekommen, um hier das Hochzeitsfoto zu machen. Die Braut, ganz traditionell in Weiß, unter der Palme, das sei ein seltsames Bild gewesen. Der Fotograf habe direkt auf dem Boden gelegen, weil er sie sonst nicht gemeinsam mit den Blättern aufs Bild bekommen hätte. Erst habe er es ihnen verbieten wollen, aber dann habe er gedacht, warum eigentlich nicht. Die Zeiten seien ja sowieso völlig durcheinander heute.

Ob wir etwa auch wegen der Palme hier seien? Nein, winke ich ab, und kurz darauf kommt auch der Mechaniker. Ein junger Typ im Blaumann, der sich sofort in den Motor versenkt und sich nur ungern in ein Gespräch verwickeln lässt. Ob es noch viele solcher Autos hier gebe? »Nein, nur noch ganz wenige. Nur noch Fans haben heute eine Syrenka. Sind zu oft kaputt.« Ob er auch ein Fan sei? »Nein, reparier die nur.« Aber seine Eltern, rückt er dann doch raus, als er aus den Tiefen des Motors wieder auftaucht, die hätten auch eine Syrenka gehabt. Die »Königin der Nebenstraßen« habe sie geheißen, damals. »Weil sich kaum einer mit ihr auf die Hauptstraßen getraut hat. Weil sie eben immer kaputt war. Und es nie Ersatzteile gab.« Was übrigens auch heute das größte Problem sei. Darek steht unter der Palme und hüpft in der Kälte ungeduldig von einem Bein aufs andere. Die neuen, schicken Westautos rund ums Rondo stecken fest, und ihre Fahrer beobachten uns hasserfüllt. Stau. Ich muss wieder an die Mäuse denken.

Ich frage ihn, wie er die Palme findet, aber er sieht nur kurz hoch und schüttelt den Kopf. Plastik, das sei doch absurd. Und noch nicht mal eine Werbefläche. Wozu das denn gut sein solle? Aber es passe zu dieser kaputten Stadt. Er finde Warschau, ehrlich gesagt, einfach nur scheußlich, sagt Darek jetzt. Nicht erst, seit es so amerikanisch geworden sei. Er stamme aus dem Süden Polens. Aus Grochow, einem kleinen Dorf direkt neben Wadowice, der Stadt, in der Papst Johannes Paul II. geboren sei. Und das sei ihm wichtig, dass auch er, Darek, aus den Bergen sei. Als ich über den vermeintlichen Witz lachen will, wird er so ernst, dass ich ihm stattdessen aufmerksam zuhöre.«Da fühle ich mich echt wohl, da habe ich so ein Zuhausegefühl, das man hier nie haben kann, in diesem durchgeknallten Warschau. Da sitzt man in einer Berghütte, trinkt Glühwein, bespricht das Leben und hält sich an die Regeln. Ohne Regeln überlebt man da nämlich nicht, anders als hier. Und das hat etwas Beruhigendes, dass es da klare Regeln gibt.« Er sei ein Gorale. »Gorale« heißt wörtlich übersetzt: der in den Bergen lebt. So nennen sich die Menschen in der Tatra, im Süden Polens. Ein cleveres, dickköpfiges, den eigenen, oft jahrhundertealten Traditionen sehr verpflichtetes Völkchen, das aber offenbar auch solche Nachtschattengewächse wie diesen HipHop-Darek hervorbringen konnte, der jetzt wie ein Clown um den Mechaniker herumtobt, um ihn bei Laune zu halten.

Ich betrachte ihn genauer. Vielleicht bekam ihm die Stadt tatsächlich deshalb so schlecht, weil er vom Land war, und vielleicht war seine Sehnsucht nach dem Sozialismus doch so eine Art Nostalgie. Die Sehnsucht nach der Kindheit, in der alles geregelt ist. Die Sehnsucht nach einem ruhigen Leben auf dem Land, die ich schon so oft bei den Warschauern gespürt hatte. Bei diesen Warschauern, die ihre Stadt jeden Freitagabend fast fluchtartig und so vollständig verlassen, dass man als Zurückbleibende nur in tiefste Einsamkeit verfallen kann. Sie lieben ihre Stadt nicht, die Warschauer. Denn kaum einer von ihnen ist hier geboren. Fast 80 Prozent der damaligen Hauptstadtbewohner waren während des Krieges von den Nazis umgebracht oder in Lager verschleppt worden. Und die, die hier heute leben, sind zum großen Teil von den Sozialisten importierte Landmenschen, die die Arbeiter der neuen Zeit hätten werden sollen. Gegen ihre Herkunft und gegen ihren Willen. Kein Wunder also, dass sie bis heute am Wochenende auf die Datscha flüchten.

Darek also ist der Sohn einer solchen Familie. Charmant, witzig bis zur Schmerzgrenze, weil er so unbedingt gefallen will, in einer Stadt, in der er – wie seine Eltern, die mit ihm aus dem Süden Polens hierher gezogen waren – nie heimisch geworden ist. Wenn Heimischwerden in dieser Stadt überhaupt möglich ist.

Plötzlich steht wieder der gelbe Polizist vor mir. Ich will ihn eigentlich noch fragen, wie das denn so sei mit den Abgasen, auf die Dauer, und warum das mit den Mäusen nicht wenigstens zu einer Schutzmaske für die Verkehrspolizisten geführt habe, aber er winkt mich so bestimmt in Richtung Syrenka, dass ich es dabei belasse und jetzt auch sehe: Es fährt wieder, unser Auto. Darek sitzt schon am Steuer und drängelt zum Weiterfahren.

Die erste ältere Dame, bei der wir anklopfen, ist Pani Danuta, also Frau Danuta. Wir hatten schon vorher telefonisch mit ihr vereinbart, dass wir kommen und dabei drehen würden, und sie war einverstanden. Als sie die Tür öffnet, ist sie aber doch nervös. Und Darek weiß auch nicht, wie er sich verhalten soll. Er gibt also den Clown. Diese Rolle kennt er am besten. Stürzt in die Wohnung mit seiner Baseballkappe und redet ohne Unterlass. Dass er bei Viva moderiere, diese alten sozialistischen Sachen suche, sie ja davon noch etwas habe, wie er wisse, und überhaupt.

Pani Danuta steht daneben und sieht vornehm aus. In einem eleganten Wollkostüm, einen Schal dazu französisch über die Schulter geschwungen, lächelt sie, damenhaft und nur leicht irritiert. Sie war Korrekturleserin bei der polnischen »Prawda«, also für die Zensur zuständig, und hasste diesen Job mindestens so wie das ganze Regime. Ihre Wohnung ist die einer gepflegten Intellektuellen. Bücherregale, klassische polnische Kunst an den Wänden, ein Bauernzimmer, in dem es in Sachen Möblierung etwas rustikaler zugeht. Da das Bauernzimmer nicht geheizt wird, bittet sie uns in ihr Wohnzimmer, in dem Darek sofort den Staubsauger entdeckt, den sie für ihn schon herausgesucht hatte – und der sehr nach Sozialismus aussieht. Ob er den tatsächlich haben könne, ihr den abkaufen könne, fragt er aufgedreht, und sie lächelt wieder so damenhaft und zurückhaltend wie schon zuvor. »Natürlich, ich habe noch einen anderen und, ehrlich gesagt, finde ich all diese Dinge von damals einfach scheußlich.« Ob sie wisse, dass das aber jetzt der neue Trend sei? Darek wiegt den Staubsauger im Arm wie ein Baby. »Ich hab davon gehört, es ist sehr erstaunlich, aber ich habe es gehört.« Pani Danuta lächelt wieder und bietet ihrem seltsamen jungen Gast einen Sessel an. Als er sich setzt, setzt sie sich ebenfalls. Irgendwie will sie jetzt doch genauer wissen, worum es hier geht.

»Junger Mann«, beginnt sie, immer noch lächelnd, »wissen Sie eigentlich, was das für Zeiten waren damals? Das waren langweilige, schreckliche Zeiten. Der Sozialismus, das hieß vor allem: ganz schlechter Geschmack, kein Stil und grässliche Architektur. Wie kann man das denn heute wieder gut finden?«

Darek hört freundlich zu, erklärt ihr aber dann unverdrossen, dass sein Nylonhemd eine Menge Geld gekostet habe, auf dem Flohmarkt, dass es gar nicht mehr so einfach sei, solche Dinge heute in Warschau zu bekommen, und dass das alles noch immer besser sei als dieser amerikanische Unsinn, der neuerdings über die Stadt geschwappt sei.

Pani Danuta hat jetzt aufgehört zu lächeln und schüttelt den Kopf. »Wissen Sie denn nicht, dass es die Zensur gab, dass man seine Meinung nicht frei äußern durfte, dass man in Angst gelebt hat? Ich war ja selber in einer Redaktion tätig, und ich wusste, dass man nicht aus der Reihe tanzen durfte. Keine Kritik äußern durfte, keine politischen Themen anschneiden konnte. Und über Amerika zum Beispiel durfte man noch nicht einmal reden!«

Was denn an diesem blöden Amerika so toll sein solle? Darek lehnt sich nach vorne und will jetzt provozieren. Aber Pani Danuta ist viel zu sehr Dame, um sich so leicht aus der Fassung bringen zu lassen. »Alles ist besser als das, was wir hatten. Das

Schlimmste war übrigens die Architektur, die bis heute die Stadt dominiert. Diese grässlichen Plattenbauten. Und natürlich der Kulturpalast. Ich kann mich noch genau erinnern, wie es war, als er gebaut wurde. Auf Anweisung von Stalin. Ein Geschenk unserer russischen Freunde. Wir waren alle total erschreckt, als sie tatsächlich damit begonnen haben, diesen riesigen Zuckerbäckerpalast mitten ins Herz unserer Stadt zu setzen. Und einer meiner Freunde, ein Arzt, der hatte einen Traum, als der Palast schon fertig war: dass eines Tages eine riesige Neonreklame an ihm prangen sollte, mit der Aufschrift Coca-Cola. Von oben bis unten, in riesigen leuchtenden Lettern. Denn Coca-Cola, das war damals verboten, es war ein Symbol, und es bedeutete Freiheit.« Pani Danuta lehnt sich entspannt zurück in ihrem Sessel, denn sie hat gesagt, was sie sagen wollte, und die Geschichte hatte ihr außerdem Recht gegeben. Heute ist der Kulturpalast regelmäßig mit riesigen Werbeplakaten behängt.

Dennoch ist er bis heute eines der umstrittensten Gebäude der Stadt. Zum Logo des städtischen HipHop-Radios ist er geworden, und wenn er auch in der Tat ein Monster ist, so ist er doch gleichzeitig das einzige erkennbare Wahrzeichen Warschaus, das Symbol dieser Hauptstadt, aus der er nicht mehr wegzudenken ist. Und auf eine bestimmte Weise ist er wirklich einzigartig und mit seinen 234 Metern das angeblich vierthöchste Hochhaus Europas. Büro-, Konferenz- und Ausstellungsräume erstrecken sich über eine Fläche von insgesamt über hunderttausend Quadratmetern. Theater, Galerien und Kinos findet man hier und, als Pointe, im Keller ein Schwimmbad in original stalinistischem Stil, eine imposante Schwimmhalle, die, wie immer bei Stalin, hauptsächlich an die Architektur von New York erinnert.

Es ist ein gigantisches Gebäude, der Inbegriff des grotesk-kitschigen Größenwahns Stalins, der mit diesen Palästen die amerikanischen Skyscraper übertreffen wollte.

Fast drei Jahre lang, von 1952 bis zur feierlichen Eröffnung am 22. Juli 1955, arbeiteten insgesamt 7000 Menschen an seiner Fertigstellung, die Hälfte der Arbeiter kam aus der Sowjetunion. Fast 2000 Warschauer, die seit Kriegsende auf dem Platz gelebt hatten, mussten umgesiedelt werden, ihre Häuser wurden dem Erdboden gleichgemacht. Die Baumaterialien besorgte der große russische Bruder bei polnischen Firmen. Bezahlt wurden sie von Moskau jedoch nie. Kein Wunder, dass die alten Warschauer den Palast bis heute hassen. Die Wende überlebt hat er nur, weil es unmöglich war, ihn zu sprengen. Stahlbeton.

»Nicht mal Bin Laden würde den schaffen«, meint der zahnlose Buchhändler, der seinen Stand direkt unter ihm hat und der hier japanische Comics in polnischer Übersetzung verkauft, auf dieser großen freien Fläche, die sich rings um den Kulturpalast zieht und die bis heute eine Bauwüste ist. Als ob in seinem Schatten einfach nichts gedeihen kann. Und so stehen rund um dieses gestrandete Raumschiff die absurdesten Buden der ganzen Stadt. Miese kleine Plastikzelte, in denen vom Mülleimer bis zum Nylon-BH alles angeboten wird, was billig und hässlich ist. Und es zieht hier. Immer und zu jeder Jahreszeit. Wenn man es nicht schon ist, dann wird man depressiv auf diesem Platz, auf dem Weg zum Kulturpalast. Der Buchhändler ist auch depressiv. Niemand sehe ihm in die Augen hier, noch nicht einmal beim Bezahlen, nuschelt er und rückt sein baufälliges Campingstühlchen zurecht. »Der schönste Platz in Warschau ist deshalb sowieso der auf der Aussichtsterrasse des Palastes«, brummt er weiter. Die Pointe lässt er weg, aber die kennt ja auch jeder in Warschau. Die Aussichtsterrasse sei einfach deshalb der schönste Ort in Warschau, weil das der einzige Platz der Stadt ist, von dem aus man ihn nicht sieht, den Stalinbau.

Im 15. Stock des Kulturpalastes sitzt die wahrscheinlich einzige Polin ihrer Generation, die ihn wirklich mag. Denn er ist ihr Palast. Hanna Szczubelek heißt diese Frau. Seit 43 Jahren residiert sie in ihrem kleinen Büro und schreibt an seiner Geschichte: Sie ist die Chronistin des Kulturpalastes, ein Posten, den noch die Sozialisten eingerichtet hatten. Eine kleine, unscheinbare Frau in schlichtem Kostüm, die fast immer eine Zigarette in der Hand hat. Seit dem Tag, an dem sie vor acht Jahren erfuhr, dass sie in Rente gehen und ihre Stelle nicht wiederbesetzt werden sollte, kommt sie auf eigene Faust. Sonst wäre ja alles umsonst gewesen.

Sehr aufrecht sitzt sie dort seitdem, hinter einem kleinen schmucklosen Tisch, und schreibt. Leidenschaftslos, auf den ersten Blick, aber sehr genau – und sehr zufrieden. Denn fast jede Woche kommt irgendein Historiker, ein Journalist, ein Neugieriger vorbei, um sie zu befragen. Dann hält sie ihnen das wuchtige Buch entgegen, das sie seit so vielen Jahren bewacht, und beantwortet die Fragen. Hanna Szczubelek ist eine bekannte Frau. Gestern war sogar MTV da. Die Leute von dem Musiksender interessierten sich allerdings hauptsächlich für die vielen Katzen im Untergeschoss. Pani Hanna runzelt die Stirn. »Keiner weiß, wo sie herkommen und wovon sie leben, aber es muss wohl auch Mäuse geben da unten.« Es gebe nämlich fast nichts hier, was es nicht gebe. An manchen Mythen allerdings, das müsse sie mir gleich sagen, an denen sei nichts dran. Zum einen diese Geschichte, in der zweiten Unteretage sei ein Atombunker: »Totaler Quatsch!« Und dann diese Geschichte von den geheimen Tunneln, die den Palast unterirdisch mit den Gebäuden des Zentralkomitees der Kommunistischen Partei verbunden hätten: »Das ist ebenfalls kompletter Unsinn, auch wenn das Gerücht nicht totzukriegen ist.« Energisch ist sie, weil es ihr um die Wahrheit geht. Schließlich ist sie Chronistin. Chronistin dieses sozialistischen Relikts, obwohl sie den Sozialismus selbst nicht besonders gemocht hat: »Aber das Gebäude kann ja nichts dafür, und das hier ist ein solides Gebäude. Darauf bin ich stolz. Das ist alles echtes, gutes Material. Eichenholz, Marmor. Und wenn es zu heiß wird, machen wir die Fenster auf.

Hier gibt es nicht diese grässlichen Klimaanlagen, die sie jetzt neuerdings in die Hochhäuser bauen. Hier bleibt man gesund.« Ihre nikotingelbe Haut und die schüttere Dauerwelle sprechen zwar eine andere Sprache, aber so resolut erhebt sie sich jetzt hinter ihrem Schreibtisch, dass man nichts mehr hinterfragen will.

Dann dreht sie sich in einer genau bemessenen Bewegung zur Seite, zeigt auf die vielen neuen Wolkenkratzer, die vor ihrem Fenster im Bau sind, und wird für einen Moment melancholisch. So melancholisch, wie eine Buchhalterin nur sein kann. »Wenn das so weitergeht, wird man ihn bald aus der Ferne nicht mehr sehen können. Das ist Absicht. Da die Stadt den Palast nicht abreißen konnte, baut sie ihn jetzt eben zu.« Das werde ihr fehlen, wenn sie ihn von weitem nicht mehr sehen könne, vor allem nach dem Urlaub, wenn sie schon von der Autobahn aus sehnsüchtig auf den Moment warte, in dem er ihr entgegenragt. Denn bis jetzt sei er doch immer das Erste, was man von Warschau sehen könne, schon 20 Kilometer vor der Stadt. Wenn er jetzt in diesem Durcheinander von neumodischen Glaspalästen und Bürohochhäusern untergehe, dann verliere Warschau sein Gesicht. »Das ist wie mit dem Sozialismus – es war keine gute, aber es war eine übersichtliche Zeit. Man konnte sich mit den kleinsten Sachen an den Parteisekretär wenden, mit allen Problemen. Und man bekam Unterstützung. Nie hat mir jemand reingeredet, was ich hier aufschreibe oder nicht. Es steht alles drin in meiner Chronik, die Solidarnosc-Zeit, das Kriegsrecht, alles. Heute dagegen tut jeder, was er will, und ist damit allein. Jeder kann auf die Straße gehen und demonstrieren. Aber das ist eben auch alles, was er kann. Ansonsten ist das hier ein Dschungel geworden. Es gibt diese reichen jungen Businessleute da draußen, und es gibt den Lehrer meiner Enkelin, der generell verbietet, Brötchen mit in die Schule zu bringen, weil die Kinder sie sich gegenseitig aus den Händen reißen. Diese Kluft zwischen Arm und Reich, die gab es früher nicht und die ist zu groß geworden.«

Sie setzt sich wieder, klappt ihr Buch zu und sieht uns herausfordernd an. Sie weiß, dass sie Recht hat. Und sie wird hier sitzen, solange sie lebt. Egal, was ich oder sonst jemand über ihren Palast denken mag. Denn er ist für immer. So viel ist sicher. Wenn irgendetwas heute noch sicher ist. Sie lehnt sich zurück, die kleine Frau mit der schütteren graublonden Dauerwelle, zündet sich eine Zigarette an und bläst den Rauch Richtung Fenster, hinter dem die gläsernen Hochhäuser wachsen. Die Audienz ist zu Ende.

Darek, der junge, nervöse Viva-Moderator, ist mit uns und seiner Syrenka auf der Suche nach sozialistischen Relikten noch den ganzen Abend durch die Stadt gefahren. Er hat noch viele verschiedene alte Warschauer getroffen, die ihn allesamt für verrückt erklärten. Am schwersten hatte er es mit einem fast 80-jährigen ehemaligen Widerstandskämpfer, Pan Edmund, dessen echte alte Vinyl-Plattensammlung er für einen Partyabend entführen wollte. Fast hätte der ihn rausgeworfen. Schon an der Tür. Denn Darek wollte gleich in voller Montur mit Baseballkappe ins Wohnzimmer stürmen. Aber da hatte er nicht mit Pan Edmund gerechnet. Herr Edmund hat 1944 im Warschauer Aufstand mitgekämpft. Die polnische Flagge als kleines Abzeichen trägt er bis heute am Revers. Ein echter Patriot, bei dem man den Hut abzieht, bevor man sein Wohnzimmer betritt. Und da Darek ein braver Junge ist, nimmt er die Baseballkappe auch folgsam vom Kopf. Auch wenn ihn das für einen kurzen Moment verunsichert. Pan Edmund ist einer dieser wenigen Warschauer, die noch hier geboren sind. Einer, der sich daran erinnern kann, wie Warschau vor dem Krieg aussah. Und das auch gerne erzählt: »Es war damals das Paris des Ostens, dieses Warschau. Eine wunderschöne, sprühende Stadt. Mit eleganten Frauen, die große Hüte trugen, mit Cafés und Restaurants, in denen Klavier gespielt wurde. Mit Kabarett-Theatern, Kneipen und elitären Galerien. Wir wussten, worum wir gekämpft haben, im Warschauer Aufstand, auch wenn es am Ende umsonst war.«

Darek, der junge HipHopper aus den Bergen, aus dem Dorf neben der Stadt, in der der Papst geboren ist, steht da und hört sie sich an, diese fremde Geschichte aus einer anderen Zeit. Mit *seinem* Warschau hat das nichts zu tun. Und als er Pan Edmund erklären will, dass man mit seinem Plattenspieler so richtig cool scratchen könne, da lächelt der alte Mann nur leise. »Nein, mein Junge, ich mag es lieber delikat. Legen wir die Platte auf, so wie ich es immer gemacht habe«, sagt er und führt sanft die Nadel des Tonarms aufs Vinyl. Und Darek, der kleine Junge aus den Bergen, der einfach nur lustig sein wollte, steht plötzlich völlig verloren neben diesem Mann. Denn der weiß, wo er lebt. Dort, wo er geboren ist. Und er weiß, was dort einmal war, in dieser zerrissenen Stadt, die sich nicht mehr preisgibt, schon gar nicht auf den ersten Blick.

Was aus der Palme geworden ist? Sie steht noch immer. Nach einer langen hitzigen Diskussion hat die Stadt sie jetzt tatsächlich übernommen. In der größten polnischen Tageszeitung wurde regelmäßig über das Staunen und die anfängliche Empörung, die sie auslöste, berichtet. Der Streit mit der Stadt, ob sie länger als das ursprünglich geplante eine Jahr stehen könne, war ein anderes Thema. Jetzt wird sie wohl bleiben. Durchgesetzt hat das am Ende nicht der Oberbürgermeister, Lech Kaczynski, ein kleiner komplexbeladener Mann, der sie ein Jahr lang im Namen der Verkehrssicherheit bekämpft hat, sondern sein Vize und ein Unterstützungsverein, dem die namhaftesten Persönlichkeiten der Stadt angehörten. Der Palmen-Unterstützungsverein. Es wurde viel geredet, viel diskutiert, viel erzählt, seit sie dort steht am Rondo de Gaulle. Erstaunlich viele Warschauer haben sich daran beteiligt. Heute trifft man sich unter der Palme. Und jeder Taxifahrer weiß, wo sie steht. Sicher auch der, der mich damals am ersten Tag nach ihrer Taufe dorthin gefahren hat. Vielleicht hat auch er sich heute ein bisschen mit ihr versöhnt. So wie die gelb gekleideten Polizisten, die immer noch dort stehen. Denn auf ganz eigene Weise hat sich die Stadt über die Palme ein Stück neu erfunden. Dieses Warschau, das kein Gesicht und keine Mitte mehr hat und das man sich deshalb nur erzählen lassen kann. Von den Menschen, die hier leben.

Kakerlaken in der Milchbar

Um es gleich vorweg zu sagen: Es gibt keine Kakerlaken mehr in Adams Milchbar mitten im Warschauer Zentrum. Sie heißt nur noch so. Bei den Studenten, die heute hier am liebsten essen. »U Karalucha«, die Bar zur Kakerlake. Weil es hier einmal welche gegeben haben soll. Damals, im Sozialismus. Denn damals waren die Milchbars konkurrenzlos. Und konnten sich solche Haustiere leisten. Sozialistisches Fastfood gab es damals, in einer Großküche hinterm Lokal stets frisch zubereitet, für die Arbeiter und Werktätigen, die das Essengehen woanders kaum hätten bezahlen können. Milchbars hießen sie, weil es hier nur Milch, Kartoffeln und Gemüse gab. Fleisch war Mangelware. In einem berühmten Kultfilm aus den 8oer Jahren bestellt zwar jeder, der die lange Schlange bis zur Theke hinter sich gebracht hat, das Fleischgericht seiner Wahl. Gulasch oder Bigos zum Beispiel, und niemand hinter der Theke widerspricht. Die Illusion der Auswahl zumindest sollte niemandem genommen werden. Ausgeteilt wird dann aber in die am Tisch festgeschraubten Teller an jeden dasselbe: eine undefinierbare braune Buchweizengrütze. Die Messer, die dafür keiner braucht, sind an die Tische gekettet. Der Held des Films wird vom körperlich überlegenen Nachbarn am Ende auch noch um die traurige braune Grütze gebracht. Jeder meiner polnischen Freunde, der diesen Film gesehen hat oder auch nur davon erzählt, kann sich bis heute ausschütten vor Lachen darüber. Obwohl der Film natürlich übertreibt. Festgekettet waren die Messer nie. Es gab einfach selten welche.

Nach 1989 haben denn auch nur wenige Milchbars überlebt. Eine davon ist Adams Milchbar. Die, in der es heute keine Kakerlaken mehr gibt. Denn Adam hat seine Bar renoviert. Er hat sie rot angestrichen, neue Plastikdeckchen für die Tische gekauft, und über der Kasse prangt ein Plastikschild, das für Pepsi-Cola wirbt. Fleischgerichte gibt es jetzt natürlich auch. Ansonsten hat sich nichts geändert. Vor allem die Preise nicht. In Adams Bar kann man noch immer für ein paar Zloty ein komplettes Gericht bekommen. Und deshalb versammelt sich hier jeden Mittag halb Warschau. Nicht nur die Studenten haben ziemlich schnell entdeckt, dass man bei den neuen Fastfood-Ketten aus dem Westen nicht wirklich satt wird. In der Schlange, die manchmal bis auf die Straße reicht, stehen junge Karrieremänner in Anzügen neben den Pennern von nebenan, elegante alte Damen vor einer Gruppe Pfadfinder, Touristen neben dem Taxifahrer, der hier einen kurzen Zwischenstopp einlegt. Denn die Milchbars sind nicht nur billig geblieben, sie sind außerdem auch »in«, genauso wie der ehemals verhasste stalinistische Kulturpalast. Neuerdings gibt es sogar eine Internetseite unter der Adresse »www.barmleczny.pl« (milchbar.pl), auf der sich junge Nachwuchsdichter im postsozialistischen Slang üben.

Adams Milchbar ist also einer der besten Orte, wenn man die Warschauer wirklich kennen lernen will. Hier essen sie alle, und das alle gemeinsam. Der alte Mann zum Beispiel mit dem rührend grauen Resthaar und den großen Händen, der hier jeden Tag am späten Vormittag seine Borschtsch-Suppe trinkt, das polnische Nationalgericht. Glücklich ist er, wenn der Tisch am Fenster frei ist. »Dann weiß ich, es wird ein guter Tag«, grinst er in die Kamera. Wir haben mit Adam vereinbart, dass wir uns drei Tage in seiner Bar herumtreiben und die Kunden drehen dürfen, vorausgesetzt, sie haben nichts dagegen. Der alte Mann hat nichts dagegen, er war Pianist und freut sich über Publikum. »Kein großer Pianist, nicht so einer wie der Szpilman im Polanski-Film, nein, ich war nur ein kleiner Fisch, der sich so durchgeschlagen hat, in zugigen Kellerlöchern, und jetzt kann ich nicht mehr spielen. Gicht.« Er zeigt auf seine knubbligen Finger und verdreht gottergeben die Augen. »Deshalb esse ich hier jeden Mittag. Zu was anderem reicht es bei mir nicht. Für mich ist da draußen alles zu teuer geworden seit der Wende.« Er fuchtelt mit den Händen, denkt einen Moment nach und zeigt dann auf seinen Borschtsch. »Andererseits stinkt es hier nicht mehr so, seit es den Kapitalismus gibt. Sie müssen sich nämlich jetzt Mühe geben. Wenn früher der Borschtsch schlecht und verdorben war, dann war er eben schlecht und verdorben. Interessiert hat das keinen. Heute nehmen sie ihn zurück. Insofern ist es auch wieder gut, dass sich das System geändert hat.« Er nickt, nimmt sein Tablett, stellt es auf die Theke und verschwindet durch den voll gestopften Raum Richtung Ausgang. In einer Milchbar bleibt man nicht lange.

Adam steht hinter der Theke, im weißen Kittel, ein großer hagerer Mann, der in seiner Bar selbst offenbar selten zum Essen kommt. Er steht hinter dem gläsernen Tresen, freundlich lächelnd, während sein Blick über die vielen voll besetzten Tische schweift. Er bemüht sich ganz offensichtlich, den Überblick zu wahren. Hat ein Kunde an der Kasse bezahlt, kommt er mit dem Bon zu ihm, und er gibt die Bestellung an die Küche weiter. Es ist heiß, der Küchendampf ist längst ins Lokal gezogen. Adam steht der Schweiß auf der Stirn. »Früher war das gemütlicher, da hatten die Leute mehr Zeit. Andererseits ist es befriedigend zu sehen, dass wir überlebt haben, trotz der ganzen Konkurrenz da draußen.« Er lächelt wieder, diesmal entschuldigend, und dreht sich zur Schlange vor der Kasse. Es ist kein guter Zeitpunkt für ein Interview, doch er bleibt gelassen. Er mag seine Kunden, und sie mögen ihn. Vielleicht liegt hier das Geheimnis seiner Bar. Und der Grund dafür, dass die Warschauer bei ihm so geduldig Schlange stehen. Adam kennt sie alle, manche mit Namen. Er weiß, wann sie kommen, und er weiß um ihre Rituale und ihre kleinen Gewohnheiten. Er kann auf die Minute genau vorhersagen, wann der Pförtner vom Hotel Victoria jeden Tag die Bar betritt. Und was er dann bestellen wird. Er weiß, dass die in dicke Tücher gewandete alte Bettlerin, die jeden Tag ihr Kleingeld gegen eine Suppe tauscht, in Wirklichkeit ein Mann ist, der irgendwann herausgefunden hat, dass er durch diese Geschlechtsumwandlung mehr Geld machen kann. Und er behält es für sich, wie alles andere. Denn Adam ist mehr als nur ein Küchenchef. Er ist ein Gastgeber, der weiß, dass man die Geheimnisse seiner Gäste hüten muss. Ob er Lieblingskunden habe? Da lächelt er wieder, natürlich ganz diskret, bedeutet uns aber, doch morgen wiederzukommen, um Punkt 12. Pani Zofia und Pani Ania kämen dann, die hätten wir heute verpasst. Zwei alte Damen, die seit zehn Jahren jeden Mittag hier aufträten.

Und ein Auftritt ist es in der Tat, als am nächsten Tag – wie versprochen –, Punkt 12 Uhr, die rote Eingangstür zur Seite geworfen wird. Zuerst sehe ich nur die Hüte, zwei breite Strohhüte, unter denen jeweils ein Paar perfekt geschminkter Augen herausfordernde Blicke ins vermeintliche Publikum wirft, bevor sich die beiden dazugehörigen Damen dann vornehm resigniert am Ende der Schlange einreihen. Das sind sie also, Pani Ania und Pani Zofia. Zusammen 172 Jahre alt, Pani Ania 89 Jahre alt, Pani Zofia 83. »Meist setzen sie sich an einen Tisch mit einem hübschen jungen Studenten, und dann flirten sie mit ihm, was das Zeug hält«, hatte uns Adam am Vortag noch zugeraunt. Und tatsächlich, kaum haben sich die beiden, so elegant und würdevoll, wie das mit einem Plastiktablett in ihrem Alter nur möglich ist, durch die voll besetzten Tische balanciert, schon haben sie den Tisch eines attraktiven 20-jährigen Jungen mit blond gefärbten Rasta-Locken erobert.

Pani Ania ist die Aktivere der beiden. Sie fängt an. Ob er sich mit Literatur auskenne? Sie schreibe nämlich Gedichte, schon seit ihrer Kindheit. Ach nein, der Herr beschäftige sich mehr mit Computern? Das habe sie ja auch immer schon mal wissen wollen, wie das eigentlich funktioniere. Mit dem Klammeräffchen und so? Wieso das eigentlich so heiße? Der junge Student ist verblüfft, aber höflich; er lächelt verlegen und antwortet brav. Polnische Männer, auch die jungen, bleiben immer Gentlemen, egal, wie wild es die Frauen auch treiben mögen. Und so ergreift er erst die Flucht, als er seine Piroggen aufgegessen hat. Dann aber klar und entschieden.

Ob sie das immer so machen, frage ich die beiden, nachdem sein Platz am Tisch frei geworden ist. »Ich bin das nicht«, erklärt mir Zofia, die Ältere, während sie ihr kleines, leicht vertrocknetes Gesicht in unglaublich viele tiefe Falten legt. »Ania fängt immer damit an.« – »Ja, weil Zofia lieber mit alten Knackern redet! Angeblich sei das passender, aber das sehe ich anders. Mir sind die Jungen lieber.« Pani Ania lacht schallend, wirft sich mitsamt ihrem gepflegten hellblauen Kostüm in die Lehne des leicht brüchigen Holzstuhls und haut mir auf die Schulter, als sie wieder nach vorne kommt. Sie ist ganz offensichtlich die Verwegenere der beiden. Ob sie beide aus Warschau sind? »Aber Kind, hier ist doch keiner aus Warschau! Die Warschauer hier heute, das sind alles Nicht-Warschauer, die in einer Nicht-Stadt alles irgendwie wieder zusammengebaut haben und seitdem so tun, als sei das ein normaler Ort.« Als nach dem Krieg das Theater wieder aufgemacht worden sei, hätten sie beide denn auch dort gearbeitet, bei den Illusionsarbeitern, das passte doch. Wieder dieses schallende Gelächter. Als Schauspielerinnen? Nein, als Garderobenfrauen. Aber einmal auf der Bühne stehen, das sei ihrer beider Traum gewesen. Pani Ania nickt in Richtung Zofia und spricht dann leise, aber gerade so laut, dass Zofia es verstehen kann: »Sie hat sogar heimlich geprobt, abends, wenn alle weg waren.« Zofia zuckt nur herablassend mit den Augenbrauen und schaut scheinbar abwesend in den Raum hinein. Diese Provokation kennt sie ganz offensichtlich.

Also lässt Ania den Faden einfach liegen und erzählt wieder von sich. Sie selbst sei aus der Nähe von Lublin, aus einem Dorf in Ostpolen, in dem es hohe Getreidefelder gab und Vögel, die morgens und abends gesungen haben, und staubige Straßen, auf denen sie als Kind gespielt hat. »Nach Warschau sind wir erst nach dem Krieg gekommen, und seitdem habe ich nur noch Ziegelsteine und Beton gesehen. Wie die Tiere haben wir geschuftet, nach 1945, um das hier wieder aufzubauen. Wie die Tiere. Da, wo ich heute wohne, in der Kopernikus-Straße, da stand gar nichts mehr, nicht eine Häuserwand, als ich mit meinen Eltern hier ankam. Eine Nicht-Straße war das, man konnte noch nicht einmal erkennen, wo die Straße langgeführt hatte.« Und deshalb ärgere es sie, dass die Stadt in den letzten Jahren so dreckig und so laut geworden sei. »Da sehe ich doch letzte Woche einen Mann, der seinen Müll einfach auf die Straße wirft, obwohl direkt vor ihm ein Papierkorb steht. Ich also zu ihm hin und sag ihm, er soll seinen Müll nehmen und dort hineinwerfen.« Mit der energischen Handbewegung, die sie jetzt macht, hat sie den Mann vor einer Woche zweifellos auch bedroht: »Fragt der mich, ob das *mein* Warschau hier sei. Und wissen Sie, was ich geantwortet habe? Ja, mein Lieber, das hier *ist mein* Warschau, denn das habe ich mit meinen eigenen Händen aufgebaut. Und da hat er doch tatsächlich den Müll genommen und in den Papierkorb getan.«

Sie lacht jetzt so laut, mit ihrem breiten großen Kindergesicht unter dem Strohhut, dass das ganze Lokal zu uns hinschaut. Ihre Freundin Zofia, die allmählich das Gefühl bekommt, Ania stehle ihr die Show, sieht indigniert zur Seite. Und sagt dann so leise, dass man sich ihr zuwenden muss, dass dieses Warschau, das sie da aufgebaut hätten, heute eben hässlich sei und nie wieder so aussehen werde wie vor dem Krieg. Worauf ein kurzer heftiger Streit zwischen den beiden ausbricht. Einig sind sie sich erst wieder beim Spinat. Der schmeckt nämlich beiden nicht, aber wegwerfen wollen sie ihn auch nicht. Bezahlt ist schließlich bezahlt. Und bei dieser Generation heißt das: aufessen. Und der Herr Adam sehe das auch nicht gerne, wenn sie ihr Essen zurückgehen ließen.

Der hätte es aber heute wohl gar nicht gemerkt. Denn Pan Adam steht derweil vor seiner Bar auf der Straße und raucht. Pause nach dem großen Ansturm. Gegen 14 Uhr wird es ruhiger in seiner Bar, und ab dann beobachtet er immer wieder das Stück Straße vor seiner Haustür, den Ausschnitt aus seiner Stadt, den er seit 30 Jahren fest im Blick hat.

Die Kirche gegenüber sieht er dann, die Heiligkreuz-Kirche, einen großen barocken Bau, vor dem ein Jesus aus schwarzem Gusseisen schwer an seinem Kreuz trägt. Neben ihm parkt seit Jahren eine alte Bäuerin ihren Blumenstand, mit Rosen, Tulpen und Feldblumen, die noch nicht aus Holland kommen, und in der Toreinfahrt dahinter hat die in dunkle Tücher gehüllte Bettlerin ihren festen Platz. Die Frau, die in Wirklichkeit ein Mann ist. Adam inhaliert einmal tief und schüttelt dann leicht den Kopf, den Blick abwesend auf die gegenüberliegende Seite gerichtet, wie jeden Tag um diese Zeit.

»Hier hat sich eigentlich nichts verändert in den letzten Jahren, aber die Stadt ringsum – eine Katastrophe.« Er bläst den Rauch durch die Nase und zeigt Richtung Zentrum, Richtung Kulturpalast: »Da drüben, nur ein paar hundert Meter von hier, ist alles neu und anders. Riesige Werbeplakate für Marken, die kaum jemand kennt, ein Verkehr, wie wir ihn bis vor kurzem hier nicht gehabt haben.« Für die Omis da drin, für Pani Ania und Pani Zofia, sei das alles zu viel, und sie kämen wohl auch deshalb so gerne her, weil es hier in seiner Bar und in seiner Straße noch so sei wie früher. »Und das ist wohl auch der Grund, warum hier immer wieder Filme gedreht werden. Zuletzt war Roman Polanski da. Für seinen Spielfilm ›Der Pianist‹ hat er hier die großen Aufmarschszenen der Nazis gedreht.

Hier, vor der Kirche, direkt hier gegenüber.« Das sei nämlich eine der Kirchen gewesen, die im Warschauer Aufstand eine große Rolle gespielt haben. Hart umkämpft war sie, da direkt neben ihr eines der Hauptquartiere der Nazis war, und in der Kirche beziehungsweise in deren Obergeschoss hatten die Deutschen ein Waffendepot untergebracht. Am Ende hatten die Warschauer die Kirche tatsächlich zurückerobern können. Nach schrecklichen Kämpfen. Der große gusseiserne Jesus habe danach auf der Straße gelegen, wie ein gefallener Soldat, das habe er einmal in einem Film gesehen, den die Aufständischen selbst gedreht hätten.

Ich kannte diese Szene, ich hatte sie im polnischen Fernsehen gesehen und erkannte jetzt auch den gusseisernen Jesus wieder. Die ganze Geschichte erfuhr ich erst sehr viel später, bei den Vorbereitungen zu einem Film über den Warschauer Aufstand, ein Thema, an dem man einfach nicht vorbeikommt, wenn man hier lebt.

Ein kluger Mensch hat einmal gesagt, der Warschauer Aufstand sei »der einzige Fels, auf den die Stadt gegründet ist«, daneben gebe es nichts Wiedererkennbares, woran man sich halten könne. Weder eine Kontinuität der Orte noch der Generationen. Brachland, eine Nicht-Stadt. Der kluge Mensch ist übrigens ein junger Regisseur, Dariusz Gajewski, der mit seinem ersten großen Kinofilm »Warszawa« einen Überraschungserfolg in den polnischen Kinos landete.

Der Film beginnt mit den zwei deutschen Worten, die jeder Pole kennt: »Hände hoch!« In Gajewskis Film wird damit ein alter Mann von zwei Polizisten erschreckt. Ein Veteran des Warschauer Aufstands, ausgerechnet, der wie ein Wiedergänger aus der Geschichte orientierungslos durch das moderne Warschau irrt und jeden Passanten fragt: »Kennen Sie mich? Ich suche jemanden, der mir zeigen kann, wo ich wohne...« Es ist eine sehr berührende Szene in einem Film, der ansonsten von ziemlich jungen Verirrten handelt, die allesamt in die Hauptstadt gereist sind, um hier ihr Leben neu zu erfinden, und die immer wieder an dem alten Mann vorbeilaufen. In einer Stadt, die sich und ihre Geschichte ganz offensichtlich vergessen oder verdrängt hat. Eine Stadt, in der polnische Polizisten einen Kämpfer des Warschauer Aufstands mit Nazi-Sprüchen erschrecken. Und das, obwohl in Warschau rein äußerlich kaum ein Ereignis besser vor dem Vergessen geschützt ist als dieser Aufstand. Jedenfalls wenn man die Denkmäler und Erinnerungstafeln zählt, die an fast jeder Straßenecke der Innenstadt davon berichten.

Der Warschauer Aufstand, der einen Sommer lang dauernde, von Anfang an hoffnungslose Kampf fast der gesamten Stadtbevölkerung gegen die grausame nationalsozialistische Besatzung, ist bis heute eines der schrecklichsten Traumata in Polen. Und wenn es in diesem Warschau einen gemeinsamen historischen, fast mythischen Bezugspunkt gibt, dann ist es tatsächlich dieser Aufstand, sind es die furchtbarsten drei Monate, die die Stadt je erlebt hat.

Es begann am 1. August 1944, nachmittags um fünf. Auf einer großen Uhr an irgendeinem öffentlichen Gebäude springt der Zeiger auf Voll. Der Startschuss. Monatelang hatten sie sich vorbereitet, jetzt sind plötzlich überall auf den Straßen der Innenstadt junge Warschauer unterwegs, mit Munition und Waffen unter weiten Mänteln und in Rucksäcken versteckt. Kinder springen über Barrikaden mit Meldungen, die sie zu anderen Brigaden bringen sollen. Junge Männer legen hektisch Stromkabel, um dort, wo sie kämpfen wollen, unabhängig vom städtischen Stromnetz zu sein, das in der Hand der Nazis ist.

Bilder aus einer Filmszene, die man sich so heute noch ansehen kann. Filmszenen, in denen nichts nachgestellt wurde, denn es handelt sich um Originalmaterial. Die Aufständischen selbst haben ihre Aktivitäten, ihren Alltag und ihre Kämpfe gefilmt. Entstanden sind so über die drei Monate Zehntausende Meter Filmmaterial, das Eindrücklichste, was ich an historischen Bildern aus dieser Zeit je gesehen habe. Denn entstanden ist so die Innenansicht dieses Aufstandes aus der Perspektive der Beteiligten. Die besten polnischen Kameraleute waren dabei, und nachdem es in einem Überraschungscoup gelungen war, von den Nazis einen ganzen Waggon mit Filmrollen, die eigentlich für die Wochenschau gedacht waren, zu erbeuten, entstand auf diese Weise sogar ein Kinofilm, der noch während des Aufstands geschnitten und in einem der Warschauer Kinos gezeigt wurde.

Ein Film über den schlimmsten Kampf der polnischen Heimatarmee. So nämlich nannte sich der bewaffnete nationale Widerstand, der vor allem für ein von Moskau unabhängiges Polen kämpfte. Auch wenn diese Heimatarmee keine wirkliche Armee war, sondern aus verschiedenen Gruppen unterschiedlichster Couleur bestand, war sie doch zumindest in der Zeit des Warschauer Aufstands ein streng hierarchisch organisierter, armeeähnlicher Verbund, in dem sich zu Beginn des Aufstandes in Warschau zirka 40 000 Menschen versammelten. In den Filmszenen tauchen vor allem sehr junge Männer auf, Kinder, halbwüchsige Mädchen mit Waffen. Junge Warschauer, die noch lebten und lieber im Kampf für ihre Freiheit sterben wollten, als so weiterzuleben wie bisher. Eine Generation also, die verzweifelt und jung genug war, um den Aufstand unter diesen Bedingungen überhaupt zu beginnen.

Ich habe mir die Bilder, die damals gedreht wurden, stundenlang angesehen und erst im Laufe dieser Stunden wirklich begriffen, was wir Deutschen dieser Stadt und ihren Bewohnern damals angetan haben. Die ersten Bilder zeigen noch das alte Warschau. Eine elegante, entspannte Stadtlandschaft, Parks sieht man und gut gekleidete Frauen in Feiertagsstimmung mit großen Hüten und teuren Kostümen. An Cafés und Restaurants flanieren sie vorbei, während exklusive Limousinen in den von Jugendstilfassaden gesäumten Straßen langsam ihre Bahn ziehen.

Am Ende sieht man eine Stadt, die man kaum mehr als Stadt erkennen kann. Komplett verwüstetes Brachland, aus dem von irgendwoher stumm und verzweifelt eine lange Reihe zerlumpter Menschen zieht: die wenigen Männer und Frauen der Heimatarmee, die diese drei Monate überlebt und jetzt kapituliert haben. Rechts und links davon deutsche Soldaten, die sie verhaften und in Lager verschleppen werden.

Erst zu diesem Zeitpunkt kam vom anderen Weichselufer die Rote Armee, um Warschau, so wie es sich Stalin vorgestellt hatte, »besenrein« zu übernehmen. 16 000 Kämpfer der Heimatarmee und mehr als 150 000 Ziviliaten waren von den Nazis bis zu diesem Zeitpunkt ermordet worden, während Stalin seine Truppen auf der anderen Weichselseite die ganze Zeit über ruhig hatte zusehen lassen. Über die genauen historischen Umstände dieses verzweifelten und so aussichtslosen Aufstandes ist viel geschrieben und geforscht worden. Sicher ist nur eins: Weder die Alliierten noch Stalin haben den Polen von außen die Hilfe zukommen lassen, die sie gebraucht hätten, um mit ihren bescheidenen Mitteln den Kampf gegen die deutschen Besatzer gewinnen zu können. Stalin nicht, weil er wohl kaum ein Interesse daran hatte, die polnischen Patrioten als starke Kraft in einem Land zu haben, das er sich schon selbst zugeschlagen hatte, und die Alliierten nicht, weil sie Stalin in der heiklen letzten Phase des Krieges gegen Hitler-Deutschland nicht in die Parade fahren wollten. So wurden Warschau und seine Menschen in der Mitte zerrieben. Eine Erfahrung, die die Polen nicht zum ersten Mal in ihrer Geschichte machten, aber wohl zum ersten Mal so brutal und so nachhaltig.

Die selbst gedrehten Bilder der von der deutschen Wehrmacht eingekesselten, verzweifelten Kämpfer sind auch deshalb so eindrücklich, weil es oft kleine alltägliche Szenen sind, die gedreht wurden. Die Druckerei, in der die Untergrundzeitschrift gefertigt wurde, die dann anschließend meist von jungen Mädchen und Kindern auf den Straßen verteilt wurde. Die selbst auf dem flackernden Schwarzweiß-Material noch erschreckend provisorisch wirkenden kleinen Waffenschmieden, junge Männer und Frauen, die auf Holzböcken das Schießen üben. Krankenschwestern, die zu Beginn des Aufstands noch stolz ihr notdürftiges Operationsbesteck sortieren. Aber auch die ersten Erfolge: Ein Trupp Aufständischer nimmt eine ganze Einheit deutscher Wehrmachtssoldaten fest. Aus einem Kellerloch werden sie hervorgeholt wie Ratten, aber ordentlich abgeführt wie Kriegsgefangene, zumindest auf dem gedrehten Material.

Später dann das, was kommen musste angesichts der erdrückenden Übermacht der Besatzer: das Chaos, die Not, ausgemergelte Gesichter, klapprige Gestalten, die in zerschossenen Hinterhöfen eine Suppe kochen. Ein Kind steht dort plötzlich vor einer Toreinfahrt, höchstens acht, neun Jahre alt, mit einer viel zu großen Pickelhaube auf dem todernsten Gesicht, das Gewehr, das es vor sich aufgepflanzt hat wie ein Bajonett, reicht ihm bis knapp unters Kinn.

Eine andere, fast surreal wirkende Szene: Zwei schwarze Pferde laufen plötzlich quer über die völlig verwaiste Straße, panisch, desorientiert, während ganz in der Nähe offenbar geschossen wird. Ein Schnitt, und man sieht im Halbdunkel, wie zwei Männer die Leiber dieser Pferde quer aufschneiden. Katzen oder Hunde gab es zu diesem Zeitpunkt schon lange nicht mehr in der Stadt, so der lakonische Kommentar eines polnischen Dokumentarfilmers, der diese Szene später zusammenmontierte. Dieses Gericht sei schon längst von der Karte gestrichen gewesen.

Und dann steht da plötzlich eine kleine Frau mit Fliegermütze auf einem der Trümmerberge, die immer höher werden. In der einen Hand eine Waffe, die sie neben sich in den Boden gerammt hat, während vor ihr ein Mann steht, der sie mit einem

Orden auszeichnet. Für ihr besonders heldenhaftes Verhalten während der Befreiung der Heiligkreuz-Kirche. Gut zehn Prozent der Soldaten in der Heimatarmee waren Frauen, viele kämpften auch mit der Waffe. Dazu gab es extra ein Dekret, nach dem die Frauen-Soldaten dieselben Rechte und Pflichten wie die Männer hatten. Es gab ein eigenes Frauenbataillon, das sich vor allem mit Sabotage- und Sprengaktionen befasste. Dennoch ist bis heute über die Rolle der kämpfenden Frauen im Warschauer Aufstand nur wenig bekannt. Und bei der ersten Lektüre zum Thema hatte ich auch nichts dazu gefunden.

Deshalb begeben wir uns jetzt auf die Suche nach dieser kleinen Frau auf dem Trümmerberg. Ola Syta, einer Mitarbeiterin aus dem Studio Warschau, die sich immer wieder mit Geschichtsthemen befasst hat, gelingt nach einigen Wochen das ganz Unerwartete und eigentlich Unmögliche: Sie findet die kleine Frau, deren Namen wir nicht kannten und deren Gesicht man unter der viel zu großen Fliegermütze kaum erkennen konnte. Sie lebt noch, in einem Vorort von Warschau, sie heißt Wanda Stawska und ist bereit, mit uns zu sprechen. Obwohl sie seit damals mit keinem Journalisten oder Historiker über ihre Erlebnisse hatte sprechen wollen. Was ihren Vorsatz geändert haben mochte, weiß ich bis heute nicht.

Sie empfängt uns an der Eingangstür ihres kleinen weißen Vororthäuschens und beginnt zu erzählen, bevor wir noch im Flur stehen. Sie wisse ja nicht, ob sie sich an das alles überhaupt noch richtig erinnere, und sie habe auch immer wieder so schreckliche Albträume, wenn sie davon erzählt. Aber jetzt seien wir ja nun einmal da, und ob wir Tee wollten oder lieber Kaffee? Sie ist wirklich sehr klein, diese Wanda Stawska, die ganze Frau geht mir gerade bis zum Schlüsselbein. Sie bemerkt meinen Blick und antwortet sofort darauf. Ja ja, deshalb sei ihr Deckname auf Polnisch auch »Paczek« gewesen, Bällchen. Weil sie schon immer so klein und kompakt gewesen sei und vor allem, weil sie so schnell rennen konnte wie keiner aus ihrem Bataillon. Sie wirft ihren kurz geschnittenen Pagenkopf nach hinten, blinzelt mit den Augen und schaut uns prüfend an. Ola Syta, die Mitarbeiterin, die sie gefunden hat, und mich, die fremde Deutsche. Und deshalb sei sie auch zunächst Meldegängerin gewesen, habe wichtige Botschaften von Stützpunkt zu Stützpunkt getragen, in einem unglaublichen Tempo, wenn sie sich das heute überlege.

Sie setzt sich in einen etwas brüchigen Schaukelstuhl am Fenster und fordert nun auch uns zum Sitzen auf, ohne ihren Redeschwall zu unterbrechen. Den Tee wird eine Nachbarin zubereiten, die sie als »Bodyguard« dazugebeten hatte. »Damals am Anfang hatte ich noch Zöpfe, in den ersten Tagen. Ich war ja erst siebzehn. Aber die hat mir mein Vater am 31. Juli, am Vortag des Aufstands, abgeschnitten. Der war Soldat gewesen, im Ersten Weltkrieg, und der wusste, dass man mit Zöpfen nicht kämpfen konnte. Schließlich mussten wir ja dauernd am Boden unter den Barrikaden vorbeikriechen. Damals war mir das egal, denn der Aufstand sollte ja nur drei Tage dauern, ursprünglich ...« Was sie denn eigentlich in einem so jungen Alter überhaupt dazu motiviert habe, sich als Soldatin bei der Heimatarmee zu melden? »All das, was ich davor erlebt hatte. Die ganze deutsche Besatzung, die ja immer schlimmer wurde mit der Zeit.« Den Ausschlag gegeben hätten mehrere kleine Ereignisse. Einmal, als die Nazis die jüdische Familie aus dem Haus gegenüber verjagt und den Vater, einen alten Professor, dabei auf dem Hof geprügelt hätten wie einen Hund. »Und als dann ein paar Tage später aus irgendeinem Grund geschossen wurde, auf dem Hof vor unserem Haus, stand ich wieder da und musste zusehen. Eine Frau mit einem Kinderwagen versuchte, irgendwie in Deckung zu gehen, aber sie haben einfach weitergeschossen. Warum, weiß ich nicht, aber sie haben auf den Kinderwagen gezielt und ihn auch getroffen. Die Mutter konnte sich retten und schrie wie am Spieß, was aus ihrem

Kind geworden sei. Sie schrie so laut, dass mein kleinerer Bruder, der eigentlich furchtbar ängstlich war, zu dem Kinderwagen hingekrochen ist, auf allen vieren. Und als er wieder zurückkam, war er ganz grün im Gesicht. Und sagte nur: Da ist nichts von über, von dem Kind. Das war der Moment, in dem ich mich entschieden habe zu kämpfen, egal was wird. Und obwohl ich erst siebzehn war. Denn dass Erwachsene Kinder aus Spaß umbringen, das war für mich das Schrecklichste und Ekelhafteste, was es gab. Und dem musste doch irgendjemand ein Ende bereiten.«

Wanda Stawska ist nervös und innerlich längst in der Vergangenheit. So forsch und vorurteilslos sie mich als Deutsche noch vor ihrem Haus begrüßt hatte; jetzt spricht sie nicht mehr direkt mit mir, sondern ausschließlich mit Ola, der Polin.

Die Jungs in ihrem Bataillon hätten sie alle gemocht, weil sie so schnell laufen konnte eben. Aber auch so. »Die haben immer versucht, uns Frauen besonders zu beschützen. Die wussten aber auch, dass wir alles für sie tun würden. Dass wir im Zweifelsfall mindestens so mutig sein würden wie sie. Vor allem die Sanitäterinnen, die ja immer unmittelbar an der Front waren, weil sie die Verletzten aus der direkten Schusslinie herausholen mussten. Das war gefährlicher, als mit einer Waffe herumzulaufen.« Um die Waffe habe sie aber dennoch besonders kämpfen müssen. »Ich war ja zunächst eingeteilt, die Untergrundzeitung zu verteilen und mit Meldungen von Stützpunkt zu Stützpunkt zu laufen. Einmal aber hatte ich einen besonders schwierigen Auftrag. Ich sollte zum Hotel Victoria rennen, quer durch die von den Deutschen besetzten Teile der Stadt, und keiner wollte das so recht, weil keiner glaubte, da heil durchzukommen. Aber ich wusste, wie ich das machen würde, ich hatte einen Plan.«

Sie lächelt breit und in Gedanken und lehnt sich langsam zurück in ihrem Schaukelstuhl. Verraten, das sehe ich, wird sie ihren Plan bis heute nicht. »Also habe ich den ausgeführt und die Mission geschafft. Alle waren ziemlich stolz auf mich, aber ich habe nur geantwortet, wieso kann ich dann nicht auch eine Waffe haben? Dann wäre ich zumindest sicherer.« Bis zum 3. August quälte sie ihre Kombattanten, dann hatten die offenbar genug von der kleinen Frau, die nicht lockerließ. Kurz bevor sie in der Marszalkowska-Straße gemeinsam mit den Jungen ihrer Einheit eine Gruppe Deutscher gefangen nahm, die zuvor polnische Zivilisten erschossen hatte, bekam sie ihre Waffe, allerdings nur eine alte Smith-Wesson, die nicht wirklich schoss. »Und als ich dann den deutschen Soldaten damit ihre Gewehre abnehmen wollte, da haben die einfach nur gelacht. Weil ich ein Kind war, klar. In einem karierten Mantel. Und kleine, eng anliegende Kringel-Locken hatte, nachdem mir mein Vater die Zöpfe abgeschnitten hatte. Angst hatten die nur vor den Jungs. Die aber auch nicht viel älter waren.« Die Empörung steht ihr jetzt noch ins Gesicht geschrieben. Erst ein paar Wochen später bekam sie dann eine richtige Waffe, eine »Blyskawica«, den »Blitz«, ein echtes Maschinengewehr, das die Heimatarmee schon Monate zuvor in der Konspiration produziert hatte. »Getötet habe ich allerdings nie. Gott sei Dank. Einmal war ich kurz davor. Und davon träume ich bis heute.« Sie runzelt die Stirn, und es ist klar, dass sie sich schon jetzt vor ihren Albträumen zu fürchten beginnt. Aber sie will weitermachen. Jetzt habe sie sich einmal dazu entschlossen, mit uns zu sprechen, und fertig. Außerdem habe es auch schöne Momente gegeben, trotz allem. Alle Jungs seien in die Kämpferinnen verknallt gewesen. Vor allem in eine aus ihrem Bataillon. In Baskia, eine dunkelhaarige Schönheit. Wanda lächelt für einen Moment. »Wir waren doch alle so jung. Und es entstand eine so unglaubliche Solidarität und Nähe in dieser ganzen Aussichtslosigkeit.«

Nach nur wenigen Wochen war selbst den größten Optimisten klar geworden, dass dieser Kampf nicht zu gewinnen war. Die Deutschen hatten ihre Truppen verstärkt, zum Teil um unberechenbare Killerkommandos, gleichzeitig gab es Hitlers so genannten »Befehl Nr. 1«: 1. Alle Aufständischen sollten nach der Gefangennahme erschossen werden. (...) 2. Der nichtkämpfende Teil der Bevölkerung wäre ohne Unterschied niederzumachen. 3. Die ganze Stadt sei dem Erdboden gleichzumachen, d. h., alle Häuser, Straßen und alles, was sich in der Stadt befindet, sollte zerstört werden.

Am 5. August erschossen deutsche Soldaten im Rahmen gezielter Massenexekutionen in Wola und Ochota, zwei Stadtteilen Warschaus, zwischen 30 000 und 40 000 Menschen. Kinder, Greise, Frauen. Die vielen tausend Warschauer, die gefangen genommen wurden, überlebten zunächst nur, weil die Munition ausgegangen war. Und als nach tagelangem, massivem Raketen- und Granatenbeschuss am 1. September die Warschauer Altstadt fiel, der Kernstützpunkt der Heimatarmee, war die Schlacht verloren. Tausende von Verwundeten lagen auf den Straßen. Panik und blanke Angst brachen aus. Die Menschen, die noch laufen konnten, versuchten, durch die Abwässerkanäle zu fliehen, die allerdings häufig durch Sauerstoffmangel und deutsche Giftgasattacken zu tödlichen Fallen wurden. Teile der Zivilbevölkerung und nicht transportfähige Verwundete mussten sie zurücklassen.

Wanda Stawska verfolgte diese Kämpfe von außen. Ihr Bataillon stand hilflos vor der Altstadt und versuchte den eingeschlossenen Soldaten, die immer stärker beschossen wurden, eine Rückzugslinie freizukämpfen. »Ich habe viele furchtbare Dinge erlebt im Lauf dieser drei Monate, aber das Schlimmste waren tatsächlich diese Tage Anfang September. Da standen wir, direkt vor der Altstadt, aus der nur noch Rauch aufstieg, auf wirklich völlig verlorenem Posten, irgendjemand gab in der Panik ein falsches Zeichen, und wir waren plötzlich in der Falle. Die Deutschen schossen mit Granaten von überall her. Das war ja alles völlig unübersichtlich, es gab keine klaren Frontlinien in so einer Stadt. Und dann traf es zwei unserer Soldaten, und als die Sanitäterinnen dorthin liefen, wurden sie von den Deutschen einfach angeschossen, obwohl die ganz genau sehen konnten, dass das Sanitäterinnen waren. Eine von den beiden war Zynia, die ein paar Wochen zuvor ihre gesamte Familie verloren hatte. Und die mir schon gesagt hatte, dass sie auch sterben werde, in diesem Krieg. Sie wollte mir noch einen Tag vorher ihre Goldkette schenken, aber ich wollte die nicht, ich wollte ja, dass sie weiterkämpft. Und dann lag sie da, mit Ela, einer Freundin, die mit einem unserer Soldaten verlobt war. Sie schrien und stöhnten, und wir standen alle nur ein paar hundert Meter entfernt. Und wollten helfen. Aber unser Kommandant hatte es bei Strafe verboten. Zwei Tage haben wir dort gestanden und zugesehen, wie sie sich quälten, Stunde um Stunde. Immer wieder haben wir die weiße Flagge rausgehängt. Aber es half nichts, die Deutschen haben sofort geschossen, wenn einer von uns sich auch nur einen Schritt auf die beiden zu bewegte. Als sie tot waren, nach zwei Tagen, da haben sie uns in Ruhe gelassen, diese Schweine, und sind weitergezogen. Der Freund von Ela ist sie dann beide holen gegangen. Er ist nie wieder zurückgekommen zu uns. Er war psychisch am Ende danach. Gebrochen.« Wanda Stawska nimmt ihre Teetasse: »Auf Sanitäterinnen schießt man doch nicht.« Sie nimmt einen kleinen Schluck, nickt, schweigt und fasst sich wieder. Ja, so sei das gewesen. Und noch viel schrecklichere Dinge seien passiert. Am Ende seien sie alle nur noch müde gewesen. Müde, verwundet und erschöpft. Sie selbst erlitt schwere Verletzungen an der Wirbelsäule, an denen sie bis heute leidet, wenn sie länger herumlaufen muss. Für viele war es schließlich fast eine Erlösung, als Ende September die Kapitulation kam. »Nachdem die Altstadt, die südlichen Stadtteile und die Gebiete an der Weichsel verloren waren, hatte es doch alles keinen Sinn mehr gehabt. Diese Auszeichnung, die ich da dann noch bekommen habe, die war mir übrigens ganz egal. Wirklich. Zu dem Zeitpunkt lag die Stadt doch ohnehin schon in Schutt und Asche.« Der Orden sei dann nur noch wichtig gewesen, um später bei den Nazis, nach der Kapitulation, zu beweisen, dass sie ein echter Soldat gewesen sei. Denn so wurde man in den Lagern als Kriegsgefangener behandelt. Dass die von den Russen eingesetzte Regierung sie und überhaupt die Angehörigen der Heimatarmee nach dem Krieg auch nicht viel besser behandelt habe als die Deutschen, das sei übrigens fast noch schmerzhafter für viele gewesen als der Kampf gegen die Nazis. Aber das sei eine andere Geschichte. Wanda ist müde und erschöpft, und ihre Freundin kommt aus der Küche und mahnt, für heute Schluss zu machen. Aber Wanda will noch nicht aufhören. Denn eine Kämpferin ist sie geblieben, diese kleine tapfere Frau, die auch jetzt noch weitererzählen will, obwohl sie sichtbar unter der Erinnerung leidet.

Ihre vielen toten Freunde, die habe sie bis heute nicht verwunden. Die engen Kameraden, die fast alle unter furchtbaren Umständen qualvoll starben während dieser drei Monate. Viele davon, erzählt uns Wanda zum Abschied, viele davon hätten sie unter den Bürgersteigen begraben müssen. Die Friedhöfe waren ja am Ende nicht mehr in der Hand der Heimatarmee. »Auch meinen besten Freund, Zdzisiek Wrona, der mich die ganze Zeit beschützt hatte, verlor ich am Schluss. Er fiel bei den Kämpfen um die Heiligkreuz-Kirche, dort, wo heute wieder der schwarze Jesus sein Kreuz trägt. Wir hatten sie ja schon erobert, es war ein wunderschöner Tag, ich erinnere mich noch an das Licht, wie es durch die Glasfenster fiel und sich in dem Staub brach, den die Erschütterungen und das Schießen hinterlassen hatten. Wir waren glücklich, denn wir hatten ein Waffendepot gefunden, als jemand rief, dass Zdzisiek vor der Kirche liege, von einer Granate getroffen. Er schreie dort unten um sein Leben, rief jemand. Aber als ich unten ankam, da war er schon tot. Die Granate hatte ihn mitten in den Bauch getroffen. Wir haben ihn dann direkt um die Ecke, in der Sienkiewicza-Straße begraben.« Wie so viele ihrer Toten, einfach nur ein paar Zentimeter unter dem Straßenbelag.

Das Bild der gefallenen Mädchen und Jungen unter den Bürgersteigen hat mich nicht mehr verlassen. Manchmal sah ich sie, wenn ich durch die Stadt ging. Und das war einer der Gründe, warum ich diesen Film nie zu Ende gebracht habe. Das einzige Projekt, bei dem ich zwischendurch anhalten, aufgeben musste. Aus Zeitgründen zum einen, aber auch deshalb, weil mir Wanda Stawskas Geschichten und die vielen anderen, nicht weniger schrecklichen, einfach zu sehr unter die Haut gingen. Zumindest solange ich hier lebte, jeden Tag durch diese Straßen fahren musste, an diesen Bürgersteigen vorbeikam. Den Film hat dann dankenswerterweise ein Kollege übernommen.

Pani Wanda selbst, »Paczek«, das »Bällchen«, habe ich seitdem nicht mehr wiedergesehen, aber noch oft habe ich an sie gedacht. Immer dann, wenn ich an ihrer Kirche, der Heiligkreuz-Kirche mit dem schwarzen gusseisernen Jesus, vor Adams Milchbar entlangkomme. Dann sehe ich die Kämpfe auf der einen und die Studenten auf der anderen Seite der Straße, und dabei setzte sich die Stadt allmählich wie ein Puzzle für mich zu einem Bild zusammen. Ein Puzzle aus Gesprächen, die ich über sie geführt habe.

Und fast immer steht er dann da, der freundliche Adam und Küchenchef, vor seiner Bar ohne Kakerlaken. Raucht und nickt ihnen zu, dem schwarzen Jesus gegenüber und all den anderen Darstellern seiner Straße. Als ob er alles unterschiedslos so hinnehmen könne. Das, was hier einmal war, und das, was heute hier neu entsteht.

Nur neulich unterbrach er sein rituelles Rauchen. Wir wollten eine Moderation bei ihm aufnehmen und waren ein wenig zu spät, als er statt einer Begrüßung die Zigarette auf den Bürgersteig warf, sie dort wortlos ausdrückte und mit dem Kopf hinter sich zeigte. Pani Ania, die jüngere der beiden Damen, mit denen wir damals gedreht hätten, die sitze heute alleine in der Bar. Kurze Pause. Pani Zofia, ihre Freundin, sei gestorben. Die Garderobiere, die heimlich abends geprobt hatte auf der Bühne, nachdem alle weg waren. Die, die so vornehm indigniert ihrer Freundin immer den Vortritt gelassen hatte. Bis jetzt. Diesmal habe sie den ersten Schritt gemacht. Ganz leise und friedlich sei sie eingeschlafen. Andererseits sei sie ja auch die Ältere gewesen. Und Pani Ania käme seitdem alleine. Er habe ihr schon gesagt, dass wir heute da sein würden. Sie warte schon auf uns, drinnen am Tisch vor der Theke.

Und tatsächlich sitzt sie an diesem Tisch in der Ecke ganz alleine. Weil sie wusste, dass wir kommen würden, hat sie Fotos mitgebracht, von ihrem Mann, der in Auschwitz gestorben ist. Es sei wahr, sie würde hier zwar immer die jungen Männer anflirten, aber ihren Mann habe sie nie betrogen, die ganzen Jahre nicht. Es sei ihr ein bisschen unangenehm gewesen, nach unserem letzten Treffen, dass sie so aufdringlich gewirkt haben müsse. Und sie lächelt, heute ganz ohne Hut. All die Jahre habe sie ihn vermisst, ihren Mann. Ein schöner Mann sei er gewesen, jung, immer jung geblieben für sie. Wie auf dem Foto. Aber was solle man machen? All die Jahre... Ein kleiner Flirt in der Milchbar, da hätte selbst er nichts dagegen gehabt. Und besser ausgesehen als all die Studenten von heute habe er ja sowieso.

Als sie sieht, dass wir diesmal kein Interview mit ihr machen würden, steckt sie sein Foto zurück in ihre Handtasche, ganz sanft. Energisch wird sie erst wieder, als sie hochsieht in die Runde und nach vertrauten Gesichtern fahndet. Noch gar nichts gegessen habe sie heute. Höchste Zeit sei das, schüttelt sie den Kopf, ärgerlich über ihre eigene Unachtsamkeit. Und fast gleichzeitig mit diesem Entschluss zieht auf ihrem Kindergesicht wieder dieser freudig überraschte Ausdruck auf, der mir vertraut ist und der perfekt zu ihrem bonbonblauen Kostüm passt. Denn da steht er wieder, der junge blonde Rasta-Mann.

Als Letzter in der Schlange. Der, der im Internet dichtet. Das Klammeräffchen, der Student von vor ein paar Monaten. Oder ein anderer, der genauso aussieht. Das weiß man ja nie heute, grinst sie verschmitzt und stellt sich direkt hinter ihm an, zieht ihre Kostümjacke zurecht und beginnt ihren Auftritt. Den Auftritt gegen das, was war. Aufessen und weitermachen ist schließlich die Devise.

60 Jahre ist er jetzt her, der Aufstand, der Krieg, die Zerstörung dieser Stadt. Und auch, wenn man das bis heute noch überall spürt in Warschau, dieser Geisterstadt: Sie hat trotz allem begonnen, eine neue, eine andere zu sein: eine Hauptstadt, in der er es wieder nach Anfang riecht.

Dinosaurier an der Ostsee

Von oben sieht sie aus wie ein Lego-Spielzeug, das Gott aus Langeweile ins Wasser geworfen hat. Vorausgesetzt, Gott war ein Mann. Denn Frauen dürfen hier normalerweise nicht mitspielen, auf der einzigen polnischen Bohrinsel zirka 50 Kilometer vor der Ostseeküste. Mit mir sitzen 20 Männer in dem alten russischen Helikopter, der uns zu ihr hinbringen soll. Je näher wir kommen, desto bunter wird das Ensemble. Gigantische rote Röhren, knallgelbe Metallteile und eine kleine grüne Fläche, auf der wir gleich landen werden. Als ob jemand das große graue Meer damit aufheitern wollte. Ich bin die Einzige, die aus dem Fenster sieht, während wir uns dem seltsamen Konstrukt allmählich nähern. Die restliche Truppe schläft, vielleicht in der Hoffnung, so den Schichtbeginn hinauszögern zu können. Denn hat ihre Schicht erst einmal begonnen, ist sie so schnell nicht wieder zu Ende. Zwei Wochen werden sie alle hier draußen bleiben müssen, auf rund 2000 Quadratmetern schwankendem Metall, viele Kilometer von jeder Zivilisation entfernt.

Die Landung ist überraschend sanft. Der Mann, der mir den Vortritt beim Aussteigen lässt, auch. Eine große, sonnenverbrannte, asketische Gestalt mit langen weißen Haaren, die ihm fast bis auf die Schultern reichen. Während des Fluges war er der Einzige außer mir, der nicht schlief, sondern zu meditieren schien, bevor er mindestens ein Kilo Möhren und rohe Zwiebeln verzehrte. Er lächelt mich an, gleichmütig und interessiert, aus leicht schrägen Augen, und öffnet mir die Tür. Ein alter Indianer, denke ich, als ich nach draußen trete, und was denn eigentlich ein Indianer auf einer polnischen Bohrinsel zu suchen hat. Jozef heißt er, wie er mir erzählt, als wir beide die wacklige Hängebrücke hinter uns haben, die vom Helikopter hinunter auf die Landeplattform führt. Und er ist kein Indianer, sondern nur Vegetarier und ansonsten ein ganz normaler Pole, ursprünglich aus Lemberg, dem ehemaligen Ostpolen, der heutigen Westukraine. Seit über 20 Jahren arbeitet er hier als Ingenieur. Seit 1980, als die Insel aufgebaut wurde. »Seitdem habe ich sie nie länger als für ein paar Tage verlassen.« Er lächelt die ganze Zeit, während er spricht, und erklärt mir, dass er bereits 67 Jahre alt sei, eigentlich also schon längst in Rente sein könnte.

Obwohl Sommer ist, zieht ein eisiger Wind über die Landefläche. Vor uns türmen sich Kräne, Metallrohre, riesige Zylinder, deren Funktion und Bestimmung ich noch nicht einmal erahnen kann. Wieso er nicht längst seinen Ruhestand angetreten habe, frage ich ihn. Er lächelt wieder und zeigt auf das bunte Durcheinander, das vor uns liegt. »Wenn ich an Land bin, packt mich sofort die Sehnsucht nach all dem hier. Die Insel ist so etwas wie mein Kind. Und ich habe hier eine Funktion, denn hier ist das Allerwichtigste die Erfahrung. Und deshalb sind die Betreiber froh, dass ich nicht aufhören will. Sie haben mich als eine Art Dinosaurier hier gelassen, und wir haben verabredet, dass ich so lange herkommen kann, wie ich lebe. Das ist gut für mich, und das ist gut für sie. Denn ich kenne hier jede Schraube persönlich.«

Jetzt aber müsse er erst einmal sein Zimmer beziehen, wir könnten uns ja mit einem Führer derweil schon einmal die Technik ansehen. Ich sage ihm nicht, dass mich die Technik hier am allerwenigsten interessiert. In einem Einführungs- und Sicherheitskurs, den wir vor dem Ausflug hierhin absolvieren mussten, hatte ich nämlich bereits festgestellt, dass mein Laiengehirn die komplizierte Bohranlage nur bruchstückhaft zu verstehen in der Lage war. Was mich interessierte, war stattdessen, wie diese Männer hier über Wochen ohne Frauen, ohne soziale

Kontakte miteinander lebten und wie sie das machten. Aber um das herauszufinden, musste ich mir ihr Spielzeug natürlich erst einmal ansehen.

Der Führer, dem wir übergeben werden, ein gut aussehender blonder Junge, ist begeistert von seiner Aufgabe, und wir folgen ihm klaglos. Das Untergeschoss zeigt er uns, eine gigantische Ansammlung von Generatoren und Kühlanlagen und riesigen Motoren, die die zentrale Bohranlage in Schwung bringen. Erst ganz am Ende, nachdem wir ihm sicher eine Stunde brav durch die dunklen Kellergewölbe gefolgt sind, bringt er uns zum Herzstück der Anlage, zu dem Punkt am oberen Ende der Insel, von dem aus tatsächlich nach Öl gebohrt wird. Zehn, vielleicht zwölf Männer stehen hier und schrauben mit Hilfe eines Krans Hunderte von Stahlrohren zu einem kilometerlangen Bohrstab zusammen, der dann tief unten in den Meeresboden gewunden wird. Jedes Mal, wenn die Stahlrohre aneinander schlagen, erfüllt den Raum ein ohrenzerfetzender Hall. Kaum vorstellbar, wie die Männer das auf Dauer aushalten. Ob sie nicht manchmal Platzangst haben bei all dem Lärm und der Enge hier, frage ich also unseren Begleiter, der neben mir steht und stolz seine Kollegen beobachtet. »Ja, manchmal schon«, erklärt er, immer noch begeistert, »vor allem weil das Ganze hier eine ziemlich gefährliche Sache ist. Mit dem Öl, das wir finden, kommt immer auch eine große Portion Erdgas hoch. Da genügt der kleinste Funke hier oben, und wir fliegen alle in die Luft. Und im Unterschied zu einer Baustelle an Land gibt es hier keinen Rettungswagen und kein Krankenhaus weit und breit.« Das sei schon eine ständige Anspannung, in der man hier lebe, auch wenn sich das niemand anmerken lasse. Deshalb sei die oberste Regel: Konzentration, innere Ruhe, kein Tropfen Alkohol und absolute Kollegialität. »Denn sonst hält man es hier keine drei Tage aus. Der Einzige, der hier keine Platzangst hat, ist der Kranführer.« Er hält seinen Helm fest und zeigt hoch auf einen weiteren großen Kran, der Männer in einem Gitterkorb über die verschiedenen Ebenen der Bohrinsel hin- und herschwenkt. »Marian heißt der, ist auch schon ewig hier und will nichts anderes mehr machen.«

Ob Marian auch uns einmal in dem Gitterkorb spazieren schwenken könne, frage ich, und der blonde Junge lacht. »Klar, kein Problem, aber es schaukelt ziemlich, das sage ich Ihnen. Der letzte Journalist, der da drin war, vor ein paar Monaten, hat ganz schön gekotzt. Aber wie Sie wollen.« Da wir wollen und ich mir geschworen hatte, hier auf keinen Fall als weibliches Weichei aufzutreten, landet der Korb nach einem kurzen Dialog per Funkgerät direkt vor uns. Wir steigen ein, und innerhalb von Sekunden fliegen wir in den Himmel. Das Tempo ist atemberaubend. Schlecht wird mir erst, als der Korb aus irgendeinem Grund plötzlich ruckartig viele Meter nach unten Richtung Meer saust. Erst denke ich, der Kranführer wolle vielleicht auch mal seinen Spaß haben, aber schuld ist offenbar das Gewinde des Krans, das unrund läuft. Nach einer Weile gewöhne ich mich an die Momente des Fallens. Janek, der Kameramann, flucht, lässt sich jedoch nicht aus der Ruhe bringen. Die bunten Metallrohre fliegen an uns vorbei, und ich erinnere mich noch, dass wir irgendwann ganz oben über der Bohrinsel schweben, die Türme, Rohre und Container tief unter uns, ein wunderbarer schwereloser Moment, in dem Janek und seiner Kamera ein ruhiger Schwenk gelingt, bevor wir dann wieder plötzlich und unsanft hinunterrasen, bis wir direkt vor der Kabine des Kranführers hängen, der sich gelassen nach unserem Befinden erkundigt. Ich sage ihm, dass es mir blendend gehe, und frage, was er denn an diesem Job so liebe, wenn er nicht gerade ahnungslose Journalisten in seinem Korb transportiere. Und er grinst, der kleine Kranführer. Er hat buschige schwarze Augenbrauen, die an den Enden fröhlich in Richtung Ohren ausufern, schwarze Knopfaugen und ein durch und durch freundliches Gesicht dazu.

»Wissen Sie, Kranführer sind Einsiedler, die sind lieber weit weg von allem und allen. Ich kann hier zwölf Stunden lang sitzen und alles beobachten, ohne mich zu langweilen. Ich habe alles im Blick und im Griff, aber kann mich gleichzeitig aus allem heraushalten. Das ist heute gut, und das war vor allem früher gut.« Denn früher, erfahre ich jetzt, war die Bohrinsel keine rein polnische Angelegenheit. Früher, vor der Wende, war sie ein Gemeinschaftsunternehmen der Sowjetunion, der DDR und der sozialistischen Volksrepublik Polen. »Und das waren politisch komplizierte Zeiten, auch wenn wir Arbeiter uns untereinander eigentlich immer gut verstanden haben. So ganz sicher, ob wir den Russen oder denen aus der DDR wirklich trauen konnten, waren wir aber natürlich nie. Und zu der Zeit war das hier oben wirklich der angenehmste Posten, das sage ich Ihnen.« Der Einzige, der diese Zeiten noch kenne und sie mit ihm zusammen durchgemacht habe, sei übrigens Jozef, der mit den langen weißen Haaren, den wir schon kennen gelernt hätten. Marian lehnt sich weit aus dem offenen Fenster seiner Kabine und wedelt mit der linken Hand in Richtung Helikopter-Plattform. »Um diese Zeit joggt der da unten immer. Behauptet, dass er das für sein seelisches Gleichgewicht braucht, so wie das Gemüse, das er immer isst. Aber ansonsten ist er vollkommen in Ordnung, mein bester Freund.« Ich schaue nach unten und traue meinen Augen nicht. Tatsächlich, der Indianer hat einen Trainingsanzug an und joggt. Immer im Kreis am äußersten Ende der vielleicht zehn mal zehn Meter großen Fläche entlang. »Wenn man von da abstürzt, fliegt man fünfzig Meter tief. Das war's. Aber er meint, das könne ihm nicht passieren.«

Als wir unten bei Jozef ankommen, läuft er immer noch. Sehr ruhig, sehr gleichmäßig und sehr zufrieden. Wenn wir wollten, könnten wir ihn dabei drehen, wie er hier jogge, ruft er uns zu. Vorausgesetzt, der Kameramann traue sich das zu. Denn hier herunterzufallen, das sei wirklich keine gute Idee. Janek traut es sich zu. Und so laufen wir rückwärts vor ihm her, und ich frage ihn, warum er das tue. »Ganz einfach, das hier ist der einzige Platz, an dem man sich überhaupt bewegen kann auf der Insel. Der Rest sind Kräne und enge Gänge. Im Grunde ist das hier eine übereinander gestapelte Fabrik, die schwimmt. Und das heißt, dass man nirgendwo auch nur fünfzig Meter geradeaus gehen kann. Und wenn der Mensch sich nicht um seinen Körper kümmert, ist das nicht gut. Früher, als noch die Russen und die DDRler auf der Plattform waren, war ich übrigens nicht der Einzige, der hier gelaufen ist, damals waren wir immer zu dritt.«

Jozef lächelt wieder, ist jetzt aber ein bisschen aus der Puste. »Das sah dann immer so aus: Der Russe musste ganz vorne laufen. Das ging nicht anders, denn der war ja der große Bruder. Der Deutsche direkt hinter ihm. Und ich, der Pole, immer als Dritter und Letzter. Weil bei uns in Polen der Kommunismus ja nie so richtig funktionierte.« Jozef hält an. Er hat offenbar erkannt, dass ich diese Geschichte zunächst für einen Witz halte. »Sie brauchen gar nicht so zu gucken. Das war genau so damals. Ja, und heute ist die Sowjetunion weg, und die DDR gibt es auch nicht mehr. Heute sind nur wir hier übergeblieben. Die unordentlichen Polen mit ihrem halbherzigen Kommunismus.« Er nickt, und aus seinem Lächeln wird ein Lachen. »Das hätten die sich damals nicht träumen lassen, diese Mustersozialisten, dass ausgerechnet wir überbleiben würden!« Aber jetzt sei Kaffeepause, ein heiliges Ritual, und er lade uns herzlich dazu ein. Also klettern wir mit ihm wieder über die vielen bunt gestrichenen Treppen und Decks bis zu einem kleinen Container, in dem sich die Kombüse verbirgt.

Der Koch hinter der Theke des kleinen Esssaals sieht so aus, wie ein Koch aussehen sollte. Dick, zufrieden und freundlich, mit einer großen weißen Mütze auf dem Kopf. Womit er dienen könne, fragt er uns, und man sieht ihm an, dass er das gerne tut. Siebzehn Jahre sei er schon hier, mit Marian und Jozef gehöre er zu den ganz alten Kämpen hier. »Ich kenn sie alle hier, wie meine Kinder. Und ich weiß bei jedem, was er gerne isst und was er nicht mag. Ich koche immer so, dass sie möglichst vergessen, wie weit weg ihre Frauen sind. Ein bisschen Geborgenheit schaffen, das ist meine eigentliche Aufgabe.« Er schiebt mir den Kaffeebecher über die Theke und ein dickes Stück Apfelkuchen dazu. »Schlimm ist, wenn die Jungs frisch verliebt sind, die hängen dann manchmal richtig durch hier. Es geht ja noch nicht mal das Handy. Kein Netz.« Da sei er manchmal schon richtig froh, dass er das hinter sich habe. »Wissen Sie, in meinem Alter, da ist man nicht mehr so scharf auf seine Frau. Da brennt der Gasofen schon nicht mehr so heiß.« Im Gegenteil, manchmal sei er sogar richtig froh, wenn sein Urlaub vorbei sei und er wieder auf der Plattform ankomme. Aber dass wir das bloß nicht im Fernsehen sagen sollten, er habe auch so schon genug Ärger zu Hause. Ich wisse ja sicher, wie die polnischen Frauen seien. Auch ein Motiv, hier zu sein, denke ich, als ich mit dem Kaffeebecher und dem Apfelkuchen auf Jozef zusteuere, der im hinteren Teil der Kombüse zusammen mit Marian, dem Kranführer, sitzt. Durch runde Luken fällt ein fahles, dunstiges Licht. Eine hellgrüne Plastikuhr tickt hartnäckig gegen das schrille Plärren des Fernsehers, in dem gerade der Wetterbericht läuft. Marian sieht nur kurz hin – der gelte für sie sowieso nicht –, zieht dann seine buschigen schwarzen Augenbrauen in die Höhe und fragt, was wir sonst noch wissen wollten. Das mit damals, sage ich. Wie das denn war, als die »Ossis« und die Russen von der Wende erfahren haben. »Na ja, wir saßen hier alle vor dem Fernseher, da drüben an dem Tisch, und die haben ganz schön blöd geguckt. Die aus der DDR, die wussten sofort, dass das das Ende ihrer Freiheit hier draußen sein würde. Das waren ja alles Stasi-Leute, die sie hierher gelassen haben. Die hatten damit ihre besten Zeiten hinter sich, nicht wahr, Jozef?«

Jozef, der Marian die ganze Zeit über aufmerksam beobachtet hat, lächelt wieder sanft und nimmt einen Schluck aus seinem Kaffeebecher. »Ja, das war schon eigenartig, dieser Tag.

Denn sie hatten ja immer gedacht, sie wären was Besseres, die Russen und die aus der DDR. Uns haben sie wirklich immer ein bisschen von oben herab behandelt. Weil in Polen ja keine wirkliche Disziplin herrschte im Sozialismus. Jedenfalls nicht so, wie sie sich das vorstellten in Moskau oder in Ostberlin. Und wir haben halt geschwiegen und uns gedacht, mal sehen, was so wird aus den Super-Sozialisten. Nichts ist draus geworden. Keiner mehr da heute. Nur noch wir Polen. Auch wenn es mir persönlich Leid tat für die Männer. Die waren ja trotz allem unsere Kollegen, mit denen wir hier einiges durchgemacht hatten. Aber dennoch war es natürlich auch eine Genugtuung, als sie abfuhren.«

Tatsächlich habe die Wende aber den meisten Männern ihrer Branche hier oben an der Küste nicht viel gebracht, erzählen sie dann noch, bevor die Kaffeepause zu Ende geht und wir uns für den Abend wieder auf der Helikopter-Landeplattform verabreden. Den meisten ginge es heute schlechter als früher. Vor allem die Werftarbeiter habe es hart getroffen, die meisten seien heute entlassen worden oder stünden kurz davor. Ausgerechnet, denn die hätten ja überhaupt erst damit angefangen, sich wirklich zu wehren gegen das Regime. Ohne die Danziger Werft und die Solidarnosc-Bewegung mit Lech Walesa hätte es die neuen Zeiten so ja nie gegeben. Das sei schon hart, dass ausgerechnet die heute die Zeche zahlen müssten.

Ich kannte diese Bitterkeit, denn wir hatten die ehemalige Lenin-Werft in Danzig gerade ein halbes Jahr zuvor besucht. Um Darek Marchowski zu porträtieren, einen entlassenen Werftarbeiter, der nach Jahren das erste Mal wieder in seiner alten Montagehalle sein durfte. Nicht etwa als Arbeiter, sondern als Statist in einem Stück von Brecht, das eine amerikanische Regisseurin hier aufführen wollte. Ausgerechnet. Ausgerechnet hier. Aufmerksam geworden auf das Happening waren wir durch einen Artikel in der »Gazeta Wyborcza«, der größten polnischen Tageszeitung. Dort stellte man sich die Frage, ob das nicht eine etwas zynische Idee sei, ehemalige Werftarbeiter als Statisten anzuheuern. Zumal sie sich selbst spielen sollten – vom Kapitalismus ausgespuckte Arbeitslose. Ob das denn wirklich im Sinne des Brecht'schen Theaters sein könne. Ich war mir nicht sicher, ob es das sei, und so fuhren wir hin.

Als die Schranke am Werfteingang hinter uns liegt, beginnt eine Fahrt durch eine Industriewüste. Tote Hallen, in denen Berge von Schutt liegen, eingeworfene Fensterscheiben, Graffitis an den Mauern, die noch stehen geblieben sind. »Solidarnosc war gestern. Heute ist morgen«, prangt in grellen Farben an einer Wand. Ansonsten Stille. Es war schon eine Weile her, seit die ehemalige Lenin-Werft 1998 Konkurs anmelden musste. Seitdem ist sie Eigentum der Gdingener Werft, die auf dem Gelände heute statt der einstmals 18 000 noch knapp 3000 Arbeiter beschäftigt. Die anderen wurden nach und nach entlassen. So wie Darek Marchowski. Mehr als 20 Jahre war er als Mechaniker jeden Morgen durch das berühmte Tor gegangen, an dem bis heute Plastikrosen, Marienbildchen und ein vergilbtes Papst-Foto hängen. 1994 verlor er seine Arbeit. Als er in der Zeitung las, dass für eine Theateraufführung Statisten gesucht würden, die früher hier gearbeitet hätten, meldete er sich. Aus einer unbestimmten Sehnsucht nach seiner alten Werft, die er seitdem nie mehr betreten hatte.

Wir treffen Darek vor »seiner« ehemaligen Halle, einer der ganz alten Hallen aus dem 19. Jahrhundert, die noch aus rotem Ziegelstein gebaut sind, direkt am Dock. Probenpause. Ein paar Musiker sitzen träge in der Sonne, den Blick starr auf die leblosen Kräne gerichtet. Ein besonders dicker Tuba-Spieler steht leicht apathisch am Wasser, sein Instrument an sich gedrückt wie ein zu groß geratenes Baby. Darek sitzt daneben und starrt mal auf die Tuba, mal auf die Kräne. Als er uns sieht, steht er auf und begrüßt uns verlegen. Ein unauffälliger, früh grau gewordener Mann mit einer runden Nase mitten in einem melancholischen Hundegesicht. Ob ihm das Spaß mache, hier Theater zu spielen, frage ich ihn. Er denkt lange nach, bevor er antwortet. »Es ist schwieriger, als ich dachte. Wir müssen ja nicht nur singen, sondern uns auch noch richtig bewegen. So wie die Regisseurin es sagt. Und nicht jeder, wann er es denkt, sondern genau im richtigen Moment. Sonst kommt alles durcheinander.« Er zuckt mit den Achseln und sieht wieder aufs Wasser. »Kunst ist nicht einfach. Das ist auch richtige Arbeit.« Und in dem Stück, erklärt er mir dann, gehe es zu wie hier in Polen, obwohl es eigentlich in Chicago spiele. »Die Leute haben nichts zu fressen, keine Arbeit, so wie wir hier. Und dann gibt's Zoff. So wie hier, damals.«

Von drinnen schallt Musik aufs Dock, offenbar vom Band, denn die Musiker stehen immer noch fast reglos neben uns. Die Probe beginnt. Wir folgen Darek ins Innere der Halle. Ein Bühnenbild gibt es nicht, die große, verfallene Halle selbst ist Kulisse genug. Darek bekommt ein Schild in die Hand gedrückt. In einer Kinderschrift hat jemand »Szukam Pracy!« darauf geschrieben, »Ich suche Arbeit!«, und das zumindest stimmt. Es herrscht eine merkwürdige Atmosphäre. Die amerikanische Regisseurin ruft ihre Anweisungen in schrillem Kommandoton und breitem Amerikanisch in die Halle. Die Statisten sind ratlos. Der Dolmetscher ist offenbar irgendwo anders unterwegs. Nichts passiert. Nach dem dritten »Now sing your song!« gibt sie es auf und verschwindet hinter einem Vorhang, wahrscheinlich um den Dolmetscher zu suchen. Die Musik vom Band läuft weiter, ein Motiv von Kurt Weill. Natürlich in Moll.

Darek steht unschlüssig mit seinem Pappschild vor dem Vorhang und versucht, Haltung zu bewahren. Kunst ist zwar Arbeit, aber vielleicht nicht seine. Ob er uns in der Zwischenzeit nicht zeigen wolle, wo er gearbeitet habe, fragen wir ihn, und erleichtert legt er das Schild ab und deutet auf den hinteren Raum der Halle. »Da drüben, da war mein Platz. An der Seite der Halle, hier überall, waren die Sauerstoff-Leitungen. Da wurden die Schweißbrenner angeschlossen. Jeder hatte seinen eigenen. Und in der Mitte der Halle, da, wo jetzt die Bühne ist, da lagen dann die Bleche, die Schiffsteile, die nach dem Schweißen sorgfältig geschliffen wurden. Das war ein Lärm hier, ein Staub und ein Krach. Und deshalb waren hier überall riesige Ventilatoren.« Er zeigt nach oben an die Decke und fuchtelt mit der Hand eine Schleife in die Luft. »Die liefen Tag und Nacht. Ununterbrochen. Denn wir haben ja gearbeitet hier damals. Rund um die Uhr.«

Die Regisseurin scheint so schnell nicht wieder aufzutauchen, und so folgen wir Darek in den hinteren Teil der Halle. »Genau hier war mein Platz.« Nur noch ein Pfeiler, der die Decke trägt, steht jetzt hier. Auf dem Boden liegt der Rest einer goldenen Säule aus Pappmaché. Darek tritt mit dem Fuß danach. »Auch von irgend so einer Veranstaltung. Das hat mit uns nichts zu tun.« Er sieht uns an und hat jetzt sehr plötzlich fast Tränen in den Augen. »Wenn ich das hier heute so sehe, ist mir schon seltsam zumute. Das ist wie eine Entweihung. Das hier war eine Werft. Hier haben Leute ehrlich ihr Geld verdient. Und heute kann man damit nichts mehr anfangen, außer den Ort zu benutzen, um absurde Stücke aufzuführen. Und am allerschlimmsten ist, dass wir, die wir hier doch eigentlich unseren Platz als Arbeiter hatten, jetzt für ein paar Zlotys gute Miene dazu machen. Als Statisten in irgendeinem blöden Stück.« Gut, dass Brecht das nicht gehört hat, denke ich noch, bevor er richtig wütend wird. »Das hat uns der Walesa damals nämlich nicht gesagt. Dass es das bedeutet! Dass wir heute in der Werft den Clown abgeben können, mitten in Ruinen. Dass das diese angebliche Freiheit ist, von der er gesprochen hat. Volle Läden hat er uns versprochen. Ja, die gibt es jetzt. Nur, dass *wir* uns da nichts kaufen können.«

Mitgestreikt und -gekämpft habe er damals. Mit Begeisterung. Aber wenn er gewusst hätte, was dabei herauskommen würde, dann hätte er das nicht getan. Und wir könnten ihm glauben, dass seine Kumpels das ganz genauso sähen. Die Tränen, die ihm eben noch in den Augenwinkeln hingen, sind übergelaufen. Er wendet sich ab, und wir gehen zurück zur Bühne, auf der in der Zwischenzeit die amerikanische Regisseurin wieder aufgetaucht ist und mit ihr jetzt auch der Dolmetscher. Die Probe beginnt ein zweites Mal, und wir ziehen uns leise zurück. Draußen vor der Halle steht noch immer der dicke Tuba-Spieler und starrt auf den Horizont, als ob von dort eine Lösung kommen könne. Die Musik beginnt. Er hat seinen Einsatz verpasst, während Darek in der Halle wohl wieder sein Pappschild trägt, in der Rolle seines Lebens. Einzig der Titel des Stücks, der auf einem großen, bunt bedruckten Plakat an der Eingangstür fröhlich verkündet wird, der ist wohl nicht für ihn. Happy End. Übrigens eins der schwächeren Stücke Brechts.

Es war nicht das einzige Mal, dass ich auf dem Danziger Werftgelände auf derartige Verbitterung traf. Lech Walesa ist in Polen schon lange kein Held mehr. Weder hier noch im restlichen Land. Auch wenn sein Foto noch vor dem Werfttor hängt. Und zwar am Kiosk von Pani Ola, deren Bude fast so etwas wie eine Institution ist. Seit 1989. Seit damals, als die Solidarnosc-Bewegung im Frühjahr desselben Jahres am so genannten »Runden Tisch« einen Pakt mit dem kommunistischen Regime schloss, der es dann schrittweise entmachten sollte. Seitdem sitzt Pani Ola in ihrem Kiosk und verkauft Devotionalien. Eine Kopie der Geheimdienstakte Walesas kann man hier bekommen, und natürlich Fotos und Postkarten von der Werft, wie sie damals aussah. Ansonsten gießt sie die Blumen, die sie auf einem kleinen Platz vor dem Werktor gepflanzt hat, und ärgert sich. Darüber, dass Walesa sich hier seit Jahren nicht mehr habe blicken lassen, dass er die Arbeiter letztlich im Stich gelassen habe und über die Skateboarder, die den leeren Platz vor dem Tor heute respektlos als Übungsfeld nutzen. »Die wissen ja noch nicht einmal mehr, wer das war, der Lech. Und das geht doch auch nicht.« Walesas Foto an ihrem Kiosk lässt sie deshalb dennoch hängen. »Er bleibt ja ein Symbol. Trotz allem. Aber die Zustände auf der Werft, die brechen mir das Herz.« Denn manche der entlassenen Arbeiter von damals, die kämen bis heute zu ihr, aus Sentimentalität und weil sie sonst nichts zu tun haben. »Dann stehen die hier bei mir herum, wir reden über früher, und ich könnte heulen. Damals in den 80ern und während der Streiks, da war das so, als ob wir alle Flügel gehabt hätten. Davon ist jetzt nichts, aber so gar nichts mehr übrig.«

Pani Ola ist vielleicht 60. Sie ist klein, lebendig und hat dünne, aber perfekt gezupfte Augenbrauen. Damals arbeitete sie in einer Schokoladenfabrik, die in der Zwischenzeit ebenfalls ihren Betrieb eingestellt hat. Nach Schichtende kam sie regelmäßig zum Tor und verteilte Süßigkeiten an die Arbeiter, um sie in ihrem politischen Engagement auf ihre Weise zu unterstützen. Schokolade macht schließlich glücklich. Heute hört sie Radio Marya in ihrem Kiosk, den antieuropäischen und nationalistischen Kirchensender des Redemptoristenpaters Tadeusz Rydzyk. Dieser EU-Beitritt, der werde noch mehr Unheil über die Werft bringen, da sei sie sich sicher, vermeldet sie mit wüster Gestik, während sie ihr kleines Transistorradio leiser stellt. »Das erklären die da jeden Tag. Dass der Westen uns unser Polen, unser Land wieder abnehmen will. Und dafür habe ich nicht gekämpft.« Es ist relativ sinnlos, mit Radio-Marya-Hörern über den nationalchauvinistischen Unsinn zu diskutieren, der von ihrem Sender täglich zwischen der Übertragung von Messen und diversen fröhlichen Anrufsendungen verbreitet wird. Also versuche ich es erst gar nicht, frage sie stattdessen, was denn ihrer Meinung nach aus dem verfallenen Werftgelände nun werden soll. Eine Frage, die sie offenbar schon häufig beantwortet hat. Sie beugt sich aus ihrem Kiosk, zieht die dünnen Augenbrauen in Richtung Stirn, legt einen theatralischen Ausdruck in ihr rundes Gesicht und beginnt einen langen Monolog.

»Zuallererst kann ich Ihnen sagen, was alles nicht geht: dass da jetzt eine Firma seit Jahren herumspukt, die Synergia 99, die eine moderne Stadt für die Reichen aus der Werft machen will. Und damit die letzten Arbeiter von hier vertreiben will. Denn das, was die da vorhaben, teure Läden, Büros und Luxusapartments, das hat doch nichts mehr mit unserer Werft zu tun. Stattdessen sollte sich mal lieber jemand von den feinen Pinkeln um den Platz hier kümmern. Das Papst-Foto am Werfttor und die Blumen davor, das wäre doch alles schon längst verkommen, wenn ich mich nicht in Privatinitiative darum kümmern würde.« Pani Ola ist jetzt in Fahrt und kaum mehr zu unterbrechen. Zwei Rucksacktouristen wollen eine Postkarte kaufen, sie wirft sie auf die Theke und erklärt ihnen das ganze Elend dieser neuen Zeit gleich mit. Die beiden verstehen kein Wort, hören aber höflich und aufmerksam zu. Also schleichen wir uns davon, leise und unauffällig. Denn wir haben noch ein anderes Ziel hier.

Direkt hinter dem Werfttor und ihrem Kiosk hat sich nämlich trotz allem neues Leben auf dem Gelände angesiedelt. Wenn auch wohl nur für eine Übergangszeit. Die »Kolonia Artistow«, eine Künstlerkolonie, hat seit März 2002 die Räume der ehemaligen Telefonzentrale der Werft bezogen. Das wusste ich aus der Zeitung, und mit einem der Künstler waren wir jetzt verabredet. Mit Michal Szlaga, dem mehr oder weniger selbst ernannten Pressesprecher der Gruppe. Vor der alten Direktorenvilla steht die Ruine eines gelben Warszawa, eine der Luxuslimousinen aus dem Sozialismus, aufgebockt zwischen Unkraut und Theaterplakaten. Von dort kommt er uns entgegen, ein großer, ernster Junge mit Vollglatze und einem sehr festen Händedruck. Er ist Fotograf und hat hier sein Atelier. Ansonsten sind es Tänzer und Kunststudenten, die hier mit ihm gemeinsam leben und arbeiten. Gemietet haben sie die Räume von eben jener »Synergia 99«, auf die Pani Ola so ganz besonders sauer war.

Ob das für die Künstlerkolonie nicht auch eine schwierige Perspektive sei, dass diese Firma das alte Werftgelände jetzt zu einer Art »Yuppietown« umbauen wolle. Aber Michal ist da ganz gelassen. »Wissen Sie, irgendetwas muss mit dem Terrain passieren. Und so kann man wenigstens die alten Hallen erhalten. Es kommt eben sehr darauf an, wer dann am Ende hier investiert. Und was dann ganz konkret hier entstehen wird. Aber so, wie es jetzt hier aussieht, wird es nicht bleiben können, dafür boomt das Land jetzt einfach zu sehr. Diesen Weg gehen alle ehemaligen Industriegelände überall in Europa. Und das hier ist ein interessantes Gelände für Investoren.« Er hat seine Kamera dabei, und wir gehen mit ihm in Richtung Docks. Vor einer Mauer, die einmal Teil einer Fabrikhalle gewesen sein muss, stehen zwei Männer mit einem Schweißbrenner und warten auf irgendetwas. Ein großer brauner Hund sieht ihnen nachdenklich dabei zu. »Uns ist klar, dass wir hier nur für eine Übergangszeit leben werden. Aber diese Übergangszeiten sind eben besonders interessante Zeiten für uns Künstler. Und das Leben von damals, das man hier noch überall spürt, das versuche ich mit meinen Fotos einzufangen.«

Michal zeigt uns seine Motive. Blechschilder mit Sicherheitsvorschriften aus dem Sozialismus, die seltsamerweise in einer Ecke des Geländes hängen geblieben sind, obwohl sonst nur noch die Skelette der alten Anlagen stehen. Ein Förderband, vielleicht 100 Meter lang, das mitten im Himmel aufhört. Was dahinter war, ist abmontiert. Zum Teil von denselben Arbeitern, die hier früher gearbeitet haben. Am liebsten allerdings mache er Portraits von den wenigen Werftarbeitern, die heute noch hier arbeiten. »Das sind wirklich tragische Figuren. Denn sie sind die wahren Verlierer dieses Übergangs.« Jetzt nach dem EU-Beitritt werde sich das Ganze noch verschärfen. »Denn dieser Beitritt wird das Ende der alten Industrien noch beschleunigen. Für die Alten ist das hart. Die gehen dabei unter. Für uns junge Polen dagegen ist das eine wunderbare Perspektive. Ich denke, dass ich demnächst Aufträge aus dem Westen bekomme, vor allem aus Deutschland. Ich spüre das, auch wenn es im

Moment vorerst nur ihr Journalisten seid, die plötzlich hier aufkreuzen.«

Michal, der die ganze Zeit über sehr klar, sehr ruhig und sehr ernst war, grinst mich jetzt an. Das kann er also auch. Keine Frage, dass dieser Mann mit Sicherheit eine Perspektive in seinem »neuen Polen« finden wird. »Obwohl sich de facto mit dem EU-Beitritt ja so viel nicht geändert hat. Aber die psychologische Ebene ist eben auch wichtig. Die Tanzgruppe, die neben mir ihren Probenraum hat, die fährt ständig in den Westen und tritt da auf. Die sind vor allem froh, dass sie an der Grenze nicht mehr diese erniedrigenden Passkontrollen über sich ergehen lassen müssen. Und außerdem hoffen wir natürlich alle, dass sich unser Land damit jetzt auch schneller entwickelt. Und dass dieser Beitritt keine Einbahnstraße wird. Dass die Westeuropäer kapieren, dass wir nicht nur was von ihnen wollen, sondern dass auch wir euch einiges geben können. Hier ist so ein großes Potenzial an jungen und hungrigen Leuten. So etwas habt ihr in Deutschland gar nicht mehr.«

Er geht um einen Haufen alter Blechtonnen herum, und wir stehen am Wasser. Den Blick Richtung Hafen. »Andererseits gibt es auch bei uns in der Kolonie Leute, die Angst haben, dass all die jungen Leute, die gut ausgebildet sind und was wollen in ihrem Leben, jetzt von hier abhauen werden.« Aber die kämen auch wieder zurück, meint er nach einigem Zögern. Denn dieser Westen, das sei doch alles so flach und oberflächlich. Davon verspreche er sich wirklich nicht viel. Er wolle hier bleiben, auf jeden Fall. In seiner Kultur. Und deshalb mache er das auch alles: die Fotos von der Werft und der Generation von damals. Weil er sich als Archivar dieser Geschichte fühle und damit noch tiefere Wurzeln in seiner Kultur schlage. Das sei doch das Entscheidende. Dass man wisse, wer man sei, und dort lebe, wo man hingehöre. Und insofern sei es gut, dass Polen sich jetzt in die EU begeben habe. »Denn wir sind noch zu schwach und zu arm, um auf eigenen Füßen zu stehen. Die

Schweizer oder die Norweger können sich das leisten, aber wir hier, Polen, wir müssen uns Partner suchen, um nicht mehr immer zwischen allem zu stehen, zwischen Russland und Deutschland, zwischen dem Osten und dem Westen. Wir müssen jetzt auch irgendwo dazugehören. Aber als Land mit eigener Identität.« Das sei ihm wichtig. Und damit habe er eigentlich alles gesagt.

Es wird dunkel, als wir zurück zum Werfttor gehen. Zum Fotografieren ist das Licht jetzt schon zu schwach. Ein Schiffshorn tutet heiser und ohne Rhythmus. In der Ferne schlägt eine Flamme aus einem hohen Schornstein. Irgendwo auf dem Gelände wird noch gearbeitet. Seltsam, denke ich. Und frage mich, wie es hier wohl aussehen würde, wenn ich in zehn Jahren noch einmal wiederkäme. Ob dann wirklich eine Yuppie-Stadt am Meer hier stehen würde oder ob sie wohl immer noch hier wären, die Künstler, Pani Ola in ihrem Kiosk und die letzten Werftarbeiter, die auf dem Gelände noch überlebt hatten.

Dieselbe Frage stelle ich übrigens Jozef, dem Indianer von der Bohrinsel, und seinen Kollegen, als wir uns abends auf der Helikopter-Plattform noch einmal treffen, wie wir es verabredet hatten. Der Wind, der den ganzen Tag eisig über das Meer und die schwimmende Ölplattform gefegt war, hat sich gelegt, und es ist fast so etwas wie ein lauer Sommerabend. Der Koch, sein Lehrling und Marian, der Kranführer, sitzen am äußersten Ende des Landeplatzes, den Blick Richtung Mond, der gerade als seltsam verschwommene Halbkugel hinter einem Wolkenschleier aufgeht, und sinnieren über das Leben und wie lange sie hier wohl noch bleiben würden. In zehn Jahren gebe es die Insel wohl nicht mehr. Denn viel Öl sei es nicht mehr, das sie hier noch finden könnten. Und die Bohrinsel sei doch auch eigentlich ein Relikt aus einer anderen Zeit. Dringend modernisierungsbedürftig. Und was dann aus ihnen werden solle. Denn da drüben an Land, da wisse doch keiner mehr, wo es langgehe.

Jozef sitzt daneben und schweigt. Erst nach einer langen Pause erzählt er plötzlich seine Geschichte. Dass er als Jugendlicher aus dem Osten, einer kleinen Stadt in der Nähe von Lemberg, vertrieben wurde, damals nach dem Krieg. Und dass seine Frau, eine ganz hellblonde Frau, ungefähr zur selben Zeit als Kind in einem verlassenen Haus in Westpolen gefunden wurde. Dass sie wahrscheinlich ein deutsches Kind war, das von der Mutter zurückgelassen werden musste, nach dem Krieg. Dass sie aber bis heute nicht wirklich wisse, ob das stimme. Und wo ihre Wurzeln seien. Manchmal sei das sehr schwer für sie. Und für ihn auch. Nicht zu wissen, wohin man gehöre. Und dann schweigt er wieder. Ich sehe ihn an und denke, dass es vielleicht das sei, was er hier sucht: Wurzeln, Identität, Klarheit. Und dass das nur hier für ihn möglich ist. In der Abgeschiedenheit dieser schwankenden Insel, weit weg von den ungeheuren Umbrüchen und Umwälzungen, die sein Land da drüben gerade durchmacht.

Der Mond, der wieder hinter den Wolken verschwunden war, tritt plötzlich erneut hervor und wirft einen Leuchtkegel auf das Meer unter uns. Jozef will gehen. Ja, sagt er, die Zukunft könne gerne ohne ihn beginnen. Dann lächelt er sanft, bevor er sich für den Abend verabschiedet und langsam, aber entschieden, im Inneren der alten Bohrinsel verschwindet. Der scharfe Wind vom Vormittag ist plötzlich wieder da. Das Wetter wird sich ändern, sagt der Koch, bevor der Mond wieder hinter der nächsten Wolke verschwunden ist und das Licht ausgeht.

Warum Wanda nicht mehr in die Weichsel springt

Es ist ein alter polnischer Mythos: die Sage von der Prinzessin Wanda, die lieber in die Weichsel springt, als einen deutschen Ritter zum Mann zu nehmen. Nur dass diese Legende heute jeder Grundlage entbehrt. In die Weichsel springen sollte mittlerweile lieber jede deutsche Frau, die nach Polen kommt. Denn polnische Frauen mögen heute deutsche Männer. Und heiraten sie gerne und häufig. Nur andersherum funktioniert das nicht wirklich. Denn polnische Männer können mit deutschen Frauen so gar nichts anfangen. Sie nennen uns Helgas und meinen damit die dicke geschlechtslose Hitler-Blondine, die sie aus antideutschen Propagandafilmen kennen. Was schade ist für uns deutsche Frauen, denn die polnischen Männer sind eigentlich ungewöhnlich charmante, witzige und anarchische Persönlichkeiten. Nur eben leider dann nicht, wenn sie sich unsicher fühlen. Mit einer deutschen Frau aber fühlt sich ein polnischer Mann nun einmal nicht sicher. Bis heute nicht. Und so waren es nicht nur für die polnischen Männer, sondern auch für mich wirklich leidvolle Erfahrungen: meine ganz persönlichen Versuche, sich ihnen anzunähern. Ich sage das ganz offen und nicht ohne eine gewisse Dankbarkeit, wenn auch natürlich erst jetzt, im Nachhinein, denn es waren wahrlich interessante Einblicke, die mir auf diese Weise gestattet wurden: Einblicke in das mir bis dato vollkommen fremde Innenleben der Männerpsyche in seiner spezifisch polnischen Ausprägung. Eine Reise in eine andere Welt, denn unterschiedlicher als auf dem Geschlechter-Schlachtfeld verhalten sich Deutsche und Polen wohl nirgendwo.

Beginnen wir mit dem polnischen Mann. Ganz zu Anfang meiner Zeit in Warschau las ich eine kleine Notiz in einem Wochenmagazin über ein Dorf ohne Frauen. Nurzec, kurz vor der weißrussischen Grenze. Hier, so mokierte sich der Schreiber, seien die Männer mittlerweile ganz unter sich. Die Frauen hätten längst das Dorf verlassen Richtung Westen und sich Ausländer als Männer genommen. Seltsam, dachte ich, und also machten wir uns auf, um nachzuschauen, was denn dort wohl passiert sein mochte.

Es war das erste Mal, dass ich nach Ostpolen fuhr. In das Polen zweiter Klasse, das so viel ärmer ist als der Rest des Landes und deshalb vor allem von den Westpolen gerne von oben herab behandelt wird. Die Dörfer und die Landschaft hingegen sind um vieles schöner als im Westen. Regelrechte Idyllen. Zumindest auf den ersten Blick. Denn Armut sieht man nicht. Kleine, bunt bemalte Holzhäuser stehen an kopfsteingepflasterten Straßen, wilde Blumen, wohin man schaut, und auf provisorisch zusammengezimmerten Bänken sitzen Großmütter mit Kopftüchern und malerisch zerfurchten Gesichtern. Das ist das, was vor dem Autofenster vorbeifliegt, wenn man hier durchfährt. Wenn man nicht anhält und genauer hinsieht.

Als wir in Nurzec aussteigen, sehen wir als Erstes einen alten Mann mit Fliegermütze auf einem noch älteren Fahrrad, der in Schlangenlinien auf uns zukurvt und uns schon von weitem laut schreiend begrüßt. Was wir denn nun ausgerechnet hier wollten, in diesem verlassenen Kaff, in dem kein Mensch mehr sei, außer ihnen. Wir hätten wohl diesen Artikel gelesen, der da neulich in der Zeitung stand. Genau. Hätten wir, sage ich, als er schlingernd vor uns zum Stehen kommt. Und ob das denn stimme, dass hier tatsächlich keine einzige Frau mehr sei, stattdessen die Männer ganz unter sich? Ja, lacht er laut und haut sich vor Begeisterung über den unerwarteten Besuch mit beiden Händen von oben auf die Fliegermütze. »Jaja, das stimmt schon, leider. Hier sind nur noch wir. Wir alten Männer. Die Häuser hier stehen fast alle leer. Da drüben das und das daneben genauso. Alle weg, ab in die Stadt.« Er lehnt sein Fahrrad an den Holzzaun und legt los. »Die Frauen sind eben schlauer als wir. Die haben sich gesagt, wir können auch was Besseres kriegen als diese Dorfdeppen. Und weg waren sie, vor allem die jungen Frauen. In den letzten zwei Jahren gibt's hier im Dorf seitdem nur noch Beerdigungen. Ohne Frauen keine Kinder, so ist das heute. Und das, obwohl wir mal ein großes, reiches Dorf waren. Über 50 Familien. Tagsüber haben wir auf dem Feld gearbeitet und abends gefeiert. Als ich jung war, hatte ich keine Probleme, eine Frau zu finden.«

Er kommt mir jetzt bedrohlich nah mit seiner Fliegermütze. »Denn ich war ein richtiger Mann, wenn Sie verstehen, was ich meine.« Verstehe ich, will ich aber jetzt nicht so genau wissen. Zumal aus dem Haus hinter dem Holzzaun in diesem Moment ein weiterer Mann auf uns zuschlurft. Er mag ein bisschen jünger sein als die Fliegermütze, nur fehlt ihm der rückblickende Optimismus. »Es war auch früher schon nicht einfach, ich hab zwar auch noch eine abgekriegt, aber das fing schon früh an, dass die jungen Frauen von hier abgehauen sind. Und so toll waren die Feiern hier im Dorf auch nicht.« Seine Frau, die sei heute in Brüssel, putze dort für die reichen EU-Beamten. Sie habe eigentlich versprochen wiederzukommen, aber das letzte Mal habe er vor drei Monaten von ihr gehört. Er lehnt sich an den Holzzaun und lächelt vergnügt. Es ist ihm offensichtlich egal, was sie macht und ob sie zurückkehrt oder nicht. »Schlimmer ist wirklich, dass die jungen Frauen alle weg sind. Und zwar für immer. Für uns ist das ja nicht so wichtig, wir haben das Ganze ja schon irgendwie hinter uns. Aber für die Jungen hier im Dorf, für die ist das eine Tragödie.«

Am Haus gegenüber sollten wir mal klopfen, bei Andrzej, der wolle nämlich wirklich hier bleiben, als Bauer. Der habe den größten Hof im ganzen Dorf. 20 Hektar. Und sei ganz verzweifelt wegen der Frauen. Oder bei Mirek, seinem Freund, ein Haus weiter. Die würden bestimmt gerne mit mir reden. Die Fliegermütze macht wieder zweideutige Grimassen, und wir verabschieden uns. Die beiden Alten bleiben am Zaun und winken uns nach. Wahrscheinlich werden sie den beiden Jungen am Ende eine Provision abnehmen für die Vermittlung unseres Interviews.

Als wir in den Hof kommen, den sie uns gezeigt haben, sehen wir zwei junge Männer unter einem Auto liegen. Oder besser gesagt: Wir sehen vier Beine. Das Auto ist ein alter weißer Golf, und es ist offenbar kaputt. Der erste, der unter dem Motor auftaucht, erstaunlicherweise gar nicht ölverschmiert, ist Andrzej, ein großer, blonder, gut aussehender Kerl, mit einem weichen, lieben Gesicht, der überhaupt nicht versteht, was wir von ihm wollen.

Bis der zweite, Mirek, unter der Karosse hervorkrabbelt. Er ist ölverschmiert, sogar sehr, und grinst dazu übers ganze Gesicht. Hält uns seine schwarze Pranke hin, die man besser nicht berührt, und lacht über den gelungenen Gag. Laut und alleine. Das ist er offenbar gewohnt. Andrzej ist das ungenierte Lachen seines Freundes ein bisschen unangenehm. Denn er scheint der Aristokrat in dieser Freundschaft zu sein, Mirek der Clown. Andrzej lässt Mirek deshalb zunächst den Vortritt. Der verbeugt sich vor mir und erklärt immer noch übertrieben lachend, man sei zu allem bereit. Entweder merkt er nicht, wie laut er ist, oder er hat wirklich lange keine Frau gesehen. Andrzej wartet, bis Mirek sich beruhigt hat, und erklärt uns dann resigniert, dass sie schon seit Tagen versuchen, das Auto zu reparieren. »Um auch mal von hier wegzukommen, aber irgendwas ist mit dem Motor, was ich nicht verstehe.« Mirek sei zwar guten Mutes, dass es ihnen auch ohne Ersatzteile gelingen werde, aber er sei sich da nicht so sicher. Auf die Frauenfrage wollen wir sie nicht gleich am Anfang ansprechen, also laden wir sie zum Tee ein. In den Dorfladen, den Sklep, denn eine Kneipe oder ein Café gibt es nicht in Nurzec.

Diese Dorfläden sind ein Phänomen auf dem polnischen Land. Kleine rechteckige Zigarrenkisten, meist beige oder grau, manchmal aber auch schreiend rosa oder hellblau verputzt, mit einer vergitterten, unscheinbaren und wenig einladenden Eingangstür, hinter der sich aber fast immer eine Überraschung verbirgt. Denn der Sklep ist alles gleichzeitig: die Apotheke des Dorfs, Anglerfachgeschäft, Bäckerei und Waffenladen, zentrale Anlaufstelle für den Dorfklatsch und psychologische Beratungsstelle. In Nurzec ist der Sklep gleichzeitig die Dorfkneipe. Dutzende von Männern stehen mit wahlweise Bier, Saft oder Wodka rund um die Kühltruhen, die sie als Tische benutzen, von denen sie Würste, Brot und Käsestücke in sich hineinschaufeln. Denn Kochen gelernt hat trotz des akuten Frauenmangels offenbar noch keiner von ihnen.

Andrzej nimmt sich ein Bier und stellt sich mit uns in die hintere Ecke des Ladens. Er kommt von sich aus direkt zum Thema, wir müssen gar nicht erst lange drum herum reden. »In den letzten vier, fünf Jahren sind tatsächlich alle jungen Mädchen von hier weggezogen. In die Stadt oder gleich ins Ausland, nach Westeuropa oder Amerika. Ich weiß nicht, warum, aber sie sind irgendwie anders als wir. Abenteuerlustiger. Wir Männer wollen lieber hier bleiben. Hier, wo wir immer gelebt haben. Unsere Höfe behalten. Nur, wenn ich mir das hier ansehe, weiß ich auch nicht, wie lange ich das noch durchhalte.« Er zeigt diskret mit einem schwachen Kopfnicken auf die anderen Männer hinter sich und schaut mich treuherzig an. So einer will er nicht werden, so einer mit Wollmütze und Wodkafahne. »Ich müsste eigentlich investieren auf meinem Hof. Neue Kühlgeräte anschaffen, schon wegen der EU-Vorschriften. Aber ehrlich gesagt habe ich nicht den Mut, einen Kredit aufzunehmen, mich zu verschulden, wenn ich am Ende keine Frau finde und hier mein Leben lang allein sitze.« Andererseits seien die anderen, die, die einfach ihre Höfe vergammeln ließen, auch kein Vorbild. Mirek, der Clown, der bis jetzt schweigend neben ihm gestanden hat, grinst wieder breit. Er kennt die Grübeltiraden seines Freundes, hat aber offenbar für sich beschlossen, das Thema eher mit Galgenhumor zu behandeln. So eng dürfe man das doch alles nicht sehen, mit den Frauen. Notfalls müsse man eben im Osten gucken. »Im Nachbardorf haben ein paar Kumpel jetzt welche aus der Ukraine geholt. Warum auch nicht?« Mirek grinst Andrzej auffordernd an. Den Vorschlag, es ihnen nachzutun, hat er seinem Freund offenbar schon öfter gemacht. Und offenbar meist vergebens. Andrzej lacht nämlich nicht, hält stattdessen die Bierflasche vors Gesicht und mustert nachdenklich und ausführlich ihr Etikett. Das sei doch eben auch keine Lösung, meint er zögerlich. »Eine Russin ... Da weiß man doch nie, ob die nicht eigentlich nur unser Geld meinen oder uns benutzen, um auf diese Weise zu uns in den Westen zu kommen. Nein, nein, lass mal. Das muss auch anders gehen.«

Und da er das ernst meint und der Dorfladen kein Ort für den Abend ist, schlagen wir Mirek und Andrzej vor, mit uns in die nächste Stadt zu fahren. Dort gibt es nämlich eine Disko. Und wo eine Disko ist, da sind auch Mädchen. Jetzt ist erstaunlicherweise Mirek derjenige, der kneift. Nein, meint er zu uns, das habe überhaupt keinen Sinn. Die Frauen, die sich da aufhielten, die wollten schon mal gar nichts von ihnen. Außerdem sei er klein, dick und nicht wirklich attraktiv. Zwei Pferde habe er, sonst nichts. Andrzej könne das ja gerne versuchen, der habe wenigstens 20 Hektar. Er bleibe dann doch lieber bei seiner Mutter und warte, dass ein Wunder geschehe. Mirek ist tatsächlich klein und ein bisschen dick. Aber für so defensiv hatte ich ihn dann doch nicht gehalten. Zumal er ein hübsches Gesicht hat und Humor. Genauso erstaunt bin ich darüber, dass Andrzej sofort zustimmt mitzukommen. Und zwar geradezu enthusiastisch. Und so fahren wir eben mit ihm allein nach Biala Podlaska, ins »Elita«, die erste Diskothek am Platz.

Das hatte man uns jedenfalls so erzählt. Als wir dort ankommen, wird mir klar, dass ich noch nie in einer polnischen Kleinstadt-Disko gewesen war. So unscheinbar hatte ich sie mir nicht vorgestellt. Das »Elita« ist ein schmuckloser viereckiger Bau, an dem nur das rosa Neonschild und eine große Bierreklame auf so etwas wie eine Disko schließen lassen. Es musste einmal so etwas wie eine Jugendbegegnungsstätte gewesen sein, damals im Sozialismus. Es roch jedenfalls noch genauso wie damals. Nach Angst, Hoffnung und enttäuschten Erwartungen.

Andrzej ist jetzt doch nicht so ganz wohl in seiner Haut, aber nun sind wir einmal da, und jetzt kann er nicht mehr zurück. Vor der Tür lungert wie überall auf der Welt die Kleinstadtjugend mit dicken Joints, Bierflaschen und der besonders depressiven Art von Pubertät am Ende der Welt. Drinnen dröhnt aus großen Boxen 8oer-Jahre-Musik, zu der eine silberne Disko-Kugel aus der gleichen Zeit übrig geblieben ist. Es ist Samstagabend, und das »Elita« ist voll. Vor allem mit jungen blonden Mädchen. Am allerblondesten ist die Barkeeperin. Ein großer, in regelmäßigen Abständen laut kieksender Marilyn-Monroe-Verschnitt. Maria heiße sie eigentlich, aber wir könnten sie gerne Marilyn nennen. Sie wackelt mit den Hüften, schiebt dazu die Schultern nach hinten und damit einen sehr großen Busen nach vorne, und eigentlich fehlt nur noch der Lüftungsschacht, der ihr von unten das weiße Kleid hochwirbelt. »Ich weiß auch nicht, wie ich den Jungs hier noch helfen soll«, quietscht sie, weil sie offenbar das Sprechen verlernt hat, seit sie die Marilyn-Filme im Fernsehen gesehen hat.

»Jeden Samstag kommen sie aus den Dörfern hierher und versuchen es. Fragen mich nach den Mädchen und ob sie schon verheiratet sind, und ich tu alles, was ich kann, um zu vermitteln. Aber die meisten Mädchen hier sind zu clever, um mit ihnen aufs Land zu gehen. Wieso? Das fragen Sie?« Sie geht jetzt kokett in die Knie, unterwirft sich kurz, indem sie mit dem Handrücken über das toupierte Haar streicht, bleibt aber ansonsten völlig ungerührt. »Wissen Sie, ich bin auch vom Land, sogar aus dem Wald. Entsetzlich. Dahin zurück? Mit diesen Männern von hier? Nie im Leben!« Sie habe alles darangesetzt, das hinter sich zu lassen. Jetzt habe sie einen Mann aus Holland, der hier Geschäfte macht, und dabei bleibe es. Kalt ist diese Frau, denke ich und stelle fest, dass sie bei genauerem Hinsehen eigentlich überhaupt nicht wie Marilyn Monroe aussieht. »Sie müssen das verstehen, die Männer hier auf dem Land sind einfach kindisch. Für Sie wäre das auch nichts.« Und zwinkert mir zu mit der leicht verlogenen Solidarität polnischer Schwestern. Ich schaue etwas besorgt in Richtung Andrzej, der ziemlich einsam an einem der Tische vor der Tanzfläche sitzt, auf der sich viele blonde Mädchen bevorzugt allein oder in kleinen Gruppen bewegen.

Zwei davon, beide sehr dürftig bekleidet, beide mit großen goldenen Ohrringen, sind schon vor einiger Zeit an die Bar zurückgekehrt. Nachdem sie mein Gespräch mit Marilyn verfolgt haben, ohne es sich anmerken zu lassen, kommen sie jetzt direkt und schonungslos zum Thema. »Es tut uns ja Leid um die Dörfer, aber können Sie sich uns im Kuhstall vorstellen? Nein danke, das ist keine Arbeit für uns. Aufs Land gehen wir vielleicht im Alter zur Erholung. Aber morgen fahren wir erst mal nach New York. Ich hab da einen Job über meine Schwester, und das wird sicher cool ...« Ach, New York und cool. Ich brauche einen Moment, bevor ich das begriffen habe. Wir befinden uns immerhin in der tiefsten ostpolnischen Provinz. Als ich mich Hilfe suchend zu ihrer Freundin umdrehe, die in knalliger Lederhose locker einen großen Cocktail in der Hand schwenkt, sagt die aber auch nur, dass sie ebenfalls sehr bald von hier weg sei, und erklärt anschließend sehr trocken und sehr lapidar: »Für uns ist es einfach völlig indiskutabel, hier zu heiraten. Wir wollen nicht abhängig werden von den Männern hier, die noch dazu total unselbstständig sind und am Rockzipfel ihrer Mütter hängen.« Allmählich beginne ich mir ernsthafte Sorgen um die Jungs zu machen. Vor allem um Andrzej, der noch immer verloren an demselben Platz vor der Tanzfläche sitzt und nur mit Mühe seine Enttäuschung in Coolness verpackt.

Ich versuche ihn zu ermuntern, doch einmal von sich aus etwas zu unternehmen, aber er winkt ab, sichtlich genervt. Ich komme mir gründlich überflüssig vor, mit meinem gluckenhaften Benehmen, und ziehe mich zurück nach draußen. Auf der Treppe vorm »Elita« sitzt noch immer die Kleinstadtjugend. Kraftlose Jungs mit kurz geschorenen Haaren und sehr selbstbewusste Mädchen, die – wie alle Mädchen in diesem Alter – hauptsächlich von ihnen enttäuscht sind, von diesem Abend, ihrer Stadt und eigentlich von allem. Die deshalb betont gelangweilt ihre Joints rauchen und sehr oft »Kurva« sagen, was in etwa dem englischen »Fuck« entspricht.

Nach einer weiteren Stunde sehnsuchtsvollen Wartens, in der drinnen aber offenbar nichts passiert ist, hat Andrzej genug. Ohne die herzlosen Kommentare seiner Landsfrauen mit angehört zu haben, muss er wohl deutlich gespürt haben, dass er hier und heute Abend nicht den Hauch einer Chance hat. Ganz plötzlich steht er vor der Tür, seine graue Jacke über der Schulter. Hoffnungslos uncool mit eben dieser Jacke und seinen brav geschnittenen blonden Haaren. Vielleicht war es wirklich keine gute Idee, hierher zu kommen. Ich fühle mich jedenfalls leicht schuldig, als wir ihn spät abends wieder in Nurzec absetzen. In seinem Dorf, in dem er und seine männlichen Leidensgenossen wohl vorerst unter sich bleiben werden.

Als die Reportage über ihn, sein Dorf und die herzlosen Frauen der Gegend später im deutschen Fernsehen lief, erhielt ich – mit der Bitte um Weiterleitung – per E-Mail tatsächlich diverse

Anträge deutscher Frauen, die sich in den melancholischen blonden Bauern verliebt hatten und ihm anboten, zu ihm nach Nurzec zu kommen. Als wir ihn anrufen, um ihm freudig die guten Nachrichten zu überbringen, ernten wir nur leises Abwinken. Nein, eine deutsche Frau, das komme nicht in Frage. Dann schon lieber eine aus dem Osten. Vielen Dank, das sei lieb gemeint, aber er komme schon klar.

Da saß ich nun in meinem Warschauer Büro und war dem eingangs beschriebenen Phänomen das erste Mal begegnet. Der Tatsache nämlich, dass die polnischen Frauen ausgesprochen initiativ und unternehmungslustig gen Westen blicken, während die polnischen Männer ausschließlich auf ihre Landsmänninnen fixiert sind. Wenn selbst ein verzweifelter Bauer in der Provinz lieber alleine bleibt, als sich eine deutsche Helga zur Frau zu nehmen, dann lief etwas schief. Was also machten wir deutschen Frauen hier falsch? Was war hier los? Viele Fragen, die ich mir irgendwann beantworten ließ, von einem Mann, der schon lange hier lebt. Ein Mann, der Deutscher und auch Pole ist. Steffen Möller heißt er und war ursprünglich ein Linguistik-Dozent, den es aus Wuppertal an die Weichsel verschlagen hatte. Das ist viele Jahre her, und heute ist er ein Star in Polen mit einer mehr als ungewöhnlichen Karriere im Rücken.

Als ich ihn vor drei Jahren kennen lernte, gab er Deutschunterricht an der Warschauer Uni und trat nebenbei mit kleinen Kabarett-Nummern auf. Der erste Deutsche, über dessen Polenwitze die Polen gerne selber lachten. Der Trick war einfach. Zunächst verbrüderte er sich mit seinem polnischen Publikum, indem er antideutsche Witze erzählte und sich selbst zum Clown machte. Kaum war diese gemeinsame Basis gelegt, griff er ins nächste Fach und begann, den Polen selbst den Spiegel vorzuhalten. Da sie nach der antideutschen ersten Phase seines Programms mittlerweile längst das Gefühl hatten, mit ihm unter ihresgleichen zu sein, und da Polen sowieso am liebsten über sich selber lachen, geriet dieses Programm ziemlich schnell zum Riesenerfolg und zum Geheimtipp Warschaus. Steffen Möller wurde bekannt. So bekannt, dass eines Tages die Macher der polnischen »Lindenstraße« darauf verfielen, ihn für eine kleine Nebenrolle zu engagieren. Als doofen deutschen Bauern, der polnisches Land aufkauft, um dort Frittierkartoffeln anzubauen. Eine kleine Nebenrolle, die nur für ein paar Folgen eingeplant war. Doch es kam alles ganz anders. Der deutsche Bauer, der so gar nicht dem polnischen Klischee des dominanten Deutschen entsprach, der nämlich unsicher, tolpatschig und sympathisch war, schlug ein.

In der Fernsehserie verliebt sich erst Hanka, eine der Hauptfiguren, in ihn. Später dann ganz Polen. Zumindest der weibliche Teil seiner Zuschauer in Polen. Allen voran die Schwiegermütter und mit ihnen so gut wie jeder weibliche Teenager im ganzen Land. Heute ist Steffen Möller einer der beliebtesten Fernsehstars in Polen. Dass er Deutscher ist, zählt nur noch am Rande. Selbst seine Serienmutter, die seit kurzem aufgetaucht ist, ist Polin, ohne dass irgendjemand der Autoren noch meint, erklären zu müssen, wieso denn ein deutscher Zugewanderter plötzlich eine polnische Mutter hat. »Unser Deutscher«, titelte beispielsweise ein Boulevardblatt, und genauer kann man das Phänomen wohl kaum beschreiben. Mit diesem Mann also, halb Pole, halb Deutscher, beschloss ich mich zu verabreden, um zu klären, was wir deutschen Frauen hier denn eigentlich falsch machten. Wer würde mir das besser erklären können als er. Dass er selbstverständlich eine polnische Freundin hat, muss ich wohl gar nicht erst erwähnen.

Wir treffen uns also irgendwann an einem verregneten Sonntagnachmittag in einem kleinen Café mitten in Warschau. Auf der Terrasse können wir nicht sitzen. Nicht wegen des Regens, sondern weil uns da zu viele Fans stören würden, meint er zur

Begrüßung. Eigentlich hat Steffen Möller ein Allerweltsgesicht, Typ unauffälliger, strohblonder Schwiegersohn. Seit seinem Serienerfolg moderiert er aber außerdem noch eine Samstagabendshow, und seitdem schützt auch dieses Gesicht nicht mehr vor dem Erkanntwerden. Drinnen ist es zu laut, also gehen wir in eine französisch-polnische Crêpes-Bar nebenan. Das übrigens ist etwas, was die Polen in kulinarischer Hinsicht mindestens ebenso gut können wie die Franzosen: Crêpes backen. Nur dass man sie hier schwerer aussprechen kann, »Nalesniki« heißt die polnische Crêpe. Ansonsten schmeckt sie genauso wie in Frankreich.

Direkt gegenüber ist eine Kirche, und weil Sonntag ist, wird unser Gespräch ab und zu von inbrünstigem Gesang aus ihrem Inneren übertönt. Aber wenigstens laufen hier keine halbwüchsigen Mädchen vorbei, die mit Abstand aggressivste Fangruppe meines Gesprächspartners. Ich bestelle also zwei Nalesnikis und beginne, Steffen Möller, diesem deutsch-polnischen Zwitterwesen, meine lang gehüteten Fragen zu stellen.

Was ist eigentlich los mit den polnischen Männern, dass sie uns Helgas selbst dann dankend ablehnen, wenn sie in der tiefsten ostpolnischen Provinz als Junggesellen versauern, frage ich ihn als Erstes, worauf er sich genüsslich zurücklehnt und mir die polnische Männerpsyche erklärt.
»Das ist ganz einfach. Das Klischee der unerotischen, dominanten und militaristischen deutschen Frau ist immer noch unheimlich stark. Und wenn du als polnischer Mann damit aufgewachsen bist, dann muss schon eine ziemliche Granate kommen, bis du deine Meinung änderst. Und die meisten Polen kennen keine deutschen Frauen. Treffen sie aber doch mal eine und entspricht die auch nur in irgendeiner Weise diesem Bild, dann geht der Pole sofort auf Widerstand. Denn eine Frau, die dominiert, auf Gleichberechtigung pocht, die produziert bei

den polnischen, übrigens auch bei uns deutschen Männern, automatisch Unterlegenheitsgefühle.« Er grinst zufrieden mit seinem Schwiegersohngesicht und fährt fort. »Das ist ja gerade der Trick der polnischen Frau, dass sie ihrem Mann systematisch Überlegenheitsgefühle vermittelt. Egal, ob sie das wirklich so sieht. Sie gibt uns erst mal das Gefühl. Das Problem mit euch deutschen Frauen ist jetzt, dass nun genau darin euer ganzer Stolz begründet liegt, dass ihr so etwas niemals erdulden würdet. Dass ihr euch niemals so weit erniedrigen würdet, einem Mann um den Bart zu gehen. Die deutsche Frau will den Männern auf Schritt und Tritt beweisen, dass sie ihnen überlegen ist, und da rennt ein Pole schreiend davon. Weil es ihn außerdem auch nicht antörnt: weil der eher eine hundertprozentige Frau als eine hundertprozentige Gesprächspartnerin sucht.«

Mein schwacher Einwand, die polnischen Frauen seien meiner Erfahrung nach zehnmal stärker und dominanter als wir deutschen Frauen, wird umgehend vom Tisch gefegt und anschließend bestätigt. »Ja, ja, weil polnische Frauen schlau sind. Und belastbarer als ihr. Die regieren, ohne dass der Mann das merkt. Eine polnische Frau ist hundertprozentig Frau und muss erobert werden. Aber wenn sie denn einmal erobert ist, dann dreht sich der Spieß um. Dann hören die Spielereien auf, dann darf der Mann sich auch nicht mehr mit anderen Frauen treffen, dann diktiert sie die Regeln.« Mir fällt auf, dass wir uns bei unseren bisherigen Begegnungen immer nur nachmittags getroffen haben, und ich frage ihn nach seiner polnischen Freundin. Wie das denn bei ihm so sei. Darüber will er aber nichts sagen. Nicht nur wegen der vielen weiblichen polnischen Fans, die auf ewig enttäuscht wären, wenn sie wüssten, dass er längst vergeben ist. Also versuche ich es neutraler. Warum denn nun eigentlich andersherum so viele deutsch-polnische Ehen existierten, in denen der Mann Deutscher und die Frau Polin sei. Er lehnt sich entspannt zurück und lächelt in sich hinein; auf die Frage hat er offenbar gewartet.

»Ganz einfach, wir deutschen Männer sind Erniedrigungen gewöhnt und die polnischen Frauen genauso. Das passt doch.« Den erniedrigten deutschen Mann überhöre ich einfach und frage stattdessen, was er mit der Erniedrigung der polnischen Frauen meint. Jetzt wird er ernst und lässt den Kabarettisten außen vor. Aus der Kirche gegenüber schallt der Schlussgesang. Zwei blasse, dünne Mädchen, die vorzeitig die Messe verlassen haben, beobachten uns von der anderen Straßenseite aus. »Polinnen sind von zu Hause her Demütigungen gewöhnt. Schon in der Schule fängt das an, dass ein polnisches Mädchen von den männlichen Lehrern wesentlich schlechter behandelt wird, oft richtig abfällig. Wenn Prüfung ist, sagt der Lehrer zu ihr: Eigentlich müsste ich dir eine Fünf geben, aber mit deinen Beinen hast du noch einmal Glück gehabt. Ich bin viel unterwegs im Land, und ich sage dir, das ist gang und gäbe.«

Das kannte ich. Wir hatten einmal ein Porträt über die erste Frauenfahrschule Polens gemacht, im tiefsten Schlesien, in der mir alle Frauen genau das erzählt hatten. Als ich beginne, davon zu erzählen, gibt mein Gesprächspartner bereits Autogramme. Die beiden Mädchen von gegenüber hatten sich nämlich am Ende doch noch zu uns getraut. Jetzt würden sie ihn so schnell nicht wieder aus ihren Fängen lassen. Abgesehen davon kennt er die Geschichte der Frauenfahrschule. Also wendet er sich jetzt den beiden Teenies zu, die ihr Glück kaum fassen können, als er routiniert ihre Poesiealben entgegennimmt und mit dem niedlichsten Lächeln der Welt die deutsch-polnische Verständigung auf seine Weise vorantreibt, womit unser Gespräch zu Ende ist.

Die Geschichte der Frauenfahrschule war vor allem die Geschichte Malgosia Mandryks, einer dicken, lauten und fröhlichen Frau, die genauso gut in einem sowjetischen Kriegsfilm die Generalin hätte geben können. Sie hatte irgendwann genug von den Fahrschulen, in denen sie angestellt war, vor allem genug von den unterirdischen Sprüchen ihrer männlichen Kollegen, die das Auto generell eher als Ort für sexuelle Attacken und Anspielungen denn als Fahrzeug sahen. Und da das den meisten ihrer Fahrschülerinnen genauso ging, beschloss sie eines Tages, die Schülerinnen von all dem zu erlösen, indem sie eine eigene Fahrschule aufmachte – in der ausschließlich Frauen unterrichteten. In dem kleinen, eher konventionellen Städtchen, in dem sie ihre Pionierarbeit leistete, war ihre »Weiberfahrschule«, die »Skola Babska«, zunächst ein Skandal, wenig später aber ein Riesenerfolg. Ihre Fahrstunden wurden später sogar als Doku-Soap im polnischen Privatfernsehen ausgestrahlt. Denn sie unterrichtete auch Männer. Die allerdings starke Nerven haben mussten, denn Malgosia Mandryk gab ihnen stellvertretend all das zurück, was ihre Kollegen jahrelang den Frauen angetan hatten. Und mitzuerleben, wie sie die Männer hochnahm, war allenfalls für die Zuschauer ein Zuckerschlecken. Der gestresste männliche Fahrschüler, der dabei auch noch von der Kamera beobachtet wurde, geriet darüber mehr als einmal in den falschen Gang. Die meisten allerdings akzeptierten ihre Humorattacken – einer polnischen Mutter widerspricht man eben nicht. Und wenn sie aussieht wie ein sowjetischer General, schon gar nicht. Am liebsten fuhr sie am Wochenende übrigens tatsächlich mit einem alten russischen Jeep quer durch die Wälder und dabei erzählte sie uns laut lachend Geschichten, die schnell klar werden ließen, warum die Polinnen so viel Wert darauf legten, ihre Männer fest im Griff zu haben.

Dennoch blieb das für mich lange ein schwer aufzulösendes Paradox. Die Polin, einerseits so weiblich und sexy – andererseits der unbestrittene Herr im Haus, sobald sie ihren Mann unter der Haube hat. Eine Gesellschaft, die die Frau ganz konventionell auf die Weibchen- und Mutterrolle reduziert, während die

Frauen de facto in der Wirtschaft so viel häufiger Führungspositionen haben als in Deutschland. Eine Gesellschaft, in der die Frauen der Boss sind, solange nach außen für die Männer der schöne Schein gewahrt bleibt.

Letztlich handelt es sich um ein verdecktes Matriarchat mit Schattenseiten. Abtreibung zum Beispiel ist in Polen de facto überhaupt kein Problem, wichtig ist nur, dass sie gesetzlich verboten bleibt. Rein rechtlich hat Polen seit der Wende 1989 das restriktivste Abtreibungsrecht ganz Europas, gemeinsam mit Irland. Offiziell gibt es in Polen jedes Jahr hundert, maximal zweihundert Schwangerschaftsabbrüche. Inoffiziell kann man in jeder Zeitung im Anzeigenteil unter vielen Privatkliniken wählen, die eine Abtreibung, ohne weiter nachzufragen, jederzeit problemlos vornehmen. Und das weiß auch jeder. Der einzige Nachteil: Es kostet eine Menge Geld, und keine Krankenkasse kommt dafür auf. Die Zeche zahlen wie immer die Frauen, die sich eine solche Privatbehandlung nicht leisten können. Und das sind in Polen eine Menge Frauen.

Die volle Absurdität dieser Lage konnte ich im Sommer 2003 besichtigen, als in einem kleinen Ort an der polnischen Ostseeküste ein holländisches Abtreibungsschiff anlegen wollte, um an Bord auf hoher See, jenseits der Landesgrenzen, allen polnischen Frauen die Möglichkeit zu bieten, kostenlos und legal abzutreiben. Die Proteste der rechtsnationalen Männer- und Kirchenkreise waren an Aggressivität, Hysterie und Verlogenheit kaum zu überbieten. Als Nazis und Mörderinnen wurden die Frauen in Flugblättern beschimpft, den Hafen hatte eine Gruppe der nationalchauvinistischen polnischen Familienliga besetzt. Tagelang wurde dem Schiff das Anlegen verwehrt, und als die Hafenbehörde am Ende nicht mehr anders konnte, als es hineinzulassen, kam es zu regelrechten Prügeleien. Der Höhepunkt der verschiedenen Aktionen der hocherregten Abtreibungsgegner: eine demonstrativ gehaltene katholische Messe gegen das Böse direkt am Kai gegenüber.

Was darüber hinaus passieren konnte, wenn eine Frau die Regeln offen brach, hatte ich ein Jahr vorher gesehen, im Nachbarhafen, als wir ein Porträt über die erste Fischerin an der Ostseeküste gedreht hatten. Ein Portrait über eine Frau, die die Fassade nicht mehr aufrechterhalten wollte. Krystyna Czajka, die gegen alle ungeschriebenen Gesetze und Regeln ein Boot gekauft hatte und als erste Frau in Polen selbständig als Kapitänin aufs Meer hinausfuhr.

Ihr Kutter liegt im Hafen von Dabki. Als wir am späten Nachmittag dort ankommen, sehen wir eine kleine, zähe Gestalt in grüner Militäruniform, die den Schiffsmotor auf den Strand wuchtet und verzweifelt ist. Ansonsten ist der Hafen menschenleer. Der Motor ist kaputt, und ihre Netze sind noch draußen. Nordwind ist angesagt, Stärke 5, und es ist Flundersaison. »Flundern«, erklärt sie uns, »müssen noch am selben Tag raus aus den Netzen und verkauft werden, sonst sind sie hin. Ungenießbar, wenn sie länger als 24 Stunden tot in den Netzen hängen.« In sicherer Entfernung oben auf den Dünen stehen fünf dunkel gekleidete Gestalten, die uns ganz offenbar beobachten. »Die hätten einen Motor, den sie mir leihen könnten, aber das tun sie nicht.« Krystyna zieht ein Messer aus ihrer Militärhose und schneidet das Seil durch, mit dem der Motor am Boot vertäut war. Sie sieht gefährlich aus, und das will sie auch. Denn sie macht keine Kompromisse mehr mit den Männern ihres Hafens.

Sie kämpft jetzt gegen sie, ganz offen, und das jeden Tag. Denn die Männer ihres Hafens hatten versucht, sie kleinzukriegen, mit allen Mitteln. Eine Frau, die allein aufs Meer hinausfahre, bringe Unglück, und das habe es noch nie gegeben. Am Ende hatten sie ihr Boot einfach nicht mehr ins Wasser gelassen. Denn die Bucht in dem kleinen Hafen ist so flach und lang gezogen, dass die Kutter an einer Seilwinde ins Meer gelassen werden müssen.« Und das haben sie einfach nicht gemacht. Haben mich einfach hier verrecken lassen und nur ihre eigenen Boote runtergelassen ins Wasser.« Krystyna begutachtet den Motor und legt die Stirn dabei in Falten. Eine Strähne ermatteter blonder Dauerwelle quillt unter ihrer Kappe hervor. Eigentlich hat sie ein zartes Gesicht, im Moment aber sieht man das nicht, denn Krystyna ist wütend und zeigt mit dem Kopf zu den fünf Männern, die uns noch immer von oben beobachten. »Das freut sie jetzt, dass ich hier festhänge. Aber ich brauch ihren verdammten Motor nicht. Ich bin die beste Fischerin hier, ich hab ein Gefühl dafür, wo die Netze hinmüssen, und ich fahr bei jedem Wetter raus, anders als die Saufköpfe da oben. Notfalls nehme ich nachher das kleine Rettungsboot und hol damit die Netze rein.«

Es war ein langer Kampf, den sie mit ihnen geführt hat. Fast ein halbes Jahr blockierten sie ihren Kutter, bis Krystyna am Ende mit dem Gericht drohte. Denn eine Lizenz der Meeresbehörde hatte sie. Legal war der Boykott ihrer männlichen Kollegen im Hafen nämlich nicht. Das war vor drei Monaten. Seitdem lassen sie ihren Kutter ins Wasser, mit versteinerten Mienen und ohne ein Wort mit ihr zu reden. Aber das ist Krystyna egal. Jetzt lacht sie sogar:

»Es hat ihnen einfach nicht gepasst, dass ich besser bin als sie. Konkurrenz. Die Begründung, eine Frau auf dem Meer bringe Unglück, war natürlich völliger Unsinn.«

Während sie den Motor genauer begutachtet, hier ein Teil abschraubt und dort ein Teil inspiziert, erzählt sie uns, wie es dem ganzen Zirkus kam. Ihren Mann, der mehr am Wodka als an ihr hing, hatte sie irgendwann vor die Tür gesetzt. Damals war sie noch Bäuerin, in einem Dorf nicht weit von der Küste. Aber der ganze Hof ohne Mann war auf Dauer zu belastend, und so kam sie hierher. Lernte das Fischen bei einem der alten Fischer im Hafen und fuhr mit ihm raus. »Solange ich mich brav untergeordnet habe und dafür wenig Geld bekam, war alles in Ordnung. So lange haben sie mich akzeptiert. Aber als ich sah, dass ich viel besser als sie war, hatte ich genug. Und als der alte Fischer starb, bot mir seine Frau das Schiff an. Sie brauchte das Geld. Und von dem Moment an ging es los.« Sie nimmt den Motor in den Arm und trägt ihn zurück zum Boot. Er ist hin, und sie wird ihn heute nicht mehr reparieren können. Die Zeit läuft ihr weg. »Ich lasse die Flundern da draußen nicht umsonst verrecken. Fischerehre.« Der Wind zerrt an ihrer Kappe und wirbelt feinen weißen Sand durch die Luft. »Außerdem ist es ein zu großer Verlust. Ich weiß ganz sicher, dass die Netze voll sind, da draußen, so was habe ich im Gefühl.« Also nimmt sie kurz darauf tatsächlich das kleine weiße Rettungsboot und tuckert davon. Die fünf Männer oben an der Düne stehen immer noch dort.

Der Wind ist deutlich stärker geworden, Nordwind, der meist mit Unwettern einhergeht. Krystyna hat offenbar Mut, und den braucht sie auch. Gegen ihre Kollegen und gegen dieses Wetter. Nach zwei Stunden taucht sie tatsächlich wieder auf, das kleine Boot voll mit Flundern und das Gesicht ein einziger Triumph. Als sie auf den Strand springt, zeigt sie uns lachend die Kisten. Sie hatte Recht gehabt, es war ein guter Tag.

Später in ihrer kleinen Garage, in der sie den Fisch sortiert und in Kisten verpackt, erzählt sie uns noch lange, warum sie diesen Beruf so liebt, dass er es ihr wert war, gegen alle anderen hier im Hafen anzutreten. Vom Meer und wie man lernen kann, wo die meisten Fische sind. Irgendwann am Ende frage ich sie, ob sie es nicht manchmal leid sei, dauernd so zu kämpfen. Ob es nicht schöner wäre, wenn die Idee der Gleichberechtigung ein bisschen mehr verankert wäre in ihrem Land. Aber da lacht sie nur. Nach Kanada werde sie auswandern, im nächsten Jahr. Das sei zumindest ihr Traum, dort in den großen offenen Meeren zu fischen. Dazu brauche sie keine Gleichberechtigung. Dort sei das nämlich kein Thema. Noch nicht einmal in

Russland sei es ein Problem, wenn eine Frau fischen wolle. Nur hier, in diesem seltsamen Polen. Aber Gleichberechtigung, wozu? Sie selbst sei sowieso viel stärker als die Männer in diesem Land.

Und sie lacht auch noch über meine Frage, als wir uns verabschieden und sie nach Drehschluss unten am Strand den Möwen die Fischreste vom Tag zum Fraß vorwirft. Feminismus, nein, so etwas brauche sie nicht. Genauso wenig wie sie die Männer hier in diesem Land brauche, diese weichen Nichtsnutze, die sich noch nicht mal richtig um ihre Boote kümmerten.

Und wo sie Recht hat, hat sie Recht, dachte ich auf der Rückfahrt. Denn das ist in der Tat die Frage hier. Wozu noch Feministin sein, wenn die Frauen letztlich ohnehin das Heft in der Hand halten und die Stärkeren sind? Es gibt kluge Historiker und Soziologen, die das Verhältnis der Geschlechter untereinander und die trotz allem diffuse Emanzipation der polnischen Frau aus der Geschichte erklären. Und wie so vieles in Polen, ist die Historie wohl auch hier der zentrale Schlüssel.

Während die westeuropäischen Emanzipationsbewegungen seit Mitte des 19. Jahrhunderts die Männer als klares Gegenüber und Frontlinie im Blick hatten, kämpften die Polinnen gemeinsam mit den Männern um ihre Nation. Da der polnische Staat immer wieder von der Landkarte verschwand, und mit ihm die Männer, die in Haft oder sibirischer Verbannung landeten, fiel das Bewahren der nationalen Identität den Frauen zu. Der berühmten »Matka polka«, der tragisch-heroischen Mutter-Polin, die ihre Söhne in die Welt setzte, um sie anschließend auf dem Altar des Vaterlandes zu opfern. Kein Wunder, dass diese Söhne, kehrten sie dann doch aus dem Krieg zurück, ganz besonders bevorzugt behandelt wurden. Erstens hatten sie ihre Kriege meist verloren, was spezielle Rücksichtnahme auf ihr verletztes Ego verlangte, während die Frauen mit diesen schwachen Verlierern zwangsläufig die Herren im Haus blieben, die sie schon während ihrer Abwesenheit waren. Ob sie wollten oder nicht.

Zweitens war da der spezifisch polnische Katholizismus, der seit Jahrhunderten einen Marienkult betrieb, der ganz eng mit den nationalen Niederlagen verknüpft war. Als »Königin Polens« hat diese Maria seit dem 17. Jahrhundert die Aufgabe, über das leidende Land wie über ihren Sohn zu wachen. Die romantische Idee, Polen als »Christus unter den Nationen« zu sehen, hatte dann 200 Jahre später der Nationaldichter Adam Mickiewicz geprägt. Indem er 1830 in einem Gedicht (»Do Matki Polki« – »An die Mutter Polin«) die polnische Nation als eine ans Kreuz genagelte beschrieb, die aber irgendwann einmal wieder auferstehen würde. Die katholische Religion und das ihr sehr eigene Mutter-Sohn-Verhältnis in der überspitzten polnischen Variante war damit spätestens seit der Romantik zur zentralen Metapher der nationalen Identität geworden. Und Maria, als ihre oberste Repräsentantin und gleichzeitig die »Königin Polens«, wurde damit stellvertretend für alle Polinnen zu einer Frauen- und Mutterfigur, die vor allem deshalb heilig ist, weil sie ihr Land, den Sohn und die Männer per se als Leidende und Gequälte definiert und festschreibt.

Kein Wunder also, dass die polnischen Männer ein bisschen passiv sind, ihre Frauen als Mütter verehren und sich zur Ruhe setzen, wenn sie mit der einen verheiratet sind, die vom Inzesttabu ausgenommen ist. Kein Wunder also auch, dass man überall in Polen auf Frauen trifft, die als Mütter jene verzogenen Weichspül-Machos großziehen, die sie als Männer verachten. Kein Wunder also, dass viele Polinnen sich gerne und wortreich über sie beschweren. Schonungslose Abrechnungen mit der hiesigen Männerwelt gehören zum Standardrepertoire eines jeden Mädchenabends. Denn die jungen polnischen Frauen wollen Partner, keine Söhne mehr. Der Begründungshorizont für dieses

Muster ist erschöpft. Und solange die Männer sich mit dieser Umstellung noch so viel schwerer tun, treten ihre Frauen eben die Flucht nach vorne an.

Kein Wunder aber auch, dass die polnischen Männer nicht unbedingt wild auf deutsche Frauen sind, gegen die sie schon wieder einen Krieg gewinnen sollen, diesmal den Geschlechterkrieg der aufgeklärt-emanzipierten West-Helga. Wo sie doch noch nie einen Krieg gewonnen haben.

Überhaupt kein Wunder also, dass Wanda heute nicht mehr in die Weichsel springt. Und auch kein Wunder mehr, dass es mir trotz vielfacher heroischer Versuche nicht gelingen konnte, einen der nettesten Männer zu erobern, der mir bis dato über den Weg gelaufen war. Einfach nur, weil er ein Pole und ich eine Deutsche war. Und weil *ich ihn* erobern wollte. Manchmal kann Geschichte sehr nützlich sein. In Polen ist sie unabdingbare Voraussetzung, selbst für die grundlegendsten Situationen im alltäglichen Privatleben.

Das Mädchen aus den Plattenbauten

Die Plastiktüte hat etwas Rührendes. Sie fliegt und fliegt, an einem nicht enden wollenden grauen Häusermeer vorbei, verliert an Fahrt, sinkt auf den Asphalt, rattert an einem verrosteten Kinderspielplatz vorbei, verfängt sich kurz in der Kette der Schaukel und hebt dann wieder ab. Hoch in Richtung Plattenbauten segelt sie jetzt, an verwahrlosten Balkonen vorbei, auf denen die Besitzer ihr mit leeren Augen für einen Moment bewusstlos folgen, bis sie dann endlich das Ende der Blocks erreicht hat und in dem grauen Nachmittagshimmel verschwindet. Tereska hat hier gewohnt. In einem dieser Plattenbauten, in denen eine Plastiktüte mehr Hoffnung auf ein neues Leben hat als die Menschen, die hier wohnen.

Dieses Kapitel handelt von ihr, von Tereska. Einem Mädchen, das ich bis heute nie persönlich kennen gelernt habe, weil sie entweder auf der Flucht oder im Gefängnis war. Doch gesehen habe ich sie. Mehr als einmal, wie die meisten Polen. Denn Tereska ist ein Star. Tereska ist die Hauptdarstellerin eines der erfolgreichsten und beeindruckendsten polnischen Filme der letzten Jahre. Eines Films, der sich von ihr verabschiedet, bevor er beginnt. Nämlich schon im Titel: »Czesc, Tereska«, Tschüss Tereska. Weil sie von Anfang an keine Chance hat. Es geht um ein Mädchen, das hier aufwächst, in den großen tristen Plattenbauten der Vorstädte, und das zu verletzlich und zu sensibel ist, um mit der Gefühllosigkeit seiner Umgebung fertig zu werden. Sie wird betrogen und bestohlen, beginnt dann selbst zu stehlen. Sie verrennt sich, lügt und versucht, sich auf diese Weise Zuneigung zu erkämpfen.

Die Nachbarn, die anonymen Plattenbaubewohner, hinter den vielen blinden Fenstern zum Hof, der nur aus Asphalt und toten Spielzeugen besteht, sehen ihr dabei zu. Ohne jedes Mitgefühl und ohne jede Emotion. Am Ende wird Tereska davon aufgefressen, wird Teil ihrer Umgebung und erschlägt ihren besten Freund mit einer Eisenstange. Einfach so. Schluss, Schwarzblende. Czesc, Tereska.

Das Unglaublichste an diesem tief unter die Haut gehenden Film ist die Hauptdarstellerin selbst. Denn sie spielt diese Rolle nicht, sie *ist* Tereska. Robert Glinski, der Regisseur, hatte fast ein Jahr lang in den Plattenbaughettos dieser Viertel nach einem Mädchen gesucht, das wirklich authentisch in diese Rolle schlüpfen könnte. Denn es gab zwar ein Drehbuch, viele Szenen aber sollten halbdokumentarisch am Set improvisiert und entwickelt werden.

Schließlich fand er sie. In einem geschlossenen Jugendheim in Otwock, in einer der vielen tristen Kleinstädte auf dem Land. Dort saß sie seit einem Jahr wegen kleiner Diebstähle und Alkohol. Ola Gietner hieß sie, und sie war 15 damals. Die Heimleiterin hatte alle Mädchen im Flur der Anstalt antreten lassen, als der Regisseur aus Warschau kam. Ola war ihm sofort aufgefallen, obwohl sie ganz hinten stand. Ein weiches, trauriges Kindergesicht mit Stupsnase, umrahmt von dunklen Haaren, die glanzlos und ungeschnitten an den Seiten herunterhingen. Sie drängte sich nicht vor, führte keine albernen Szenen auf, sondern stand nur still und seltsam unschuldig im Hintergrund. Sie hatte etwas Wahrhaftiges im Gesicht und gleichzeitig etwas Rätselhaftes. Da war etwas in diesem Gesicht, »das ich entschlüsseln wollte«, erinnert er sich später im Gespräch.

Als sein Film längst erfolgreich in den polnischen Kinos lief, hatte ich mich mit ihm am Warschauer Stadtrand verabredet, auf einem der grauen Höfe mitten zwischen den Betonburgen, wo er ihn gedreht hatte. »Als ich sie sah, wusste ich sofort, dass sie es ist, dass nur sie Tereska sein kann.« Und obwohl die

Heimleitung ihn vor ihr warnte, blieb er bei seinem Entschluss. Ein zweites Mädchen, das neben ihr stand, engagierte er gleich mit. Denn im Film sollte Tereska eine beste Freundin haben, Renata, eine frühreife Blondine, die immer stark geschminkt und immer ein bisschen schlauer ist als sie und die Tereska in die kriminelle Halbwelt der Blocks einführt. Auch diese Darstellerin, so wollte es Robert Glinski, sollte authentisch sein. Und warum dann nicht gleich ein Mädchen, das sowieso mit ihr befreundet war. Soweit man in einem solchen Heim von Freundschaften überhaupt sprechen kann.

Sein Instinkt hatte ihn nicht getrogen. Beide Mädchen spielen so nah und authentisch an dem entlang, was sie wirklich erlebt haben, dass man zuweilen ganz vergisst, dass der Film im Wesentlichen inszeniert ist. Zu viel hier ist einfach echt, die Blicke und die kleinen Bewegungen. Und das, was sie tun: Aus Langeweile überfallen sie Passanten, die sie wahllos attackieren. Und Tereska macht mit, weil sie nicht immer nur die Kleine sein will. Weil sie das sucht, was alle Mädchen in ihrem Alter suchen, Liebe und Anerkennung. Und in einer Plattenbau-Gang heißt das nun einmal: zuzuschlagen oder vor einem Kiosk zu lauern und sich auf den nächsten Wehrlosen zu stürzen, der herauskommt. Der ultimative Kick in der großen grauen Langeweile. Vielleicht hat das Opfer ja sogar Geld in den Taschen. Wenn nicht, wird es zumindest richtig zusammengetreten. »Das, was wir in Wirklichkeit gemacht haben, früher, bevor ich in den Jugendknast kam, war oft viel schlimmer als das, was ich da im Film spiele«, erzählt Ola Gietner später in einem Fernsehinterview. Und auf die dummdreiste Frage des Reporters, ob sie denn wirklich schon einmal jemanden umgebracht habe, so wie im Film, antwortet sie ganz selbstverständlich: »Ob ich in echt auch einen Freund umbringen würde? Keine Ahnung. Wenn's sein muss, vielleicht.«

Robert Glinski und ich stehen jetzt vor diesem Kiosk, vor dem er die Szene gedreht hat, in der sie aus Langeweile einen alten

Mann überfallen. Auf einer Art Betonbrücke, die zwei große Plattenbauten miteinander verbindet. Die Fenster des Ladens sind vergittert, zwei Betrunkene mit Plastiktüten wanken misstrauisch durchs Bild. Dass wir nicht von hier sind, sehen sie natürlich sofort.

»Das Erschreckendste beim Drehen war für mich, dass sich niemand hier auch nur umgedreht hat, als die Gang den ersten Passanten angriff. Die Leute sind einfach weitergegangen. Und sie konnten ja nicht wissen, dass das ein Spielfilm war. Unsere Kamera stand nämlich weit entfernt, dort hinter diesem Betonpfeiler. Und da schlagen fünf Jugendliche also einen alten Mann zusammen, so brutal, wie man es sich nur vorstellen kann, am helllichten Tag, und die Leute schauen noch nicht einmal hin.« Glinski zuckt mit den Schultern. Er ist ein freundlicher Mensch. Mit seiner dunklen Lederjacke und einem ratlosen Lächeln steht er vor mir und malt mit dem Gesicht ein Fragezeichen in die Luft. Anklagen wollte er niemanden mit dem Film, erklären auch nichts. Einfach nur zeigen, was hier passiert ist, in den Plattenbauten seit der Wende. In den Blokowiskos, in denen heute jeder dritte Pole lebt und die früher im Sozialismus ordentliche Gegenden waren. »Heute sind es oft wirkliche Slums, manchmal gefährlich. Und niemand will darüber sprechen. So wie niemand hingeguckt hat, als wir hier gedreht haben, so will heute niemand in Polen sehen, was hier mittlerweile los ist. Das ist das eigentliche Problem.«

Die stärksten Szenen in seinem Film sind die leisesten. Die, in denen fast nichts passiert. Wenn Tereska und Renata, bleiben wir einfach bei ihren Filmnamen, auf dem Friedhof sitzen und billigen Apfelwein trinken. Und darüber nachdenken, ob es Geister gibt, ob sie Angst vor dem Sterben haben und wie man richtig mit der Zunge küsst. Als Renata sich zu Tereska vorbeugt, um es ihr zu demonstrieren, muss sie sich übergeben, mitten zwischen den Gräbern. Aus Angst vor dem Tod und vor

dem Kulturpalast

Pani Zofia und Pani Ania in ihrer Milchbar

Jozef Malinowski, der alte Ingenieur auf seiner Bohrinsel

ek Marchowski, ehemaliger Werftarbeiter als Brecht-Darsteller

hal Szlaga, Fotograf auf der Danziger Werft

Tereska alias Ola Gietner in „Czesc Tereska"

Roza Thun, Chefin der Robert-Schuman-Stiftung

der Liebe und weil der Wein so schlecht war. »Du wirst dich schon dran gewöhnen«, sagt Renata am Schluss der Szene. Und Tereska schaut sie nur an. Stumm, wütend, hilflos.

Nach dem Ende der Dreharbeiten musste »Tereska« alias Ola Gietner wieder zurück ins Heim. So war es abgemacht. Der Film wurde ein Riesenerfolg und sie ein Star. Ein Star hinter Gittern. Ein halbes Jahr später bricht sie aus. Verschwindet eines Tages auf dem Rückweg von einem Arztbesuch. Das Heim alarmiert die Polizei. Eine Woche zuvor hatte Robert Glinski, der freundliche Regisseur, einen Anruf aus Hollywood erhalten, aus Los Angeles: Tereska und ihre Freundin Renata, beide Mädchen hatten für ihre schauspielerischen Leistungen den Young Artists Award gewonnen, einen der wichtigsten Nachwuchspreise der Welt.

Glinski und seine Mitarbeiter organisieren Pässe und Visa, versuchen Ola zu finden, erwischen sie auch am Telefon. Sie hört es sich an, dass sie einen Preis gewonnen hat, zusammen mit ihrer Freundin, dass sie zur Verleihung nach Los Angeles fliegen soll. Dass sogar das Heim zugestimmt hat und Pässe bereit liegen. Und sie legt auf. Kommt nicht zu dem verabredeten Treffen. Kommt nirgendwohin. Flieht stattdessen vor dieser Chance, die sie sich selbst erarbeitet hat. Flieht zurück in ihr altes Leben, in das Leben, das sie im Film gespielt hat. Tritt die Chance, die sie gehabt hätte, mit Füßen und verschwindet stattdessen.

Spätestens jetzt war ich neugierig geworden auf diese Tereska, auf ihr so unerklärliches Verhalten, und wir machten uns mit der Kamera auf, um sie zu finden. Irgendwo in der Nähe ihrer Heimatstadt, in der Nähe von Pabianice werde sie sein, wahrscheinlich versuche sie jetzt, bei ihrer Großmutter unterzutauchen. Das erklärte uns jedenfalls die Polizei in Otwock, dort, wo das Heim lag, aus dem sie ausgebrochen war.

Die Großmutter hat eine schrille Stimme und schreit damit ins Telefon. Dass sie auch nicht wisse, wo ihre Enkelin sei. Entweder ist sie hysterisch, oder sie sagt bewusst die Unwahrheit und klingt deshalb so seltsam. Aber vorbeikommen könnten wir schon, wenn wir wollten, sie sei zu Hause. Ob wir auch Karolina mitbringen dürften? »Diese Renata aus dem Film, Tereskas Freundin?«, fragt sie. Eine kurze Pause. Den Film habe sie nicht gesehen, der interessiere sie nicht. Und deshalb kenne sie auch diese Freundin nicht, aber bitte sehr.

Mir war das wichtig. Denn Karolina Sobczak, so der richtige Name der Renata aus dem Film, hatte den Preis ja ebenfalls gewonnen, und zu diesem Zeitpunkt vermutete ich noch, dass sie vielleicht alleine nach Los Angeles fliegen werde, falls Tereska tatsächlich nicht mehr auftauchen würde.

Da sie zugestimmt hatte, uns ein Interview zu geben, fuhren wir also los. 200 Kilometer hinter Warschau ein verrostetes Ortsschild. Kutna. Ein trostloses kleines Städtchen mit einem viereckigen Marktplatz und einem einzigen, noch aus dem Sozialismus stammenden »Dom Towarowy«, dem städtischen Warenhaus. Die Adresse, die wir von ihr hatten, kannte niemand.

Nach vielen Gesprächen mit ratlosen Anwohnern, von denen keiner helfen konnte, zeigte uns ein Radfahrer schließlich den Weg, indem er voranfuhr.

Wir enden an Bahngleisen, an denen ein paar flache, irgendwann vor dem Krieg gebaute Ziegelhäuschen stehen. Die Schienen sind mit grünlichgrauem Unkraut überwuchert, die Dächer halb verfallen. Hier wohnen keine Arbeiter mehr. Hier arbeitet auch keiner mehr. Totes Gleis. Drei halbwüchsige Glatzen mustern uns misstrauisch, lassen blitzschnell eine Holzkiste hinter der Haustür verschwinden. In der Luft liegt ein beißender Brandgestank. Als ob irgendwo jemand nasse Teppiche verfeuert. Karolina sitzt auf der Eingangstreppe und raucht. Ihr greller und sehr lila geschminkter Mund ist der einzige Farbtupfer im ganzen Bild. Ich will ihr die Hand geben, aber sie zieht sie weg. Heimkind. »Haste Kohle?« Schweigen. »Ohne Kohle mache ich das nämlich nicht mehr. Kommen zu viele von euch in letzter Zeit.« Karolina ist dünn, sehe ich jetzt, so viel dünner als im Film. Fast ein Knochengestell. Das einzig Kompakte an ihr ist der dicke, etwas zu blonde Pferdeschwanz, der hoch aufgezurrt fast auf der Mitte ihres Schädels thront. Magersüchtig, denke ich, und: eine Abzockerin. »Brauchst gar nicht so gucken, im Film war ich schwanger, deshalb war ich da nicht so klapprig.« Das Kind könne ich oben im Haus besichtigen, wenn ich ihr nicht glauben würde. Und was jetzt mit dem Geld sei? »Das Kind interessiert mich nicht«, sage ich ihr, und nach kurzem Hin und Her einigen wir uns auf ein einigermaßen vertretbares Gesprächshonorar. Sie grinst breit und frech, offenbar hat sie weniger erwartet. Ich fühle mich reingelegt und würde ihr gerne eine runterhauen. Aber nur für einen kurzen Moment. Was soll sie auch sonst tun, denke ich dann, und dass ich mit einer Journalistin aus Deutschland genau dasselbe machen würde, wenn ich hier wohnen müsste.

Jetzt also zu Tereskas Oma, das war die Abmachung. Ich wollte sie beide zusammen interviewen, um mit beiden gemeinsam über Tereska zu sprechen. Die große kleine Abwesende. Karolina schmeißt sich auf den Rücksitz unseres Mercedes, als ob sie ihr ganzes Leben lang nichts anderes getan hätte. Sie zieht zufrieden die Nase hoch, wischt sich mit der einen Hand übers Gesicht, während sie sich mit der anderen die nächste Zigarette anzündet und ich eigentlich nur noch darauf warte, dass sie Wlodek, unseren Fahrer, mit lauter Stimme anherrscht, wo es hingehen solle.

Stattdessen beugt sie sich zu mir nach hinten und beginnt sehr klar und zusammenhängend zu erzählen, was passiert ist, seit klar war, dass sie und Tereska diesen Preis bekommen sollten. »Die alte Kuh meint einfach, dass sie ihre Rolle immer weiter spielen muss. Als ich das mit dem Preis gehört habe, da habe ich sofort den Direktor angerufen in der Anstalt und ihn angefleht, dass sie mitfahren darf. Habe gesagt, dass das eine große Chance für sie ist und überhaupt. Und am Ende hat er eingewilligt. Der Regisseur hatte ja auch schon angerufen. Aber schon am nächsten Tag ist sie abgehauen.« Warum? Karolina zieht die Augenbrauen gen Himmel und lässt sie dort. »Mein Gott, keine Ahnung, weil sie blöd ist, weil sie mir die Tour vermasseln wollte. Sie hat mich sogar noch angerufen, von unterwegs. Dass sie keinen Bock auf Hollywood hätte, lieber Bier saufen wollte in Pabianice. Dass sie damit auch mir die Nummer versaut hat, war ihr so was von scheißklar.« Denn die Einladung war letzte Woche aus Los Angeles abgesagt worden. Ohne Tereska kein Preis, auch für sie nicht. »Kurva mac – dieses kleine Arschloch!« Karolina flucht jetzt alle wirklich hässlichen polnischen Flüche einmal rauf und wieder runter. Ich kann sie verstehen. Sie wollte die Chance nutzen. Sie hat ein Kind, kein Geld, und sie will raus aus dem Dreck neben dem Bahngleis, an dem sie wohnt.

»Wissen Sie, Ola hatte es doch eigentlich ganz gut, sie hatte ihre Oma, die ihr Essen gekocht hat, ein Zimmer und alles. Ich dagegen hab vor der Tür geschlafen, weil meine Mutter immer betrunken war und mich dann raus bis in den Flur getreten hat, wie einen Hund. Ich weiß, wovor ich Angst habe und was ich nie mehr will, während dieses verwöhnte Biest immer noch meint, gegen alles rebellieren zu müssen.« Sie zieht an ihrer Zigarette und wirft den Stummel aus dem Fenster. Wir sind da. Tereskas Oma steht schon am Fenster und wartet auf uns. Kein Plattenbau, sondern ein niedriger baufälliger Altbau im Zentrum der Stadt. Es stinkt nach schlecht brennender Kohle, hier auch. Seltsam, eigentlich ist nämlich später Frühling, fast Sommer. Aber das scheint hier niemandem aufzufallen.

Karolina hat sich unwillig aus dem Fond unseres Dienstwagens erhoben und den Pferdeschwanz routiniert wieder in Richtung obere Schädelmitte gezurrt. »Wie viel habt ihr der Alten bezahlt? Wenn die mehr kriegt als ich, gibt es Ärger.« Sie ist so dünn und zart, diese kleine Frau, und während der Autofahrt habe ich sie diffus zu mögen begonnen. Weil ich die polnischen Flüche noch nicht richtig kann, zeige ich ihr den Mittelfinger, in der Hoffnung, dass sie diese Sprache versteht, und grinse sie an. Obwohl mir klar ist, dass sie das mit dem Ärger ernst gemeint hat. Sie ignoriert meine Grimasse und marschiert stattdessen wie ein Cowboy quer über die Straße, ohne nach links oder rechts zu schauen. Sie hat Kraft, diese Karolina, obwohl sie nicht so aussieht.

Oben in der Wohnung hat Olas Oma schon zu heulen begonnen, als wir noch nicht richtig im Zimmer sind. »Irgendein Team vom polnischen Fernsehen hat der gesagt, dass sie mehr kriegt, wenn sie heult«, stellt Karolina ungerührt fest und schmeißt sich mit ihrem Fliegengewicht aufs Sofa, ohne die Besitzerin der Wohnung auch nur zu begrüßen. Sie hat keine Zigaretten mehr und zieht jetzt stattdessen einen großen lila Kaugummi aus der Tasche, der perfekt zu ihrem Lippenstift passt.

Olas Oma schluchzt immer noch. Sie hat auch jetzt, wo sie weint, eine schrille Stimme. Es klingt falsch, was sie aufführt. Vor allem, wenn sie zwischendurch hochsieht, wer denn da eigentlich gekommen ist. »Okay, es reicht. Jetzt die Story!« Das war wieder Karolina. Vielleicht könnte ich in Sachen Menschenkenntnis noch etwas von ihr lernen, denke ich. Denn Olas Oma hört auf zu heulen und geht in die Küche. Ob wir einen Tee wollen, ruft sie von dort beflissen, während ich das Zimmer mustere. Hinter dem Sofa beginnen die Schweizer Alpen. Auf einer überdimensionalen Fototapete, die an der Zimmerdecke leicht abzublättern beginnt. In der obligatorischen Kombischrankwand ein Foto von Ola mit vielleicht acht, neun Jahren.

Ob sie stolz auf ihre Enkelin gewesen sei, nachdem der Film ein solcher Erfolg wurde. »Stolz? Worauf denn stolz? Dass in der ganzen Lokalpresse hier stand, dass sie so ein kaputtes

Mädchen spielt, weil sie selbst so kaputt ist? Ich habe mich geschämt. Für das alles. Denn ich habe versucht, sie gut zu erziehen, bis sie in die Besserungsanstalten kam, weil sie jede Woche was anderes angestellt hatte. Ihre Freundinnen verprügelt, die Lehrer beklaut, alles im Namen der Freiheit natürlich.«

Pani Aniela, denn so heißt Olas Oma im richtigen Leben, knallt die Teetassen auf den Glastisch und stellt dann auch ein paar Kekse und frisch gemachte Käsebrote dazu. »Wenn ich versucht hab, ihr was zu sagen, hat sie am ganzen Körper gezittert und ist davongelaufen. Und dass sie jetzt wieder abgehauen ist ... Ich weiß einfach nicht mehr, was ich dazu sagen soll. Es ist mir peinlich. Wegen der Nachbarn. Und es ist schade um das Kind. Sie ist eigentlich nicht dumm.«

Pani Aniela hat sich jetzt in eine Art Normalzustand zurückmanövriert, in dem sie einfach so ist wie die meisten Eltern und Großeltern hier: hilflos und überfordert. »Ich bete jetzt für sie. Jeden Abend vor dem Schlafengehen. Und dann bete ich dafür, dass der Kommunismus zurückkommt. Da gab es so was nicht. Jeder hatte Arbeit, jeder hatte Geld. Die Menschen haben sich nicht umgebracht, die Kinder haben niemanden ermordet. Vater hatte Arbeit, Mutter auch.« Das Telefon klingelt. Karolina verdreht die Augen. Von den Keksen hat sie keinen angerührt. »Wie lange soll der Scheiß hier eigentlich noch gehen? Die hat doch keinen Funken Gefühl für Ola gehabt. Das ist ja wohl klar. Wie viel Kohle kriegt die für diese Nummer hier?«

Karolina will aufstehen, als Olas Oma am Telefon wieder zu weinen beginnt. Aber jetzt ist es echt. Aus den Monologfetzen wird klar, dass jemand Offizielles am Apparat ist. Das Gespräch ist kurz, dauert etwa drei Minuten. Am Ende hält sie den Hörer noch eine Weile in der Hand, bevor sie ihn auflegt. »Die Polizei war das. Sie haben sie geschnappt. Hier um die Ecke. In der Piotrkowska-Straße. Gestern Nacht. Bei einem Bruch. Sie hat einen Kiosk überfallen. Jetzt ist sie im Knast. Und raus kommt die da erst mal nicht mehr, hat der Polizist gesagt.« Sie stellt das

Telefon sehr langsam und sehr ordentlich wieder zurück in die Schrankwand und dreht sich zu uns um. »Und dass er mir von ihr bestellen soll, dass sie keine Zigaretten mehr habe. Sonst nichts.« Völlig ausdruckslos starrt sie auf die Schweizer Alpen an der Wand, bevor sie hilflos die Käsebrote neu sortiert. Karolina steht auf, selbst sie war einen Moment überrascht, aber auch keine Sekunde länger, und geht zum Fenster. »Es ist so klar, was das soll. Sie will die Tereska weiterspielen und allen zeigen, dass sie sich nicht auf so eine Chance einlassen muss. Weil sie was Besseres ist. Weil sie unabhängig ist. Sie hat es nicht nötig, sie scheißt lieber auf alles und geht klauen. Auf der Piotrkowska abends einen Kiosk überfallen! Da kann sie auch gleich beim Knast anklopfen und fragen, ob sie sie reinlassen.« Karolina ist weiß im Gesicht vor Wut, und ich kann sie verstehen. Denn hiermit ist auch für sie jetzt das letzte Quäntchen Chance dahin, vielleicht doch noch nach Los Angeles zu kommen.

Olas Oma hört das alles nicht mehr. Sie sitzt regungslos in ihrem Sessel und weint auf ihre Brote. Zur Polizei will sie mit uns nicht fahren. Sie habe ein für alle Mal genug von diesem Kind. Noch viel tiefer müsse es wahrscheinlich fallen, bis tief unten in den Dreck. Vielleicht werde sich dann etwas ändern. Auf ihrem Gesicht ist neben der Scham und dem sicheren Gedanken an die Nachbarn in diesem Moment auch ein Anflug von Hass. Aber selbst dieser Hass ist kraft- und hilflos.

Wir gehen, so leise und unauffällig das möglich ist, denn tun können wir hier nichts Sinnvolles mehr. Wir packen unsere Sachen und nehmen auch Karolina mit, die von Olas Oma getrennt werden muss. Durch die dunkle Kleinstadt, die kaum beleuchtet ist, fahren wir sie nach Hause direkt an der Wache vorbei, wo Ola, oder vielleicht eher Tereska, wahrscheinlich immer noch sitzt und auf ihre Zigaretten wartet, die nicht mehr kommen werden.

Das Schicksal der kleinen Ola Gietner war in Polen wochenlang Gesprächsthema. Das Leben rund um die gigantischen Plattenbauten, die der Kommunismus dem Land hinterlassen hat, war schon jahrelang ein brennendes Problem, über das tatsächlich niemand sprechen wollte. Mehr als ein Drittel der Polen leben in diesen »Blokowiskos«, in den Plattenbausiedlungen der Nachkriegszeit. Es gibt schöne, gut renovierte, es gibt regelrecht gutbürgerliche Platten in Polen, aber es gibt eben auch die, in denen »Czesc, Tereska« spielt. In denen Anonymität, Alkohol und die Albträume regieren.

Pawel Althammer, ein junger Künstler, hat vor ein paar Jahren am Rand von Warschau ein Projekt inszeniert, bei dem alle Bewohner eines gigantischen Blocks miteinander sprechen mussten. Eine riesige 2000 sollte zum Jahreswechsel aus der Platte leuchten. Und zwar einzig und allein dadurch, dass bestimmte Bewohner das Licht in ihren Zimmern einschalteten, andere wiederum es genau ausschalten mussten. Es war eine unglaubliche Anstrengung, mit allen 1500 Einwohnern dieses Blokowiskos musste er wochenlang diskutieren. Es gab Hausversammlungen, Streit und Diskussionen, einen ganzen Monat lang. Am Ende hat es tatsächlich funktioniert. Es gab sogar Sekt auf der Wiese davor. Es war ein Riesenerfolg, aber es war eben nur eine Performance. Und ob sie heute noch miteinander reden, über diesen einen Tag hinaus, weiß niemand. In einem der vielen tausend Blokowiskos des Landes, in denen vor allem die Jugendlichen verwahrlosen, seit die sozialistischen Jugendheime geschlossen wurden.

Im Frühjahr 2003 wollte ich eine schöne kleine Reportage machen, über einen Wanderzirkus in der polnischen Provinz. Ein klassisches Thema, der ideale rote Faden für ein Roadmovie. Traurige Clowns, schöne Trapezkünstlerinnen, sehnsüchtige Zuschauer, die sich eine Vorstellung lang weit wegträumen aus ihrem grauen Alltag. So wie man das immer mal wieder sieht, im Fernsehen. Nur dass ich das eben auf Polnisch variieren wollte. Der Zirkus, den wir telefonisch zum Mitmachen bewegen konnten, hatte auch einen schönen Namen, »Zirkus Krasnal« hieß er, der »Gartenzwerg-Zirkus«, und er fuhr in diesem Sommer durch Masuren. Wie romantisch, dachte ich. Und stellte mir die üblichen blauen Seenplatten in grünen Wäldern vor, in der Mitte das kleine hübsche Zirkuszelt, vielleicht ein paar Gartenzwerge, die Arena voller interessanter, dem Zigeunerleben verfallener Artisten.

Als wir in Biskupiec ankommen, regnet es. Das Zelt steht mitnichten an irgendeinem See. Es wird stattdessen gerade auf einem Fußballplatz aufgebaut, mitten zwischen halb verfallenen Plattenbauten. In den romantischen Reportagen über die Schönheit der Landschaft hat dies nur selten Platz; dass Masuren heute eine der ärmsten Gegenden Polens ist, in denen die zusammengebrochenen LPGs rat- und tatlose Verzweifelte hinterlassen haben, die jenseits jeder Initiative heute eben die EU statt die Russen für ihr Elend verantwortlich machen.

Hier also steht unser Zirkuszelt. Im Regen. Als die äußere Plastikhülle hochgezogen ist, schlurft die Vorstadtjugend an. Neugierig, aber lässig und natürlich betont gelangweilt. Nee, in den Zirkus gehen, das wär vielleicht was für Kinder, aber doch nichts mehr für sie. Sie würden sich hier nur mal angucken, wie sie das Zelt aufbauten. Und seien gleich wieder weg. Obwohl es schon interessant wäre zu sehen, »ob man die Spießer hier zum Lachen bringen könne«. Cool sind sie, in ihren abgeschabten Adidas-Jacken, arrogant und überheblich. Aber auf die kleine Bank am Rand des Fußballfelds setzen sich die vier Jungs dann doch.

15, 16 Jahre alt mögen sie sein. Michal ist der Wortführer. Ein bleicher, sensibler Kerl mit sichtbar schwarz gefärbtem Pagenkopf. Er spiele Bassgitarre in ihrer Band und sie hätten ihre eigene Art sich zu amüsieren. Ich soll jetzt, glaube ich, Angst bekommen. Im Keller der Platte da drüben sei ihr Treffpunkt, da könne ich alles haben, was ich wolle. Drogen, Hardrock. Und schminken würden sie sich auch vorm Konzert. Ganz blass das Gesicht und Blitze über den Augenbrauen. Ich denke an Harry Potter und weiß aber, dass sie Gothic Rock oder Gothic Punk meinen. Irgend so ein schwarzes Underground-Zeug, das vor allem in Westpolen populär ist. Das wusste ich, weil wir dort einmal ein Festival gedreht hatten, in Bolkow, auf einem Schloss, auf dem die Gothic-Szene sich jeden Sommer traf. Und weil mir dort die deutschen Fans, die aus Berlin und Brandenburg angereist waren, erzählt hatten, dass die Szene in Polen zehnmal lebendiger sei als die in Deutschland.

Also ihre Kneipe im Keller drüben, alles klar. Wir würden vorbeikommen. Und sonst? »Und sonst? Kurva?«, äfft mich der Kleinste nach, ein schüchterner Junge mit ausgelatschten Turnschuhen. Kurva ist übrigens das polnische »Fuck«. Er lehnt sich zu mir hin, fährt sich durch die gelverschmierten Haare und stottert dabei ein bisschen. »Und sonst ist das hier, kurva, die totale Scheiße, die Leute hier vom Zirkus, die können wenigstens morgen wieder abhauen. Aber wir, kurva, wir sitzen morgen immer noch hier. Und dann ist das wieder ein leerer, grauer Fußballplatz, und sogar das Tor ist geklaut seit letztem Sommer.«

Aus dem Zelt gegenüber dröhnt jetzt billige Synthesizer-Musik. Der Regen hat für einen Moment aufgehört, und auf dem Platz laufen die Arbeiter auf und ab, die bis zum Abend alles fertig haben müssen. Drinnen übt Sylvia am Trapez, hoch oben unter der Kuppel. Die billige Synthesizer-Musik kommt von ihrem Mann, der unter ihr am Keyboard orgelt.

Krzystof heißt er, und er ist alles andere als froh, von hier morgen wieder weiterzuziehen. Er wollte nie im Zirkus arbeiten. Er war Musiker in einer Band, die auf Hochzeiten auftrat. Er hatte eine feste Wohnung, eine Mutter und den Traum von einem kleinen Häuschen, das er selber bauen wollte, den Traum, den jeder männliche Pole träumt. Bis er Sylvia traf. Eine blonde, pausbäckige fröhliche Frau, deren Vater im Zirkus war, deren Großvater im Zirkus war und die ihre Kinder im Zirkus groß werden sehen wollte. Manchmal scheitern Beziehungen an den unterschiedlichen Träumen der Beteiligten. Diese Ehe, und das war schon nach dem ersten kurzen Interview klar, würde sehr wahrscheinlich genau diesen Weg nehmen. Und das verlief so an diesem Nachmittag: Krzystof steht unten in der Manege, nachdem er aufgehört hat, das Keyboard zu bearbeiten, und hält stattdessen widerwillig das Seil, an dem Sylvias Schaukel hängt. »Sie hatte schon Unfälle, mehr als einen. Sie sollte dringend aufhören. Denn der nächste könnte der letzte sein.« Das kommt so unvermittelt, dass ich spontan nachfrage, ob er eifersüchtig ist. Und seine Antwort kommt so schnell, wie meine Frage plötzlich im Raum stand. »Vielleicht ist es das, ich habe es einfach satt, dass sie der Star ist und ich hier immer nur die zweite Geige spiele.« Sylvia kennt das offenbar und ruft vom Trapez herunter, dass sie gleich herunterkomme, nur noch einen Moment.

Draußen hat es wieder angefangen zu regnen, dicke Tropfen, die laut auf das Plastikdach aufschlagen. Es riecht nach nassem Sägemehl, und Sylvia zieht sich einen alten grünen Parka über ihr Trainingskostüm und steigt in große Gummistiefel. Als sie quer über den Platz zu ihrem Campingwagen läuft, sieht ihr ein kleines Mädchen mit langen braunen Zöpfen nach, das unter einer Plastikplane neben einem Hula-Hoop-Reifen auf dem nassen Boden hockt und sich langweilt. Nichts hier ist romantisch, anrührend oder melancholisch, noch nicht einmal dieses Kind. Fünf Jahre ist sie alt. Die Tochter des Clowns. Sylvia ist ihr Vorbild. So wie sie will sie auch mal auf dem Trapez stehen. »Ansonsten ist Zirkus langweilig«, erklärt sie mir ernst und altklug und starrt weiter in den Regen. Ihr Vater, der Clown, sei einkaufen gegangen, in die Stadt. Bevor er sich für heute Abend fertig mache. Ihre Zöpfe sind nass und an den Enden mit hellrosa

Schmetterlings-Spangen zusammengebunden, auf die es von der Plastikplane tropft. »Vielleicht gibt es aber heute Abend auch gar keine Vorstellung, dann beeilt sich der Papa jetzt gerade umsonst. Und dann wird es noch langweiliger.« Hinter uns taucht die Zirkus-Chefin auf, unter einem großen hellblauen Schirm, und erklärt uns, dass das tatsächlich sein könne und dass wir dann wohl zuzahlen müssten, wenn wir die Vorstellung sehen und drehen wollten. Wenn weniger als 50 Leute kämen, falle der Abend aus. Die Künstler würden nur bezahlt, wenn sie aufträten. Und auftreten lasse sie sie nur, wenn es sich auch für sie lohne. So einfach sei das. Die Zirkuschefin unter dem großen Schirm ist eine winzige, sehr rothaarige Frau mit dunklen kleinen Knopfaugen und einer Dauerwelle, der selbst die Feuchtigkeit nichts anhaben kann. Den »Gartenzwerg« hatte sie zu einer Zeit übernommen, als die Verhältnisse noch stabil waren, als ein Zirkus in Polen noch was war. »Damals im Sozialismus. Da war das Zelt voll, immer. Und die Künstler kamen aus Moskau von der Zirkusschule. Da standen wir oft wochenlang an einem Platz. Heute nur noch einen Tag, maximal zwei, und selbst da kriegen wir das Zelt oft nicht voll.« Ihren Mann hat sie mit dem Auto in die Plattenbauten ringsum geschickt, Reklame machen für heute Abend. Vielleicht bringe das ja was.

Sylvia kocht im Campingwagen die Milch für ihr Baby, während sie sich für die Vorstellung umzuziehen beginnt. Dass ihr Mann von hier weg will, ist ihr klar. Sie lächelt verlegen, als wir erzählen, was er uns unten in der Manege erklärt hat. »Ich weiß das alles, und an Tagen wie heute hätte ich auch gerne eine feste Wohnung und wäre das alles hier los. Aber es regnet nicht immer, und es gibt auch noch die Abende. Wenn die Musik losgeht und die Vorstellung beginnt, dann sieht das hier alles ganz anders aus als jetzt.« Ein Zirkus sei tagsüber immer ein trauriger Anblick. Da dürfe man nicht so genau hinschauen. Und sie habe es ja auch schon versucht, sesshaft zu werden mit ihrem Krzystof. Ein paar Monate nach der Saison habe sie mit ihm in einer festen Wohnung gelebt. Aber die paar Monate hätten ihr dann eben auch gereicht. »Ich musste dann wieder los, nach dem Winter, als die Saison anfing. Diese kleinen Städte hier auf dem Land sind einfach trostlos, wenn man zu lange dort bleibt. Ein Geschäft, eine Kneipe, und das wars. Manchmal sogar nur ein Kiosk.«

Sie dreht sich zur Wand, an der ihr Kostüm für heute Abend hängt. Ein grellgoldenes Glitzerteil, das noch gebügelt werden muss, während sie mit dem Fuß die selbst gebastelte Schaukel anstößt, in der das Kleine schläft. »Krzystof dachte, mit dem Baby käme die Wende. Ich würde dann nicht mehr loswollen, als Mutter. Aber das hat damit nichts zu tun. Ich kriege das schon hin, beides. Und ich bin ja auch so groß geworden. Also, was soll's. Ich denke, er wird sich auf Dauer schon an das alles hier gewöhnen.« Klug ist sie. Und eine Polin. Eine dieser Frauen, die instinktiv spüren, was gut für sie ist, und die erst gar nicht versuchen, mit ihren Männern darüber zu diskutieren. Die stattdessen alles gleichzeitig und sehr allein managen: das Kind, den Job, das Weiterziehen, die Familie. Und parallel dazu den Männern auch noch vorspielen, dass in Wirklichkeit natürlich sie die Chefs sind. In Sylvias Fall, dass das Keyboard und seine Musik so viel wichtiger seien als ihre Hauptrolle am Trapez. Sie machen das alles, und sie schaffen das alles, die polnischen Frauen, aber manchmal mögen sie ihre Männer am Ende nicht mehr dafür. Weil sie keine wirkliche Unterstützung sind. Sylvia hat zumindest ihr Trapez. Andere Frauen verzweifeln in der Provinz. Und weil Sylvia das weiß, will sie im Zirkus bleiben. Und wird es auch wohl schaffen. Die Frauen sind eben der Boss hier – in der Ehe und auch sonst in Polen.

Der Mann der Zirkuschefin hat es auch nicht viel besser. Er dreht im Regen seine Runden. Der kleine Lautsprecher, der oben auf dem Autodach verzerrte Zirkusmusik in die toten Fenster bläst, wird wohl kaum bis zu den Bewohnern durchdringen. Und die durchweichten Flugblätter, die neben ihm auf dem Beifahrersitz liegen, hat er auch noch nicht an den Mann oder die Frau bringen können. Keiner da, auf den Straßen von Biskupiec. Die, die Arbeit haben, sind weit weg, mit dem Bus in die nächste größere Stadt. Und die, die ohne Arbeit sind, haben sich weggeschlossen in den Betonburgen ringsherum.

Nur die Vorstadtjugend ist unterwegs. Michal und seine Jungs. Aber die gehen ja nicht in einen Zirkus. Wir sind mit ihnen verabredet. Vor ihrer Kellerkneipe unten im Hof. Als der Regen aufgehört hat, erscheinen sie tatsächlich. Mit langen schwarzen Gewändern und einem Schminkkoffer, den Michal höchstpersönlich trägt. Ein bisschen Farbe haben sie schon aufgetragen, ihre Gesichter sind bereits kalkweiß, und jetzt sollte die restliche Bemalung vor der Kamera folgen. So war es abgemacht. Michal, stellt sich heraus, ist bereits achtzehn. Dass ich ihn für viel jünger gehalten habe, erzähle ich jetzt nicht.

Er ist außerdem viel intelligenter, als es auf den ersten Blick erschien. Und deprimiert. Seine Eltern sähen es lieber heute als morgen, dass er von hier wegzöge. Erzählten ihm jeden Tag, dass er eine Lehre oder ein Studium anfangen solle. Am besten in Warschau. Da gebe es keine Arbeitslosen. Da habe jeder was zu tun und könne verdienen, wie überall jetzt in den großen Städten.

Aber dazu habe er keine Lust. Das sei doch sowieso sinnlos. »In Warschau prügeln sich die Yuppies um die Jobs, die paar Krümel von dem großen Kuchen, den sowieso die großen Konzerne absahnen. Da strampelst du dich ab, und am Ende schmeißen sie dich auf die Straße. Ich glaube nicht, dass ich das durchhalten könnte. Ich glaube nicht an die große Chance Hauptstadt. Ich möchte hier bleiben, hier, wo ich mich auskenne.« Denn eigentlich ist er ein bisschen ängstlich und weiß das auch. Die Kriegsbemalung, die sie jetzt auftragen, dient eher als schützende Maske. Und auch das Gerede von den Drogen, die sie nehmen, ist Getue. Kein Wort glaube ich ihnen. Selten hatte ich so nüchterne Gesprächspartner. Ob sie nicht doch Lust hätten, nachher in den Zirkus zu gehen, frage ich sie. Denn ein schönes Bild wären sie, diese düsteren Fantasy-Gestalten mitten im Publikum. Könnten gleich auftreten. Aber da winken sie ab. Ein eigenes Konzert hätten sie für den Abend geplant. Und da kämen mit Sicherheit mehr Leute als in den Zirkus. Das sei immer der Renner in der Platte, wenn sie da unten im Keller spielten. Hardrock. Das passe zur Stimmung. Michal wackelt albern mit den Hüften, als ob er auch diese Behauptung wieder konterkarieren wolle. Pubertät ist eben eine schwere Lebensphase. Auf einer Hauswand im Hof hinter ihnen hängt ein an der Seite eingerissenes Plakat. »Nein zur EU – Ja zu Polen!« Daneben ein Obdachloser mit Bierdose in der Hand, der uns misstrauisch mustert und sofort davonschlurft, als er merkt, dass wir ihn auch gesehen haben. »Die Älteren hier im Block machen immer ein Riesengeschrei, wenn wir hier so rumlaufen. Neulich haben sie uns sogar wegen Drogen bei der Polizei angezeigt. Das war cool.«

Michal setzt den letzten Strich in seinem Gesicht, einen elegant geschwungenen Pfeil, der oberhalb der Augenbraue in Richtung Stirn zeigt. »Nachweisen konnten sie uns nämlich nichts. Außerdem sind die selbst doch immer voll bis oben hin.« Er dreht sich um und zeigt mir das Plakat, das ich schon gesehen hatte. »›Nein zur EU – Ja zu Polen!‹ Diese Penner, die meinen, früher sei alles besser gewesen. Wir sind für den EU-Beitritt, weil es dann besseren Koks gibt. Und überhaupt mehr Auswahl im Leben!« Die letzten beiden Sätze rufen sie im Chor und lachen sich halbtot über den vermeintlich gelungenen Gag. In Wirklichkeit ist es ihnen egal, wie es mit ihrem Land weitergeht. Sie wollen in Biskupiec bleiben, und wenn es da keine Jobs gibt, dann hängen sie eben rum. So kaputt wie sie tun, sind sie noch lange nicht. Noch ist die Perspektivlosigkeit ein düsterer Schatten am Horizont, gegen den sie sich die Zeit auf ihre Weise vertreiben. Die Frage war nur, wie lange das ein Spiel bleiben konnte. Aber um das zu vertiefen, dazu fehlt jetzt die Zeit. Denn wir müssen zurück zum Zirkus. Die Vorstellung soll schließlich in einer halben Stunde beginnen, wenn sie denn beginnen wird. Wir verabreden uns für später zum Konzert, Michal zeigt uns den Eingang zur Kellerkneipe, und verabschieden uns für den Moment von der Szene und ihren Darstellern, die von weitem betrachtet jetzt wieder wirklich zum Fürchten aussehen.

Vor dem Zirkuszelt steht eine Hand voll Menschen, eine ganz kleine Schlange, deren Eintrittsgeld wohl kaum ausreichen wird, um die Vorstellung zu finanzieren. Der Clown hat ein paar Luftballons in der Hand und Plastikstangen mit einem blinkenden Herz am Ende. Seine kleine Tochter hüpft neben ihm hin und her. Ihr ist es egal, dass ihr Vater heute Abend wohl nichts verdienen wird. Denn sie hat ihm abgerungen, dass er dann mit ihr spielen muss. Und das ist sowieso viel besser als Vorstellung. Sonst gibt es ja niemanden, mit dem sie spielen könnte im »Zirkus Gartenzwerg«. Die kleine Chefin mit den roten Haaren kommt auf uns zu und fuchtelt schon von weitem mit den Händen. »Ich habe es ja gesagt, das wird nicht reichen. Wenn Sie was filmen wollen, dann müssen Sie zahlen.« Sie hat nicht nur diese aggressiv-roten Haare, sie hat jetzt auch ein hartes Gesicht. Irgendwie stehen ihr die Dollarzeichen in den kleinen Knopfaugen, und mir reicht es langsam. Wer sagt eigentlich, dass sie sich diese Nummer nicht ausgedacht hat, um uns abzuzocken? Also lassen wir es drauf ankommen. Um fünf vor acht kapitulieren wir. Da sie Ernst macht und die Leute nach Hause zu schicken beginnt. Gegen den Geschäftssinn verzweifelter Zirkusleute kommt man nicht so leicht an. Und vielleicht hatte sie ja auch die Wahrheit gesagt.

Also findet die Vorstellung am Ende doch statt. Und alles ist so, wie man es aus der Kindheit kennt oder aus dem Fernsehen.

Bären und Löwen gibt es und einen Zirkusdirektor, den Mann der Chefin, der sein Lautsprecherauto hinter dem Platz geparkt hat und jetzt jede einzelne Nummer formvollendet ansagt. Zwei russische Jongleure beeindrucken, indem sie viele bunte Teller gleichzeitig durch die Luft werfen. Der Clown tritt auf und bringt die Leute zum Lachen. Und Sylvia macht ihre Nummern am Trapez. Wenn man nur sie anschaut und die etwas zu laute Musik dabei ausblendet, ist alles so, wie es sein sollte. Deprimierend sind nur die leeren Bänke. Und Sylvias Mann, wie er verbissen und unglücklich in die Tasten seines Keyboards haut. Deprimierend ist es nur, wenn man die Vorstellung verlässt und hinausgeht auf den Platz hinter dem Zelt, wo die kleine Tochter des Clowns in einem feuchten Campingstuhl sitzt und ins Leere starrt. Über das Zelt hinweg, hinter dem die Blokowiskos sich im fahlen Abendlicht zu einer großen unüberwindlichen Wand formiert zu haben scheinen.

Irgendwo dahinten spielen jetzt Michal und seine Jungs ihren Hardrock. Es ist zu spät, das jetzt auch noch zu drehen. Wir würden das ein anderes Mal tun müssen. Vielleicht in einem Jahr, um nachzusehen, was aus ihm geworden ist, aus Michal, dem wüst angemalten, aber ängstlichen Rebell. Ob er dann immer noch Musik machen würde, in der Betonwüste, die ihm aber zumindest vertraut war. Oder ob er dann doch endgültig gescheitert sein würde, in der Hoffnungslosigkeit dieser Umgebung, die so manch einen nicht mehr aus sich entlässt.

So wie Tereska ihre Kleinstadt lieber war als Hollywood. Besser Bierdosenwerfen in Pabianice als ein Auftritt in Los Angeles. In Pabianice, da wusste sie, was sie hat. Und wer sie ist. Die kleine große Abwesende. Vielleicht war es das. Manchmal muss ich an sie denken. Sie ist mittlerweile 19, ein Jahr älter als Michal. Und gesehen habe ich sie immer noch nicht. Denn sie sitzt nicht mehr im Jugendknast, sondern jetzt richtig. Und wahrscheinlich bald ihr restliches Leben lang. Gestern kam eine Meldung

über die polnischen Agenturen, drei Jahre, nachdem der Film in allen Kinos war: dass Ola Gietner alias Tereska in nächster Zeit vor Gericht stehen werde. In Lodz, wo sie gemeinsam mit vier Jungs eine 78-jährige Rentnerin überfallen und zusammengeschlagen habe. Die Rentnerin schwebte noch Wochen in Lebensgefahr. Es ging um 2000 Zlotys, zirka 400 Euro.
Die Staatsanwaltschaft hat 15 Jahre gefordert. So, wie es aussieht, wird sie die wohl bekommen. Auch weil sie es nicht anders wollte. Weil sie Tereska bleiben, ihren Film weiterspielen wollte. Den Film, den sie kannte, weil er dort spielte, wo sie herkam: in den kaputten Plattenbaulandschaften der Nachwendezeit, in denen nun einmal kein Happy End vorgesehen ist.

Krakau, der Papst und die neue Zeit

Betondauerwellen gibt es auch in Polen. Vor allem in Krakau, einer Stadt, deren Bewohner stolz darauf sind, dass sie sich bisher noch immer erfolgreich gegen alles Neue und Moderne gewehrt haben. Die ältere Dame im beigefarbenen Kostüm, die so aufgeregt ist, dass sie mit ihrer Handtasche sinnlos durch die Luft schlägt, hat eine solche Dauerwelle, in dezent hellem Lilagrau, und starrt fassungslos auf die Straße: »Das große Plus unserer Stadt ist doch gerade, dass wir uns nicht mit diesem Dreck da überschütten lassen, sondern die Tradition und unsere bürgerliche Kultur bewahren!«

Die Erregung ist echt, denn das, was sie so wild und fassungslos macht, »dieser Dreck«, zieht gerade an ihr vorbei und ist tatsächlich eine Premiere: die erste Gay-Parade in dieser Stadt, die erste Demonstration polnischer Homosexueller in Krakau, der Stadt der Katholiken und des Papstes. »Pervers ist das, was ihr macht«, ruft sie laut in die Menschenmenge und dann, zu uns gewandt: »Diese Leute bringen uns Aids und demoralisieren unsere Kinder.« Zwei Frauen mit wallenden Mähnen, Arm in Arm, tragen eine Regenbogenflagge, die ein bisschen zu schwer für sie ist. Ein sparsam bemalter Transvestit mit diskreter Perücke schwingt vorsichtig die Hüften. Mädchen mit Megafonen skandieren gemeinsam mit einem Männerpärchen: »Freiheit, Gleichheit, Toleranz!« An der Straßenecke gegenüber steht ein Mönch und bekreuzigt sich. Neben ihm filmt ein schwergewichtiger Mann mit vom Bluthochdruck gerötetem Gesicht mit einer Digi-Kamera. »Ich bin Marek Podlecki aus New York«, stellt er sich uns vor, »und das hier ist ein Attentat auf unsere polnische Gesellschaft. So hat es in den Staaten auch angefangen. Und jetzt? Jetzt haben die Päderasten die Macht in Kalifornien und in New York, und als Nächstes wollen sie jetzt unser Polen unterminieren und vernichten!« Als ob er filmend das Ganze ungeschehen machen könne, wirft er sich mit der Kamera wieder in die Menge.

Dann fliegen plötzlich Steine von irgendwo her, dicke große Pflastersteine, und eine leere Bierflasche, die scheppernd auf dem Boden zerbricht. Die Mädchen mit den Megafonen rennen panisch davon, andere folgen ihnen. Die Stimmung kippt innerhalb von Sekunden. Schreie, Hysterie, eine Sirene heult von weitem. Von überall her kommen jetzt Polizisten, viele mit Schäferhunden. Tränengas kriecht durch die Luft. Die Beamten riegeln den Zug ab, indem sie eine Menschenkette vor ihm bilden. Gegenüber tauchen Glatzköpfe auf. Junge Männer der rechtsnationalen katholischen Jugendorganisation »Mlodziez Wszechpolska«, der »Allpolnischen Jugend«, die ganz offensichtlich zufrieden sind mit ihrer Störaktion. Die Fäuste geballt und gen Himmel rufen sie mit hassverzerrten Gesichtern und so viel lauter als zuvor die Demonstranten: »Perverse Kinderschänder! Abartige! Wir werden euch nicht dulden hier in unserem Land«. Im Hintergrund steht ihr Chef, im Anzug, blond und frisch gescheitelt, und gibt Interviews. »Wir sind absolut gegen solche Veranstaltungen. Und deshalb demonstrieren wir auf unsere Art dagegen. Homosexualität ist eine Krankheit, und wir würden diesen Menschen ja gerne helfen. Aber wir befinden uns in Krakau, der Papststadt, und als Katholiken können wir so etwas aus tiefster Überzeugung nicht akzeptieren.« Er lächelt glatt und streicht sich zufrieden über den Anzug, während im Hintergrund weiter Steine fliegen. Ein Polizist versucht, einen gut trainierten, fast zwei Meter großen Mann im Lonsdale-T-Shirt zurückzudrängen, es kommt zu einem Handgemenge.

Daria und ihre Freundinnen haben sich aus der Menge gelöst und beobachten das Gerangel jetzt von der anderen Straßenseite aus. Sie haben ihr Transparent eingerollt und neben sich an die Hauswand gelehnt. »Für Toleranz« hatten sie in großen einzelnen Buchstaben auf das Betttuch geklebt. Daria kannte ich von früher, denn sie hatte ein Jahr zuvor an einer öffentlichen Plakataktion teilgenommen, bei der sich polnische Schwule und Lesben als Pärchen fotografieren ließen. »Niech nas zobacza!« – »Auf dass sie uns sehen!«

Die harmlose Aktion geriet zum Skandal, die Plakate wurden zerstört oder übermalt und nach ein paar Tagen wieder abgenommen. Daria hatte ich damals porträtiert als eine der wenigen Mutigen, die auch nach dem Scheitern der Ausstellung weiter öffentlich zu ihrer Homosexualität standen. Jetzt hat sie Angst.

»Das hier ist etwas ganz anderes. Das ist direkte, offene Aggressivität. Und die Polizei ist hilflos.« Dennoch werde sie hier bis zum Ende mitgehen, sagt sie und legt die gut trainierten Arme schützend um ihre Schultern. »Denn ich will einfach, dass diese Intoleranz in Polen aufhört. Ich will gesehen und respektiert werden wie jeder Bürger in diesem Land.« Dass ihre Fotos damals zerstört wurden, hatte ihr nächtelange Albträume beschert. »Schlimmer noch ist, dass ich beruflich ja eigentlich etwas mit Kindern machen wollte. Aber das konnte ich mir total abschminken, nachdem ich mich öffentlich geoutet hatte.« Stattdessen kellnert sie seit ein paar Monaten in einem Warschauer Szene-Club. Am Oberarm hat sie ein Tattoo mit zwei sich küssenden Frauen. Sie zeigt es mir mit einer knappen Geste. Auf der Straße sei sie deshalb schon angespuckt worden. Von gegenüber kommen jetzt Anti-EU-Gesänge. Daria zuckt mit den Achseln. Sie ist wütend. »Genau darauf hoffe ich! Auf die EU. Dass sich mit dem Westen dann auch hier endlich was ändert.« Vorerst sieht es allerdings nicht so aus. Die Polizei wird mit der allpolnischen Jugend nicht mehr fertig. Nach einer weiteren halben Stunde wird die Demonstration abgebrochen.

Einen Monat später verbietet der Warschauer Oberbürgermeister eine Nachfolgeparade mit dem Hinweis auf diesen Nachmittag. Man könne leider die Sicherheit der Demonstranten nicht gewährleisten. Im Radio erklärt er dazu, man müsse außerdem die katholische polnische Gesellschaft vor den schädlichen und irreleitenden Einflüssen des Westens schützen. Den Hinweis auf die Demonstrationsfreiheit tut er mit einer Selbstzufriedenheit ab, die klebrig durchs Radio trieft.

Es ist nicht leicht, in Polen offen schwul oder lesbisch zu sein. In einem Land, in dem sich der Kommunismus und die katholische Kirche an diesem einen Punkt über Jahrzehnte ausnahmsweise einmal einig waren, auch wenn die Motive unterschiedlich sein mochten. Der Zwang zur Uniformität verbot ein öffentliches Bekenntnis, und das wirkt bis heute nach, auch ohne Kommunismus. Durch Zufall hatte ich das ganz zu Beginn meiner Zeit in Polen aus nächster Nähe beobachten können. Und zwar durch Gosia, meine Sprachlehrerin, die damals, vor drei Jahren, noch aussah wie eine russische Gouvernante. Mit hochgeschlossenem Hemd und streng nach hinten gekämmtem Pferdeschwanz. Wenn sie in der Krakauer Sprachschule, in der ich zu Anfang meiner Zeit in einem Crashkurs Polnisch lernte, morgens an die Tafel schritt, dann tat sie das mit einer überaus originellen Mischung aus Strenge, Engagement und Humor, die sehr bald dazu führte, dass Britta, meine Nachbarin zur Linken, sich, ohne weiter nachzudenken, in sie verliebte.

Diese Britta, eine jungenhafte Westberlinerin mit einem Faible für polnische Plattenbauten, war stur. Meine dringenden Hinweise, sie solle ihre Schwärmerei für Gosia besser aufgeben, denn im katholischen Polen könne es keine Lesben geben, in Krakau schon gar nicht, schreckten sie ebenso wenig ab wie die Tatsache, dass Gosia immer distanziert und nüchtern blieb, wenn sie mit ihr ausging, und grundsätzlich nur Pfefferminztee trank. Aber Britta sollte am Ende Recht behalten: Gosia hatte ein Herz für Frauen, sie hatte das nur durch besondere Konformität jahrelang zu verstecken versucht. Nie werde ich vergessen, wie wir einige Monate später zusammen in Berlin beim Christopher Street Day am Straßenrand stehen und Zehntausende Schwule und Lesben an uns vorbeiziehen, unter dem begeisterten Applaus ganzer Großfamilien. Gosia hatte Tränen in den Augen, und ich war das erste Mal in meinem Leben ein bisschen stolz auf mein Land.

Danach begann sie sich zu verändern. Sie outete sich gegenüber Bekannten und Freunden, ging in den größten Zeitschriftenladen Krakaus und fragte dort nach Pornos für Frauen, einfach nur so, aus Spaß, um die Verkäufer in Verlegenheit zu bringen. Ihre Haare wurden immer kürzer und frecher, und heute sieht sie nicht mehr aus wie eine russische Gouvernante, sondern wie ein attraktiver Junge, der sich gerne auf der Straße zeigt.

Das letzte Mal traf ich Gosia in Kazimierz, dem ehemals jüdischen Stadtviertel Krakaus. Seit einigen Jahren haben es die Studenten, die Künstler und mit ihnen die Kneipiers entdeckt. In den halbverfallenen ehemals jüdischen Bürgerhäusern sind heute Cafés, Galerien und seit kurzer Zeit auch erste Schmuckläden für Touristen. Kazimierz ist zum In-Viertel Krakaus geworden, in dem man all die jungen Polen trifft, die wild entschlossen sind, jetzt sich und die neuen Zeiten zu feiern.

Es ist früher Abend, das letzte Licht fällt in Streifen schräg auf den Marktplatz. Die Händler und Marktfrauen packen hastig ihre Stände zusammen, um die Bühne freizumachen für die Nacht. Denn sobald es dunkel wird, bezieht die Szene den Platz. Gosia kommt ein bisschen zu spät, schlendert cool den Bürgersteig entlang. Das hier ist ihr Pflaster, keine Frage. Zwei alte Frauen, ganz in Pink, die aus einem Fellini-Film entsprungen sein könnten, steigen in hohen Stöckelschuhen über liegen gebliebene Pappkartons. Ein betrunkener Arbeiter im

Blaumann torkelt die Hauswand entlang. Ab und zu stößt er gegen die teuren Autos am Straßenrand. Es ist Mai 2004, Polen war gerade der EU beigetreten, und ich wollte wissen, ob ihr dieser Tag etwas bedeutet habe. Gosia sieht mich an mit ihrem fröhlichen Jungenblick, korrigiert erst einmal mein Polnisch und erklärt dann, dass dies eines der wichtigsten Ereignisse in ihrem Leben war.

»Weißt du, die ganze Entwicklung, die das Land hier in den letzten Jahren genommen hat, wäre ohne die Perspektive auf den EU-Beitritt gar nicht möglich gewesen. Und es hat sich viel getan, selbst bei dieser fürchterlichen Demo hier neulich. Es standen eine Menge ganz normaler Krakauer Bürger am Rand und haben sich neugierig und freundlich angesehen, was wir da veranstaltet haben. Ich hätte mir vor drei Jahren nicht träumen lassen, dass so etwas überhaupt möglich wäre.« Denn sie und die meisten ihrer Generation hätten es so satt gehabt, diese Angst vor allem Fremden, die aber noch so tief sitze in der polnischen Gesellschaft. »Wir waren ja nun einmal jahrzehntelang nur unter uns. Bis auf ein paar Afrikaner aus befreundeten sozialistischen Ländern, die hier studieren durften. Und das hat dazu geführt, dass alles Neue und Andersartige erst einmal ein Angstfaktor war.« In dem Umbruch und angesichts der Zäsur, die der Beitritt jetzt bedeute, komme all das natürlich noch einmal besonders stark hoch. »Aber ich bin da optimistisch, im besten Fall ist das so etwas wie eine Katharsis. Ein lautes Aufbäumen, und danach wird es hier für uns hoffentlich so sein wie überall in Westeuropa.«

Gosia nippt an ihrem Cappuccino, Pfefferminztee trinkt sie nur noch selten, und erklärt mir, dass sie sich sicher ist, dass auch die katholische Kirche in Zukunft an Einfluss verlieren werde, spätestens wenn der Papst sterben sollte. »Ich habe nichts gegen den Papst, im Gegenteil, ich habe Respekt vor ihm, für das, was er für dieses Land getan hat. Aber das, was die katholische Kirche in diesem Land predigt, ist verlogen. Letztlich geht es ihr nur um die Macht. Sie erzeugt Schuldgefühle, um die Leute an sich zu binden. Wie, du bist anders als die anderen? Du hast eine eigene Meinung? Dann bist du schuldig. Dreimal wird es wiederholt, in jeder Messe: ›Es ist meine Schuld, meine Schuld, meine übergroße Schuld.‹ Das hat hier einen unglaublichen Einfluss gehabt. Die Kirche diktiert uns, wie wir zu sein haben, ganz zentral und von oben.« Insofern sei es auch kein Wunder, dass sie sich in diesem Punkt mit den Kommunisten gut verstanden habe.

Den letzten Satz hat sie auf Deutsch gesagt. Fast perfekt, mit diesem polnischen Akzent, der immer so sanft und vorsichtig klingt, da jeder Konsonant extra betont wird. Sie streicht sich durch die kurzen Haare und denkt einen Moment nach. Ganz so einfach sei das aber natürlich auch nicht, denn im Kommunismus habe die Kirche ja auch eine ganz wichtige Rolle gegen den Staat gespielt, vielleicht die wichtigste. Sie erinnere sich noch genau an den Morgen im Dezember 1981, als General Jaruzelski das Kriegsrecht ausrief. Sie war noch ein Kind, sieben Jahre alt, und saß – wie jeden Sonntagmorgen – vor dem Fernseher, in freudiger Erwartung des Disney-Trickfilms, den die Kommunisten ihren Kindern trotz allem gönnten. Stattdessen erschien dort an diesem Morgen ein Soldat auf dem Bildschirm und erklärte etwas, das sie nicht verstand. Sie erinnere sich nur an dieses seltsam diffuse Gefühl der Bedrohung, das ab diesem Moment immer im Raum stand. Und dagegen sei man damals eben vor allem in die Kirche gegangen, da die Kirchen der einzige Ort waren, an dem man frei sprechen konnte. So entstand eine ungeheuer starke Bindung. »Der Papst und die Priester standen für die Befreiung Polens von der Diktatur.« Insofern habe sie später auch lange gebraucht, um sich innerlich richtig von der Kirche zu distanzieren. »Heute ist es so, dass es für mich klar ist: Ich glaube an Gott, aber nicht mehr an die Kirche. Und meine Freunde müssen sich entscheiden zwischen der Kirche und mir. Das ist eine existenzielle Geschichte, manchmal, aber es geht nicht anders. Jemand, der an diese Kirche glaubt, muss mich verurteilen, und damit kann ich nicht leben.« Gosia ist eine kluge Frau und konsequent. Hart fand ich das trotzdem. Aber es zeigte mir einmal mehr, wie tief verwurzelt die katholische Kirche selbst bei den jungen Polen noch ist, die davon aus guten Gründen gar nichts mehr wissen wollen.

Das hat natürlich auch mit dem Papst zu tun. Man kann kein Buch über Polen schreiben, ohne irgendwann auf Karol Wojtyla zu kommen. Erst recht nicht, wenn man ihn selbst erlebt hat. Und das hatte ich. Hier in Krakau, im Jahr 2002, als er zum neunten Mal seine ehemalige Heimat besuchte. Und es hatte mein Bild von ihm als verknöchertem, konservativem Kirchenführer gründlich verändert.

Es war drückend heiß, und schon am Nachmittag des Vortags seiner Ankunft hatten sich in den engen Straßen der Stadt Hunderttausende versammelt. Elegante Krakauer, Pfadfinder, Bäuerinnen, die mit ihren Wasserflaschen erschöpft am Straßenrand saßen, und Polizisten. Und natürlich die Nonnen. Ich hatte in meinem ganzen Leben noch nicht so viele glücklich tanzende Nonnen gesehen wie in diesen Tagen. Aus Lautsprechern überall in der Stadt lief ununterbrochen Musik dazu, volkstanzartige Hymnen, die nach Kirchentag klangen und die Mengen in eine seltsame Euphorie versetzten. Die Hitze stieg noch bis zum Abend, ganz Krakau war schon jetzt im Ausnahmezustand.

In einem Café am Rande des Rummels sitzt Eugeniusz Mroz. Ein kleiner Mann im schwarzen Anzug, den Stock vor sich an den Stuhl gelehnt und ein bisschen in sich zusammengesunken, denn er ist erschöpft. Ansonsten hat er hellwache Augen und wartet nur darauf, seine Geschichte loszuwerden. Denn Eugeniusz Mroz ist 1920 geboren, im selben Jahr wie der Papst, und mit ihm zur Schule gegangen. Heute ist sein Tag. Zwei Zeitungsreporter hat er schon hinter sich, jetzt kommen wir mit der Kamera. Und einer ganz besonderen Bitte. In zwanzig Stunden nämlich würde er sich mit dem Papst und anderen engen Freunden aus dessen Krakauer Zeit zu einem privaten Abendessen treffen. Der Höhepunkt seines Lebens als Schulfreund Karol Wojtylas. Wir hatten uns überlegt, Eugeniusz Mroz dieses Essen mit unserer kleinen Videokamera filmen zu lassen. Der Papst ganz privat. Natürlich nur, wenn er selbst nichts dagegen haben würde. Eugeniusz Mroz lächelt verschmitzt. Ja klar, er könne das gerne probieren. Wenn er das Material hinterher behalten dürfe. Darf er, sagen wir. Er wackelt nachdenklich mit dem Kopf: Ob er mit so einer Videokamera allerdings zurechtkäme, das wisse er nicht. Kein Problem, sage ich. Und so üben wir mit ihm, den ganzen Nachmittag lang. Er erweist sich als ehrgeiziger Schüler, und als schließlich mehr als ein paar verwackelte Reißschwenks dabei herauskommen, verabreden wir, dass er es versuchen soll. Dabei erzählt er uns seine Geschichte, die Geschichte einer Freundschaft mit dem jungen Karol Wojtyla, von dem damals keiner ahnen konnte, was aus ihm noch einmal werden würde.

»1935 habe ich ihn das erste Mal getroffen. Mein Vater wurde nach Wadowice versetzt, der Stadt, in der der Papst geboren wurde. Wir wohnten im selben Haus. Und da wir derselbe Jahrgang waren, kam ich in seine Klasse. Er war immer der beste Schüler, hatte die besten Noten und konnte sich alles merken. Trotzdem hat ihn niemand als Streber empfunden, denn man konnte spüren, dass das Lernen einfach eine unbändige Leidenschaft bei ihm war. Alle haben ihn gemocht, den Lolek, das war sein Spitzname.«

Eugeniusz Mroz hat seinen Stock jetzt in beide Hände genommen und malt mit ihm kleine Kreise auf den Boden. »Und nach der Schule haben wir immer Fußball gespielt. Fußball war auch so eine Leidenschaft von ihm, und auch da war er gut. Wir spielten vor der Kirche von Wadowice, einen anderen Platz gab es nicht, und der Pfarrer hat uns immer verjagt, wenn er uns sah, weil er Angst um die Kirchenfenster hatte. Lolek spielte zuerst als Verteidiger, aber später haben wir ihn zum Torwart gemacht. Weil er so große und so lange Hände hatte. Müssen Sie mal drauf achten. Wenn er die hochgehalten hat, war das halbe Tor schon abgedeckt.« Mroz lächelt in sich hinein. »Wenn es sein musste, war er aber auch der Torpfosten. Ja, dafür mussten immer zwei aus der Truppe herhalten, weil wir doch nichts hatten damals, schon gar kein richtiges Tor. Aber er hat es mit Humor genommen.«

Und dann habe er Theater gespielt wie ein Weltmeister, immer die Hauptrollen. Das sei keine Legende, dass der Papst eigentlich Schauspieler habe werden wollen. »Auf der Bühne in unserem Schultheater, da blühte er richtig auf. Und er hat ja auch zunächst nicht Theologie, sondern polnische Literatur studiert. Niemand von uns hätte damals geglaubt, dass unser Lolek mal der Papst werden würde.« Er kichert leise und sagt dann, dass es eigentlich schade sei, dass ihn heute niemand mehr so nennen dürfe, Lolek, das sei immer fast zärtlich gewesen, wenn sie ihn so genannt hätten.

Es ist heiß, und die Menschenmenge um uns herum wird immer dichter. Was denn das Besondere an Karol Wojtyla gewesen sei, damals, ob man überhaupt etwas Besonderes habe spüren können? Mroz denkt kurz nach und richtet dann seine wachen hellblauen Scheinwerferaugen direkt auf mich. »Dass er so gut zuhören konnte. Überhaupt, er hat immer lieber zugehört als selbst geredet. Und dabei hat er eine große Wärme und Liebe ausgestrahlt. Wenn er mit einem von uns sprach, dann war derjenige ganz eingehüllt in seine Aufmerksamkeit und fand Dinge und Sätze in sich, die er sonst vielleicht gar nicht gesagt hätte. Doch, etwas Besonderes war er schon damals, ganz bestimmt.«

Wie das für ihn sei, wenn er ihn heute sehe, so gebrechlich und krank? »Ach, wissen Sie, das ist schon traurig für mich, wenn ich das im Fernsehen sehe, wie er so bedrückt und gequält wirkt. Vor allem, wenn seine Stimme so bricht. Denn damals hatte er eine unglaublich starke und voll klingende Stimme. Und dann denke ich oft, wie er sich jetzt wohl fühlt in Rom, so weit weg von seiner Kindheit und seinem Land. Ich merke das an mir: Je älter ich werde, desto mehr denke ich an früher. Und auch wenn er jetzt der Papst ist, ein bisschen so muss es ihm doch auch gehen.«

Mroz blickt nachdenklich nach unten, auf das Ende seines Stocks und die Kreise, die er in den staubigen Boden gemalt hat. Dann reißt er sich zusammen und schaut mir wieder direkt ins Gesicht. »Aber das werden wir ja heute Abend sehen, falls ich dazu komme, ihn danach zu fragen.« Er packt die Videokamera, die wir für ihn mitgebracht haben, in eine große Plastiktüte, nimmt sehr entschlossen seinen Stock in beide Hände, wuchtet sich hoch und läuft dann in einem völlig unerwarteten Tempo an eben diesem Stock durch die Menge. Ob er morgen Abend noch weiß, wie die Kamera funktioniert, denke ich einen Moment lang sorgenvoll, aber da ist er schon im Getümmel verschwunden.

Am nächsten Morgen ist die Stadt schwarz vor Menschen, die in einer brütenden Schwüle mehr nebeneinander stehen als gehen. Über zwei Millionen seien in der Stadt, vermeldet ein aufgeregter Reporter im Radio, und spekuliert, ob der heutige Besuch des Papstes nun wohl der endgültig letzte in seiner Heimat sein werde. Zu hinfällig und zu gebrechlich sei Johannes Paul II., auch wenn er am Vorabend unerwarteterweise nicht mit dem eigens für ihn gebauten Lift aus dem Flugzeug geschwebt, sondern selbständig zu Fuß die Gangway heruntergeschritten war. Das, so der heiser euphorische Schlusssatz des Reporters, könne nur daran liegen, dass er endlich wieder in seiner Heimat sei.

Wir sitzen im Hotel Cracovia, einem hässlichen alten sozialistischen Bunker, der aber den Vorteil hat, dass man von ihm direkt auf die große Wiese am Rande der Krakauer Innenstadt sehen kann, auf der der Papst gleich die zentrale Messe halten wird. Die ganze Nacht haben Arbeiter an Bänken und Barrikaden gebaut. Jetzt drängen sich auch hier Ströme von Pilgern, Nonnen und Pfadfindern gegeneinander, manchmal kommt es zu Staus, die sich dann plötzlich lösen, bis es wieder woanders stockt. Vom sicheren Hotelzimmer aus sieht das fröhlich, bunt und laut aus, ein Meer von Menschen, die weißrote polnische Flaggen und vielfarbige Erkennungsschilder vor sich hertragen, bis sie sich schließlich irgendwo niederlassen. Kurz bevor die Messe beginnt, beschließe ich, mit dem Team auch selbst hinunterzugehen, auf die Gefahr hin, nicht zurückzufinden, denn die Menschenmengen sind jetzt so dicht, dass man von ihnen einfach irgendwohin gespült werden könnte.

Als ich mich bis auf den Platz vorgekämpft habe, beginnt schon der Gottesdienst. Ich war gespannt auf die Stimmung hier unten, die ich mir konzentriert und enthusiastisch vorgestellt hatte, werde aber zunächst grob enttäuscht. Statt der Messe andächtig zuzuhören, wird geredet und gegessen. Nun gut, der Papst ist weit weg, man sieht hier hinten von ihm kaum die Silhouette. Große Leinwände und Lautsprecher übertragen seine Predigt. Und man könnte ihn verstehen. Doch das, was er sagt, scheint hier kaum jemanden zu interessieren. Eine weit verzweigte Familie hat den Inhalt eines Picknick-Korbes vor sich ausgebreitet, zwei kleine Jungs, offensichtlich Zwillinge, bekriegen sich mit Hilfe mehrerer, eigens für diesen Tag gekaufter Nationalflaggen. Ein älterer Herr bietet mir galant seine Wasserflasche an und flirtet gleichzeitig fröhlich mit seiner Nachbarin.

Seltsam, denke ich, und dass ich das ganz anders erwartet hatte, bis nach einer Weile plötzlich die ganze Wiese zu erstarren scheint. Der Gottesdienst ist zu Ende, der Papst hat noch einmal um das Mikrofon gebeten. Jetzt ist sie da, die konzentrierte Aufmerksamkeit dieser zwei Millionen. Johannes Paul II. nimmt das Mikrofon, sehr langsam und bedächtig, schaut hoch, wie ich hinterher auf dem Filmmaterial sehen konnte, und sagt sehr deutlich und sehr bewegt: »Ich danke Euch allen. Für Eure Gastfreundschaft. Heute und bei allen meinen vorigen Reisen.« Stille. Dann plötzlich rufen zwei Millionen Menschen fast gleichzeitig: »Kochamy cie!« – »Wir lieben Dich!« Und: »Hier bist du zu Hause. Komm wieder.« Und er antwortet. Mit einem Lächeln und einer Träne im linken Augenwinkel. »Ich hoffe auch, Euch wiederzusehen. Aber das liegt allein in Gottes Hand.« Der ältere Herr im grauen Anzug, der eben noch mit seiner Nachbarin geflirtet hat, weint. Die Frauen, die neben mir auf dem Rasen sitzen, wischen sich mit Taschentüchern die Tränen aus dem Gesicht. Und selbst die Zwillinge haben ihren Flaggenkampf beendet und sitzen mit weit aufgerissenen Augen auf dem Rasen, den Blick auf die Videowand gerichtet.

An diesem Tag habe ich begriffen, dass dieser Papst für die Polen weit mehr als ein religiöser Führer ist. Dass es für die Massen gar nicht so zentral ist, woran er glaubt und was er predigt. Dass dieser Papst stattdessen etwas anderes ist: eine zutiefst emotional besetzte Vaterfigur, Schutzpatron, Nationalheld und Popstar in einem. Eine Rolle, die nicht von ungefähr kommt. Hätte es ihn und seine mutigen Auftritte während des Kriegsrechts nicht gegeben, Polen sähe heute anders aus. Und mit Polen wahrscheinlich das ganze Europa.

Als der kommunistische General Wojciech Jaruzelski am 12. Dezember 1981 um 23.57 Uhr die mehr als drei Millionen polnischer Telefone stilllegen ließ und das Kriegsrecht ausrief, nachdem ihm die Streiks auf der Danziger Lenin-Werft zu massiv geworden waren und ein für das Land jahrelanger quälender Ausnahmezustand begann, da beschloss dieser Papst im fernen Rom, ein Zeichen zu setzen. Und er kam, allen Widrigkeiten zum Trotz, am 16. Juni 1983 in sein Heimatland. Die Staats- und Parteiführung hatte mit allen Mitteln versucht, diesen Besuch zu verhindern. Und sie wusste nur zu gut, warum. Denn schon bei seinem ersten Polen-Besuch im Juni 1979 hatte Johannes Paul II., an die Adresse des polnischen Regimes gerichtet, folgende Sätze gesagt: »Gestatten Sie mir, meine Herren, das Wohl Polens auch weiterhin als das meine zu betrachten und zutiefst daran Anteil zu nehmen, ganz so, als ob ich noch in diesem Lande lebte und Bürger dieses Staates wäre.« Und bei seiner ersten großen Messe in Warschau überbrachte er schon seinerzeit eine klare politische Botschaft, die er allerdings klug verschlüsselt hatte. Dieser Papst wusste schließlich, wo er sich befand. »Fürchtet Euch nicht!«, rief er den Massen zu: »Der Heilige Geist komme herab und erneuere das Antlitz dieser Erde.« Und nach einer kurzen Pause, in der es totenstill wurde, fügte er hinzu: »Dieser polnischen Erde.«

Das war mehr als deutlich, und die Wirkung ließ nicht lange auf sich warten. Im Sommer 1980 kam es zu einer ersten großen Streikwelle auf der Danziger Lenin-Werft, der zuvor vom Vorstand entlassene Lech Walesa tat seinen berühmten Sprung über die Mauer des Werftgeländes. Es folgte die Gründung der Solidarnosc, der ersten freien Gewerkschaft in Osteuropa, und das Ende der Ära Gierek.

Als Johannes Paul II. am 16. Juni 1983 in Polen erscheint, hat das neue kommunistische Regime unter General Jaruzelski also allen Grund, den Papst zu fürchten. Seit anderthalb Jahren herrscht der Ausnahmezustand, vor allem ein striktes Versammlungsverbot. Die Regierung versucht, die geplanten Freiluftmessen mit Absperrungen und willkürlichen Kontrollen zu verhindern – vergeblich. Das erste Mal seit Ausrufung des Kriegsrechts versammeln sich plötzlich Zehntausende wieder auf öffentlichem Terrain und erkennen nach monatelanger Angst im Verborgenen, dass sie nicht alleine sind. Die katholische Kirche wurde auf diese Weise wie schon so oft in der polnischen Geschichte Träger der nationalen Identität, diesmal im Widerstand gegen den Kommunismus. Wie stark dadurch auch das neue demokratische Polen mit der katholischen Kirche verflochten ist, kann man, ohne diese Ereignisse zu kennen, kaum verstehen.

Es gibt eine Frau in Polen, die mir das in vielen Gesprächen immer wieder klargemacht hat. Eine Frau, mit der mich trotz der oft hektischen Treffen, die wir hatten, eine tiefe Freundschaft verbindet. Hektisch deshalb, weil sie mit Sicherheit eine der aktivsten Politikerinnen Polens ist, auch wenn sie bis heute keiner Partei angehört. Es geht um Roza Thun, die Chefin der Robert-Schuman-Stiftung, einer unabhängigen Initiative, die sich zum Ziel gemacht hat, Polen als katholisches Land in die EU und in ein modernes Europa zu führen. Tausende von Veranstaltungen hat sie mit ihrem kleinen Team organisiert, immer mit dem gleichen Ziel: ihren Landsleuten klarzumachen, dass Katholizismus und Moderne kein Widerspruch sein müssen. Dass es nicht im Sinn des Papstes sein könne, was rechte polnische Nationalkatholiken immer wieder in seinem Namen verbreiten, wenn sie behaupten, dass man Polen verteidigen müsse gegen die westliche Welt, die ganz generell eine Bedrohung der Nation darstelle.

Roza Thun lebt heute in der Hauptstadt Warschau, obwohl sie aus Krakau stammt. Wie alle echten Krakauer kommt sie aber gerne und oft in ihre Heimatstadt. Und so trafen wir uns dort immer wieder. Zuletzt, als ich mit ihr ein Interview über die rechtsnationale polnische Familienliga, die »Liga Polskich Rodzin«, machen wollte, eine Partei aus eben diesem rechten Spektrum, die den EU-Beitritt mit allen Mitteln zu verhindern versucht hatte und deren Juniororganisation eben jene »Allpolnische Jugend« war, die bei der Krakauer Gay-Parade im Namen des Papstes und der katholischen Kirche mit Steinen und Flaschen geworfen hatte.

Ich sitze in einem kleinen Café und warte auf sie, denn Roza Thun ist selten pünktlich. Dazu hat sie zu viel gleichzeitig um die Ohren. Vier Kinder, einen Mann, der ebenfalls berufstätig ist, einen Hund – und mindestens hundert Veranstaltungen jeden Monat. Ich hatte sie als Rednerin erlebt, die mit einer ungewöhnlichen Kraft, mit Liebe und Humor überzeugen konnte, und ich hatte sie als Mutter ihrer fast erwachsenen Kinder zu Hause getroffen, nicht weniger engagiert. Jetzt bog sie um die Ecke, mit wehendem rosa Seidenschal, einem ihrer Markenzeichen, dem Handy am Ohr und einem strahlenden Lachen im Gesicht. Einem Gesicht, dem man ansieht, dass sie oft und gerne lacht.

»Hier aus den Dachwohnungen, in denen meine alten adligen Tanten lebten, haben wir damals die Flugblätter geworfen. Und im Untergrund gedruckte Bücher gelagert.« Roza zeigt nach oben. Ihre weit verzweigte Familie stammt zwar eigentlich aus Litauen und den ehemaligen polnischen Ostgebieten, aber ihr Vater, Jacek Wozniakowski, hatte irgendwann beschlossen, sich hier niederzulassen, und war dann zu einem der wichtigsten katholischen Intellektuellen geworden. So war sie mitten im katholischen Widerstand aufgewachsen, der seine stärksten Wurzeln und seine Heimat eben hier im konservativen Krakau hatte. »Für mich gehörte das zusammen, der Protest gegen dieses repressive System und mein Glaube. Das war eins. Und katholisch zu sein bedeutet eben überhaupt nicht, intolerant und rückwärtsgewandt zu sein. Auch in Polen nicht. Katholisch sein heißt für mich, Christin zu sein. Wach zu sein. Und nach vorne zu gehen. Das kann nicht heißen, sich heute gegen den Westen zu stellen, wie es manche hier jetzt versuchen. Im Gegenteil, wir sind überhaupt noch nicht liberal genug in diesem Land. Und erst recht noch nicht zu weit gegangen damit.« Als ich sie auf die »Gleichheitsparade« der jungen Schwulen und Lesben anspreche, die einige Wochen zuvor hier in der Stadt so brutal von der katholischen Familienliga gestört worden war, betrachtet sie nachdenklich erst den Himmel, dann ihr Handy. »Das ist ein ganz klarer Missbrauch der katholischen Religion. So wie sie immer versuchen, die alten Ängste vor dem

Westen zu schüren. Auch wenn ich als Katholikin natürlich auch gegen die Abtreibung bin und gegen homosexuelle Ehen – es bleibt dennoch die Sache jedes Einzelnen und wie er das mit seinem Gewissen vereinbaren kann.« Sie lacht wieder, bis ihre Augen schmale Schlitze sind: »Christus hätte ein schwules Pärchen bestimmt nicht weggeschickt.« Dass sie aufgrund solcher Sätze die bestgehasste Frau der rechten Nationalkatholiken ist, weiß sie selbst. Und sie lacht auch darüber: »Neulich haben sie sogar eine Strohpuppe mit meinem Namen verbrennen wollen. Aber das hat ihnen dann die Polizei verboten. Ich fand es schade, es wäre doch ein schönes Happening geworden.« Es musste auch das sein, dieser unbezwingbare Humor, der eine Partei wie die Familienliga so besonders gegen sie aufbrachte. Und natürlich ihr Engagement für eine Öffnung Polens gen Westen. Versammelte die Familienliga doch seit Jahren ihre Wähler hinter sich, indem sie die alten Ängste vor allem vor Deutschland mobilisierte und dabei gerne den Eindruck erweckte, die vierte Teilung Polens stehe kurz bevor. »Da wird mit Gefühlen gespielt, die heute überhaupt keinen Platz mehr haben. Aber in diesen Zeiten, die unsicher und unübersichtlich geworden sind, vor allem für die Älteren, da zieht diese Propaganda, und es gibt Tage, da machen sie mir Angst mit ihren Wahlerfolgen.« Bei den Europawahlen vom Juni 2004, wo die Polen das erste Mal nach ihrem EU-Beitritt mit abstimmten, hatte die Familienliga mit ihrer antieuropäischen Propaganda immerhin fast 16 Prozent gewinnen können. Und indem sie die Angst vor jeder Veränderung und allem Fremden gegenüber schüren.

»Unser Problem ist aber doch gerade, dass wir lange Zeit viel zu monokulturell, nur als Polen miteinander, in diesem Land gelebt haben. Das große Völkergemisch, als hier vor dem Krieg noch Deutsche, Juden, Ukrainer und Polen zusammengelebt haben, das war plötzlich weg, nach 1945. Und wir haben jahrzehntelang ganz schön im eigenen Saft geschmort.« Jetzt lacht Roza nicht mehr, sondern beugt sich zu mir hin und wird ernst:

»Und wo es keine Auseinandersetzung mit anderen gibt, da entwickelt sich auch keine klare Identität. Deshalb sind wir Polen oft so ängstlich und komplexbeladen. Nicht nur wegen der Geschichte unserer Teilungen. Sondern auch deshalb, weil wir weggeschlossen waren, es nicht mehr gewöhnt sind, uns mit anderen auseinander zu setzen. Und deshalb ist das jetzt eine so große Chance, dass wir der EU beigetreten sind. Denn auf diese Weise kommen wir endlich raus aus dieser Isolation und dieser seltsamen Angststarre, in der wir uns manchmal befinden.«

Ihr Handy klingelt, und ich wundere mich, dass es überhaupt so lange ruhig war. Sie lacht, diskutiert mit einem ihrer Mitarbeiter und kämpft um einen freien Nachmittag. Einen Kampf, den sie bereitwillig verliert. Nein sagen kann sie nicht, wenn sie sich einer Sache einmal verschrieben hat. Nachdem sie ihr Handy ausgestellt hat, zeigt sie wieder auf die Häuser rings um den Marktplatz, auf die Dachwohnungen ihrer adligen Tanten. »Ich habe hier in Krakau mit den Studenten gegen die Kommunisten gekämpft, ich bin immer wieder verhört worden, und ich hatte oft furchtbare Angst. Aber wir hatten keine Wahl. Ich wollte dieses Regime besiegen, es ging uns um die Freiheit. Und mein ganzer Kampf für diesen Beitritt, für dieses Europa, den ich jetzt führe, den führe ich auch deshalb, weil mit diesem EU-Beitritt mein Land, dieses Polen, endgültig frei ist. Weil wir damit endgültig und unumkehrbar diesen Eisernen Vorhang besiegt und so das zu Ende gebracht haben, was der Papst begonnen hat.«

Der sei schließlich auch immer für den EU-Beitritt Polens gewesen, auch wenn manche Katholiken das bis heute nicht begriffen hätten. Oder nicht begreifen wollten. Als Kind habe er mit ihr gespielt, damals, als er noch Bischof in Krakau war, daran erinnere sie sich noch genau. An seine Warmherzigkeit und daran, wie stark er war, wenn er mit ihnen herumgetobt hat. »Heute ist er ein weiser Mann. Und ich verstehe auch, warum er nicht eingreift, warum er die rechten Nationalisten nicht in die Schranken weist. Auch wenn das viele von ihm erwarten. Aber er ist der Papst, und so stark kann er sich dann auch nicht mehr in das Tagesgeschäft einmischen. Das müssen wir schon selber schultern. Er hat schließlich schon genug für uns getan.«

Roza packt ihre Tasche, wirft ihr Handy hinein, sie muss los. Noch Fragen? Ja, eine letzte. Ob sie nicht Angst habe, dass sich der Katholizismus in Polen mit den neuen Zeiten bald erledigt haben werde, spätestens wenn es einen neuen Papst in Rom gebe, der kein Pole mehr ist? Aber da lacht sie wieder. Das sei doch heute schon so, dass ihre Kinder sich dafür entschuldigen müssten, dass sie zur Messe gingen. Aber das polnische Volk ohne Religion? Nein, das sei überhaupt nicht vorstellbar. Sie nimmt ihre Tasche, verabschiedet sich und rast davon, während ich mich, so plötzlich allein gelassen, frage, ob sie da wirklich Recht hat.

Ich muss an den Papstbesuch hier in Krakau denken und an die große Freiluftmesse, in der die Begeisterung erst begann, als Johannes Paul II. sich persönlich an seine Polen wandte. Sie lieben ihren Papst, aber sie hören nicht auf ihn, die Polen. Noch heiratet man in Weiß und klassisch in der Kirche, die Abtreibungs- und Scheidungsraten sind aber bereits jetzt so hoch wie im Westen. Und dennoch, diese Liebe sitzt tief. Endgültig hatte ich das an dem Abend verstanden, als Eugeniusz Mroz, der alte Schulfreund Karol Wojtylas, tatsächlich aus der bischöflichen Residenz gestürmt kam, die Videokamera in der Hand wie eine Trophäe, und uns schon von weitem zurief: »Es hat funktioniert! Er hatte nichts dagegen!« Als er uns die Kamera überreichte, da stand der Papst plötzlich oben auf dem Balkon. Er wandte sich an die Menge, die den ganzen Tag hier unten auf ihn gewartet hatte, und begann zu erzählen, plötzlich und unerwartet. Dass er vielleicht nicht mehr der Allerjüngste sei, seine alten Freunde da unten aber auch nicht mehr so frisch seien wie früher, dass er ihnen danke für ihre Geduld und jetzt allen eine gute Nacht wünsche. Eugeniusz Mroz, der mit der Kamera in der einen Hand neben uns stehen geblieben war, winkte mit der anderen lächelnd zu ihm hoch. »Er ist erschöpft. Der Papst. Und jetzt kommt er vielleicht nicht mehr zurück an unseren Tisch, wenn ich wieder hochgehe. Aber er hat noch Kraft, viel mehr Kraft, als die meisten Menschen vermuten.« Die Menge hatte unterdessen zu singen begonnen, trotzig gegen den Abschiedsschmerz: »Sto Lat«, ein Geburtstagslied, mit dem sie ihm wünschte, dass er hundert Jahre alt werden möge und mehr. Johannes Paul II. stand da oben auf dem Balkon seiner ehemaligen bischöflichen Residenz, sehr wach und sehr müde zugleich. Und einen Moment lang konnte man sie bis unten in den Garten spüren, diese Kraft, von der sein alter Schulfreund gesprochen hatte, die Kraft dieses Papstes, die Polen und die Welt verändert hatte.

Kino in Masuren

Der schwarze Mercedes bremst abrupt und kommt quietschend zum Stehen. Vor ihm auf der Landstraße steht eine ganze Horde Bauern, bewaffnet mit einer Güllepumpe. Zwei korpulente Bauerinnen mit weiten Röcken schwenken Transparente und rufen aufgeregt wirre Slogans in die Luft. »Nieder mit dem Westen! Nieder mit den Subventionen!« Es handelt sich ganz offenbar um eine spontane Demonstration gegen die EU, gegen Brüssel und überhaupt gegen die da oben. Der schwarze Mercedes kam da gerade recht. Der Fahrer, ein Mann in hellem Anzug, steigt aus und herrscht sie an, den Weg freizumachen. Aber da hat er nicht mit den Bauern gerechnet. Vor allem nicht mit einem kleinen schmächtigen Männchen, das jetzt mit einer überdimensionierten polnischen Flagge auf ihn zurennt und ruft: »Zur Hölle mit den Warschauern!« Das war das Startsignal, die beiden Bäuerinnen werfen die Pumpe an, und innerhalb von wenigen Sekunden ist von dem hellgrauen Anzug nicht mehr viel über. Von dem selbstsicheren Auftreten des Warschauer Geschäftsmannes schon gar nicht.

Das Publikum auf den Bänken der Scheune bricht in unbändiges Gelächter aus.

»Diese Szene ist immer der Höhepunkt des Films«, hatte mir Kazimierz schon vor Beginn der Vorstellung gesagt. Wir sind im Kino. Der Film heißt so wie seine Botschaft: »Pieniadze to nie wszystko«, »Geld ist nicht alles«, eine Komödie über die Zustände auf dem polnischen Land nach 1989, wo seit dem Ende des Sozialismus so vieles zusammengebrochen ist. Eine

Komödie, die nicht weit entfernt vom Alltag des Publikums hier ist. Denn in Lipowo gibt es noch nicht einmal mehr ein Kulturzentrum. Deshalb ist heute Abend die Scheune von Marta und Wiesiak das Kino von Lipowo. Ohne Heizung, und das bei minus zehn Grad. In dicken Mänteln und Wollmützen sind die Dorfbewohner trotz allem erschienen, denn viel zu lachen haben sie nicht mehr. Deshalb lachen sie jetzt am liebsten über sich selbst.

Polnische Komödien, sagt mir Kazimierz, sind die einzigen Filme, die auf dem Land noch ankommen. Kazimierz ist Filmvorführer. Der Letzte seiner Art. Er steht hinter seinen Projektoren, alten ukrainischen Geräten aus einer anderen Zeit, und hüpft gegen die Kälte von einem Bein auf das andere. Setzt die Filmmusik ein, tanzt er auch schon einmal dazu und winkt dabei verschmitzt in unsere Richtung. Kazimierz ist 63 Jahre alt und ein fröhlicher kleiner Mann. Vom vielen Lachen sind seine Augen fast ganz in den Falten verschwunden, die sich mit der Zeit um sie herum gebildet haben. Ohne sein Kino könnte er nicht leben. Deshalb hat er als einziger der 48 mobilen Filmvorführer von Masuren nach der Wende weitergemacht. »Sie haben mir angeboten, die zwei alten Projektoren einfach zu kaufen, für insgesamt nur 1000 Zloty, und da habe ich natürlich sofort ja gesagt. Weil ich ja weitermachen wollte, während die meisten anderen Kollegen sofort in Rente gegangen sind.« Filmvorführer zu sein, das sei ein ganz normaler Beruf gewesen im sozialistischen Polen, erklärt er mir, »und einer, der sehr angesehen war. Wir hatten ja eine wichtige Aufgabe, es ging schließlich um die kulturelle Weiterbildung der Arbeiter.« Kazimierz grinst vergnügt, man sieht ihm an, dass er das nie so ganz ernst genommen hat. Auch damals nicht.

»Aber dennoch war das die beste Zeit in meinem Leben. Die Leute hatten anders als heute Geld, um ins Kino zu gehen. Und zusätzlich schickten die Betriebe ihre Belegschaften. Die Vorführungen waren immer gerammelt voll, bis auf den letzten Platz.«

Er selbst brauchte sich auch nicht mühsam um die Kopien zu kümmern wie heute, damals bekam er jeden Monat einen Ablaufplan, in dem genau festgelegt war, welchen Film er wann und wo zu spielen hatte. »Meistens waren das Filme aus der Sowjetunion, das war Pflicht. Doch ab und zu gab es auch mal einen amerikanischen Western. Ganz so streng war die Direktion in Olsztyn dann auch wieder nicht.« Vorab musste immer eine Art Wochenschau gezeigt werden, die »Chronik«. Erfolgsmeldungen vom Erntedankfest und andere gelungene Planerfüllungen. Der Film, den er am häufigsten zeigen musste, war allerdings ein Historienschinken. »Immer, wenn im Sommer die Pfadfinder kamen, dann gab es einen Film über die Schlacht von Grunwald, ›Die Kreuzritter‹. Den kann ich bis heute auswendig.«

Ein jaulendes Geräusch erfüllt die Scheune plötzlich, und es wird dunkel. Die Filmrolle ist zu Ende. »Normalerweise passiert das nicht, das sind Sie jetzt schuld gewesen«, raunt er mir zu, während er mit der Routine seiner dreißig Berufsjahre in Windeseile den zweiten Projektor mit der nächsten Filmrolle anwirft. »Dafür habe ich ja diesen zweiten Projektor gekauft, damit es keine unnötigen Unterbrechungen zwischen zwei Rollen gibt. Damit es fast so ist wie im richtigen Kino.«

Kazimierz liebt seine Filme, und die Illusion ist ihm heilig. Auf der Leinwand, die ein bisschen schief von der Scheunendecke herunterhängt, ist der feine Warschauer Pinkel derweil von den Bauern entführt worden. Bei den telefonischen Erpressungsversuchen, die sie über sein Handy nach Warschau durchgeben wollen, muss der Entführte aber schließlich selbst helfend eingreifen. Bedienen können die tölpelhaften Landbewohner es nämlich nicht. Seine Firma hat allerdings kaum Interesse daran, ihn zu befreien, im Gegenteil. Die Sekretärin, die sich gelangweilt die Fingernägel lackiert, als die Anrufe eingehen, unternimmt nichts. Das Lösegeld lässt also auf sich warten, und so kommen sie allmählich ins Gespräch, die tölpelhaften Bauern und der arrogante Städter. Das Märchen, das jede gute Komödie in sich birgt, nimmt seinen Lauf. Der Yuppie, der, wie sich herausstellt, den rohen Kapitalismus der Hauptstadt Warschau schon lange satt hat, wandelt sich zum Guten und beginnt, den Bauern beim Wiederaufbau ihrer kaputten LPG zu helfen. Die Bauern wiederum stellen sich als zwar verzweifelte, aber warmherzige Menschen heraus, und nach den üblichen Irrungen und Wirrungen und der obligatorischen Liebesgeschichte sind am Ende alle glücklich. Das Publikum in der Scheune ist zufrieden. Jedenfalls die, die trotz der Kälte bis zum Schluss ausgehalten haben. Obwohl sie ein bisschen nachdenklich werden, als sie hinterher draußen im Hof vor dem Kuhstall stehen und über das Happy End zu streiten beginnen.

Wiesiak, ein dünner Rothaariger, dem die Scheune gehört und der die ganze Zeit über sehr konzentriert zugeschaut hatte, ist am lautesten: »Irgendwie sind wir schon so wie da in dem Film, genauso wie im Film ist das hier heute auf dem Land. Bis auf eins: Dass ein feiner Warschauer Pinkel uns helfen würde, das ist wirklich Unsinn.« »Genau«, fällt ein anderer ein, sein Nachbar, wie sich herausstellt, »der Teufel scheißt immer auf den größten Haufen. Und die Reichen in der Stadt, die geben von ihren Haufen bestimmt nichts ab.« »Aber trotzdem, eins sag ich euch« – Wiesiak zeigt mit der Hand hinter sich in die Dunkelheit, in Richtung Dorf –, »wir sind so arm hier, weil wir so dumm sind. Wenn wir schlauer wären, würden wir einfach selbst so ein Business auf die Beine stellen, wie der Typ aus Warschau im Film. Und dann ginge es uns hier auch besser. Vielleicht sollten wir mal darüber nachdenken.«

Wenn nicht die Kühe in sämtlichen Ställen der Umgebung fast gleichzeitig zu brüllen begonnen hätten, wäre die Diskussion sicher noch weitergegangen. Aber es war halb sechs abends, Melkzeit. Und so verschwand das Publikum innerhalb von einer Viertelstunde.

Als wir mit Kazimierz, der seine Projektoren ordentlich in Kisten verpackt hat, vom Hof fahren, in seinem uralten blauen

Nysa, dem alten polnischen Lieferwagen, mit dem er schon immer seine Touren gemacht hat, liegt die Scheune schon wieder leer und einsam in der Dunkelheit. »Morgen werden sie noch den ganzen Tag über den Film streiten, aber auch lachen. Denn die Leute hier haben Humor. Auch wenn sie wirklich nicht zu beneiden sind. Geld ist nicht alles, da hat der Film ja Recht, aber ernsthaft behaupten kann man das nur, wenn man welches hat.«

Er legt den nächsten Gang ein, der Nysa gibt ein gurgelndes Geräusch von sich. Eine Woche lang begleiteten wir ihn bei seiner Tour durch Masuren, seiner diesmal definitiv letzten, wie er mir erklärte: »Ich selbst verdiene nämlich kaum noch etwas an diesen Vorführungen und mache sie hauptsächlich, weil es meine alte Leidenschaft ist. Dieser magische Moment, wenn die Rolle auf der Spule sitzt und der Film beginnt. Das ist für mich immer ein ganz besonderes Gefühl. Dieser Kitzel, diese Anspannung, wie die Leute reagieren werden. Ich stehe immer hinten und gucke mir das an. Ich gehe nie raus, egal wie oft ich den Film gesehen habe.« Der Motor des Nysa rumpelt jetzt so laut, dass ich mir ernsthaft Sorgen mache, ob der für den nächsten Tag angekündigte Filmabend tatsächlich stattfinden wird. Aber Kazimierz am Steuer lacht, steckt sich mit der freien Hand eine Zigarette an und hustet mehr, als dass er spricht: »Der hält schon durch, irgendwie kommen wir immer an. Und das ist übrigens das Allerschönste für mich, wenn ich mit meinen Projektoren kurz vor der Vorstellung im Dorf ankomme. Weil es eben etwas ganz anderes als normales Kino in der Stadt ist, immer ein Ereignis, immer etwas Außergewöhnliches, selbst heute noch. Und das ist für mich mindestens so beglückend wie das Filmezeigen selbst.«

Am nächsten Tag fällt der Schnee so dicht, dass wir den Fahrradfahrer fast überfahren hätten, der plötzlich neben uns auftaucht und sich mühsam vorwärts kämpft. Im letzten Moment reißt Kazimierz das Steuer nach links, und ich kurble die Scheibe herunter. Ob wir ihn mitnehmen sollen, frage ich ihn. Aber er schüttelt nur stoisch den Kopf, auf dem eine große Fellmütze mühsam das Gleichgewicht hält. Das mache er jeden Tag. 17 Kilometer hin in die nächste Stadt und dann nach der Arbeit die 17 Kilometer wieder zurück. Ein bis zwei Stunden sei er jeden Tag auf seinem Fahrrad. Im Winter mache das zwar wenig Spaß, aber er habe keine Wahl. Der Bus fahre schon lange nicht mehr. Und im Dorf selbst gebe es nun mal keine Arbeit.

Das Dorf heißt Pacoltowo, und die ehemalige LPG ist heute in Privatbesitz. Jerzy Starczewski, ein ehemaliger Matrose aus Danzig, hat das Land und das kleine Schloss gekauft, das dazugehört. Ein elegant geschwungenes, neobarockes Anwesen in verblichenem Rosa, mit einer ausladenden Freitreppe zum Park hin. Auf dieser Treppe steht der Schlossherr jetzt persönlich, in einer bunt gemusterten Windjacke, und empfängt uns mit skeptischem Blick. Das tut er nicht allein, sondern in Begleitung zweier grimmig dreinschauender Boxer, die er an zwei langen Leinen hält. Kazimierz will nämlich heute im Schloss spielen, weil es hier sonst keinen anderen Vorführort mehr gibt. Denn auch in Pacoltowo ist das ehemalige Kulturzentrum verfallen. Eine Ruine am Straßenrand, die Kazimierz uns gezeigt hatte, als wir in den Ort hineinfuhren. Um seinen Film im Palast zu zeigen, braucht er Starczewskis Genehmigung. Theoretisch hatte der sich bereits am Telefon einverstanden erklärt, allerdings leicht zögerlich. Jetzt erklärt er uns, warum er angesichts der Idee, die Dorfbewohner in sein neu erworbenes Anwesen zu lassen, so wenig euphorisch ist. Die Boxer zerren an den Leinen, und der Wind treibt den Schnee fast horizontal vor sich her. Jerzy Starczewski zeigt Richtung Dach. »Das ganze Gebäude war in einem grauenhaften Zustand, als ich es übernommen habe. Das Dach war undicht, es regnete durch bis unten ins Erdgeschoss. Und alles, was nicht niet- und nagelfest war, hatten die Dorfbewohner geklaut oder einfach mitgenommen. Von Diebstahl im eigentlichen Sinn konnte man natürlich nicht reden, der Palast war ja im Besitz der Volksrepublik.« Er lacht verzweifelt und lässt die Boxer von den Leinen. »Ich musste den Leuten erst mal erklären, dass sich die Zeiten geändert haben, dass dieser Palast jetzt mir gehört. Mir und meiner Frau. Dass er jetzt Privatbesitz ist, weil wir nämlich heute im Kapitalismus leben.« Angenehm sei das alles nicht gewesen, denn die Leute im Dorf hätten das absolut nicht verstehen wollen. Und auch die LPG konnte er nicht in der Form weiterbetreiben, wie das Dorf es kannte. »Völlig unwirtschaftlich war das alles hier. Ein bisschen Landwirtschaft auf schlechten Böden, ein paar Kühe und über hundert Angestellte. Ich habe kurz nachgedacht, bevor ich zuschlug, und züchte stattdessen jetzt eine ganz neue Bullenrasse. Dafür brauche ich heute nur noch acht Leute. Das reicht völlig.« Im Übrigen hole er seine Leute nach Möglichkeit von woanders her, denn die Mentalität der Ex-LPGler im Dorf sei eine Katastrophe: »Ohne jede Initiative, ohne jeden inneren Antrieb, aber mit einer Erwartungshaltung, als ob jeder persönlich der Kaiser von China sei. Es ist ja nicht die Schuld der einzelnen Leute. Die hat das System kaputtgemacht. Und zwar so gründlich, dass man auf Generationen hin nicht mehr viel mit ihnen wird anfangen können. Manchmal ist es verdammt anstrengend, mit diesen Leuten hier zu leben, das sage ich Ihnen.«

Für die Dörfler andersherum wahrscheinlich auch, denke ich. Jerzy Starczewski hat kleine schlaue Augen. Er merkt meine Skepsis und macht eine einladende Handbewegung in Richtung Palast. Er könne uns gerne zeigen, was sie drinnen so alles angerichtet hätten, die Sozialisten. Die Boxer toben im Schnee. Ein kurzer Pfiff und sie stehen Gewehr bei Fuß neben ihrem Herrn. Wir gehen hinein, während Kazimierz in der Veranda seine beiden Projektoren aufbaut, und nach einem Rundgang beginne ich Starczewski zu verstehen. Die Räume sind sinnlos durch billige Wände geteilt, die Fenster undicht, die Mauern feucht, und im Obergeschoss sind willkürlich Dielen aus dem Boden gerissen. »Nicht mal ein psychisch kranker Affe würde derartig mit einem so wertvollen Gebäude umgehen«, echauffiert sich Starczewski, und er hat Recht: Es würde ihn noch viele Jahre und ein Vermögen kosten, bis der Palast wieder richtig bewohnbar wäre. Als wir wieder unten in der Veranda stehen, kommentiert Kazimierz die Lage lakonisch. »Ich verstehe ihn. Die Leute müssen wirklich endlich selbst ihre Hintern hochbekommen. Hier in diesem Dorf ist so gut wie jeder arbeitslos, und statt sich etwas zu suchen, warten sie lethargisch, dass etwas passiert. Ich sag ihnen das jedes Mal, wenn ich hier bin, dass sie selbst etwas unternehmen müssen. Und sie wollen auch eigentlich arbeiten, aber keiner weiß, wie er es anfangen soll. Eigentlich müsste Warschau Beamte hierhin schicken, die sie wieder umziehen, die ihnen diese sozialistische Mentalität wieder abgewöhnen.«

Unten im Dorf steht der Bürgermeister vor den Ruinen des ehemaligen Kulturzentrums. Ein kleiner trauriger Mann mit Glubschaugen, einer Schiebermütze und einem Aktenordner unter dem Arm. Den hält er uns entgegen, als er unsere Kamera sieht. Janek Pawlak heiße er und sei trotz des Wetters extra wegen uns hierher gekommen. Eine Horde Kinder wirft mit Schneebällen nach ihm. Vielleicht könnten wir einmal filmen, wie viele Anträge er beim Bezirk schon gestellt habe, um endlich Geld für ein neues Kulturzentrum zu bekommen. Bis jetzt umsonst. Ein Schneeball trifft ihn seitlich am Mantel, er schaut drohend in die Richtung, aus der er geflogen kam. »Das ist wichtig, auch weil wir so viele kleine Kinder hier haben. Wo sollen die denn hin, wenn die mal älter werden? Es gibt ja noch nicht mal einen Bus, mit dem sie in die nächste Stadt fahren könnten.« Der Bürgermeister schaut uns flehend an. Wir sollten seinen Aktenordner bitte wirklich filmen. Er sei fest entschlossen, für dieses Zentrum zu kämpfen, mit allen Mitteln.

So wie er für die Telefonzelle gekämpft habe, vor der wir jetzt stünden. Eine frisch hellblau gestrichene Muschel über einem silbernen Apparat, an dem der Hörer baumelnd herunterhängt. Auch wenn bis jetzt kaum jemand hier Geld habe, um zu telefonieren, sagt der Bürgermeister. Diesmal trifft ihn der Schneeball mitten auf die Schiebermütze. Er nimmt sie vom Kopf, packt den Ordner unter den Arm und legt den Hörer seiner Telefonzelle wieder ordentlich auf die Gabel. »Es war trotzdem ein Erfolg. Aber auch dafür musste ich fast ein Jahr lang kämpfen. Es ist nicht einfach, heutzutage auf dem Land etwas zu erreichen.« Zu dem Film heute Abend würde er selbstverständlich kommen. Das sei seine Pflicht als Bürgermeister. Aber auf Dauer sei das wirklich keine Lösung, dort solche Vorführungen zu machen. Das Schloss gehöre ja nun nicht mehr dem Dorf. Und er könne schließlich nicht jedes Mal den Danziger Matrosen fragen, wenn er etwas für seine Leute veranstalten wolle. Als wir ihm erklären, dass unser Film nur im deutschen und nicht im polnischen Fernsehen ausgestrahlt werde, setzt er die Schiebermütze wieder auf und zieht von dannen. Aus der Ferne fliegt ein Schneeball, der ihn weit verfehlt. Die Kinder sind verschwunden.

Gelacht hat der Bürgermeister dann abends trotzdem. Laut und herzlich, wie alle anderen, denn »Geld ist nicht alles« kam auch hier gut an. Die Veranda des kleinen Palastes war bis auf den letzten Platz voll mit Kindern und ihren Müttern, die größtenteils selbst noch Kinder waren, mit ganz jungen Mädchen, die bei der Liebesszene leuchtende Augen bekamen, und erwachsenen Männern, die sich über den Angriff mit der Güllepumpe schadenfroh amüsierten. Kazimierz stand glücklich im Hintergrund, denn heute hatte sich der Abend auch finanziell für ihn gelohnt. Nur Jerzy Starczewski, der Schlossbesitzer, konnte nicht so richtig lachen. »Das ist doch keine Komödie, das ist die bittere Realität«, murmelte er, als der feine Warschauer von den Bauern in seinem Mercedes entführt wird, und verschwand mit seinen beiden Boxern unauffällig durch die Hintertür. Er habe noch einen Termin in Danzig, ließ er mir durch einen seiner Mitarbeiter bestellen.

Masuren ist eben nicht nur die schöne Sehnsuchtslandschaft heimwehbeseelter deutscher Romantiker. Masuren ist heute eine der Regionen mit der höchsten Arbeitslosigkeit im ganzen Land. Vor allem im Winter, wenn keine Touristen da sind, ist die Idylle oft nur ein dünner Schleier, hinter dem sich nicht selten die nackte Armut verbirgt. Der Landschaft sieht man das nicht an. Genauso wenig, wie man ihr die schwere, oft grausame Geschichte ansieht, die sie und ihre Bewohner hinter sich haben.

Heinz Katola steht vor seinem Haus, einem kleinen grauen Steinhaus mit grünen Fensterläden, und schippt Schnee. Am Vorabend hatten wir ihn in der Kirche von Kroplewo getroffen, in der Kazimierz seinen Film gezeigt hatte. Die Kirche von Kroplewo ist ein schöner hoher Bau im Fachwerkstil. Sie ist wie viele ihrer Art in Masuren eine alte protestantische Kirche. Und sie wird noch genutzt, was sonst selten geworden ist hier. Denn von den Protestanten, der ursprünglichen Bevölkerung dieses Landstrichs, die immer wieder zwischen die Fronten deutscher und polnischer Nationalpolitik geriet, lebt fast kaum einer mehr hier. Spätestens seit Mitte der 70er Jahre, nach den Ostverträgen Willy Brandts und der einsetzenden Entspannungspolitik, waren sie fast vollständig nach Deutschland ausgewandert. Als Deutsche. Obwohl sie das streng genommen auch nie waren. Sondern ein Grenzvolk, das eben immer zwischen allen Stühlen gesessen hatte.

Heinz Katola stellt die Schaufel an die Hauswand und rückt seinen Lederhut zurecht, der ihm beim Schneeschippen in den Nacken gerutscht war. Die erste große Ausreisewelle begann schon Ende der 50er Jahre, mit der »Entstalinisierung Polens, da wurde es leichter für uns, nach Deutschland zu emigrieren. Allerdings kamen die meisten in dieser Zeit noch in die DDR. Und daran hatten meine Frau und ich kein Interesse. Denn es war uns völlig klar, dass es da vielleicht materiell besser war, dass die Kommunisten in der DDR aber viel schlimmer sein mussten als hier in Polen.« Seine Frau heißt Hildegard. Wie er hat sie bis heute ihren deutschen Vornamen. »Obwohl das nicht einfach war, nach dem Zweiten Weltkrieg. Immer wieder kamen Beamte aus Warschau hierher und erklärten mir, ich müsse mich umnennen. In Henryk statt Heinz. Das klänge doch fast genauso. Aber da bin ich stur geblieben.« Seine vielen Ausreiseanträge wurden nie genehmigt, jahrelang nicht. »Wahrscheinlich auch deshalb, weil ich hier in der örtlichen LPG gearbeitet habe. Und da waren sowieso immer zu wenig Arbeiter. Und wie hätte das ausgesehen, wenn ein LPGler ausreisen will. Das wäre nicht gut für die Propaganda gewesen. Und so hieß ich weiter Heinz, und sie ließen mich nicht raus.«

Als in den 70er Jahren das große Kofferpacken begann, war es für ihn zu spät. »Ich habe mich hier dann doch zu Hause gefühlt, auch wenn wir Masuren immer weniger wurden, und irgendwann war ich auch zu alt. Ich hatte keine Kraft mehr. Später bin ich ein paar Mal in Deutschland gewesen, als meine Töchter erwachsen waren und doch noch ausgewandert sind. Aber das war nichts mehr für mich. Ich bin hier geboren, Polnisch ist meine Sprache. Auch wenn ich mich nicht als Pole fühle, sondern als Masure und Deutscher, so ist diese Gegend hier doch mein Zuhause geworden, und das soll jetzt auch so bleiben. Es hat keine Bedeutung mehr für mich, ob das hier jetzt Polen ist oder einmal Deutschland oder Preußen war. Masuren ist für uns heute ›die kleine Heimat‹. Und das, was nach dem Krieg passiert ist, darüber sprechen wir einfach nicht mehr.«

Ganz plötzlich und unvermittelt beginnt er zu weinen. Aus Rührung oder aber in Erinnerung an die Ereignisse nach Ende des Zweiten Weltkriegs. Genau nachfragen will ich jetzt nicht.

Denn die Zeit nach dem Krieg war eine der schlimmsten für die Masuren, die während der Nazi-Zeit im damaligen Ostpreußen durch die direkten Hilfen Hitler-Deutschlands einen beispiellosen wirtschaftlichen Aufschwung erlebt hatten. Nach 1945 mussten sie dafür bezahlen, manchmal sogar mit dem Leben. Am Vorabend, bei der Filmvorführung in der Kirche, hatten wir eine Masurin getroffen, Waltraud, die uns erzählte, dass ihr Vater 1946 von Polen auf dem Friedhof des Dorfes erschlagen worden sei, während sie, damals noch ein kleines Mädchen, daneben stand. Ohne wirklichen Grund hätten sie ihn umgebracht, einfach so, weil er als Deutscher angeblich für den Krieg mitverantwortlich gewesen sei. Und richtige Deutsche seien sie doch auch nie gewesen. Damit hatte sie zweifellos Recht, andererseits hatten die Masuren sich schon lange vor dem Zweiten Weltkrieg dazu bekannt, eher zu Deutschland als zu Polen gehören zu wollen. Im Jahr 1920, in einer der Volksabstimmungen, die aufgrund des Versailler Vertrags nach dem Ende des Ersten Weltkriegs abgehalten wurden, hatten die Masuren fast einstimmig für die deutsche Kultur und Sprache statt der polnischen votiert. Was insofern folgerichtig war, als sie zwar Polnisch sprachen, sich als Protestanten aber nie dem katholischen Polen zugehörig gefühlt hatten. In der Nazi-Zeit wurde das nun belohnt, doch als der Wahnsinn des Zweiten Weltkriegs vorbei war und Masuren und das ganze ehemalige Ostpreußen an Polen fielen, kamen die Opfer der brutalen Kriegspolitik Hitlers, um sich an ihnen als Deutschen zu rächen. Zunächst die Russen, und dann mancherorts eben auch die polnischen Nachbarn.

Heinz Katola hat, um sich abzulenken, wieder zur Schaufel gegriffen und wirft den Schnee wahllos links und rechts neben sich. »Ja, und dann mussten wir nach 1945 unterschreiben, dass wir uns zum Polentum bekennen. Das aber hat kaum einer hier im Dorf getan. Repolonisiert werden sollten wir. Doch da stand keinem von uns der Sinn nach.« Und jetzt wolle er darüber auch nicht mehr weiter reden, denn heute sei doch alles ganz einfach geworden. »Wir Masuren sind zwar nur noch ganz wenige, aber wir und die Polen, wir mögen uns doch eigentlich. Heute ist es fast wieder so wie zu der Zeit, als mein Vater noch lebte. Da war unser kleines Haus nämlich die Zollstation und ein Treffpunkt für alle. Da unten, hier direkt vor der Tür, das können Sie bei dem ganzen Schnee jetzt nicht sehen, ist ein kleines Flüsschen. Gisela heißt es, und da verlief damals, 1918, die Grenze zwischen Ostpreußen und Polen. Das war eine friedliche Zeit, soweit ich mich erinnere. Wir haben uns mit den Polen immer unten am Fluss getroffen. Sie hatten Enten und Gänse, und wir hatten Stoffe und Schuhe. Und dann haben wir getauscht. Ich war noch ein kleiner Junge, aber ich kann mich noch genau erinnern, wie wir zusammen mit den polnischen Kindern im Fluss gespielt haben und es überhaupt keine Probleme gab.«

Am letzten Tag unserer Kinotour mit Kazimierz kam, was kommen musste. Der Motor des altersschwachen Nysa gab den Geist auf. Er hatte noch einmal gegurgelt, etwas lauter als zuvor. Und war dann rasselnd verblichen. »Uhhps!«, hatte Kazimierz gesagt und war leise pfeifend ausgestiegen. Aber so einfach, wie er sich das gedacht hatte, war es nicht. Nach anderthalb Stunden vergeblichen Herumschraubens half am Ende ein Bauer, der zufällig vorbeikam. Mit dem Traktor schleppte er uns zum Feuerwehrhaus nach Turznica, einem Dorf, das aus genau einer Straße bestand – und das uns erwartete. Nicht irgendwie, sondern mit der Nationalflagge, die der Chef der örtlichen Feuerwehr auf dem Dach bereits gehisst hatte. Das Feuerwehrhaus von Turznica wurde vielfältig genutzt. Als Garage für die Löschwagen, als Tischtennishalle und als Übungszentrum für das feuerwehreigene Blasorchester. Und heute Abend eben als Kino. Die Feuerwehrleute von Turznica zeigten besonderes Interesse an den ukrainischen Projektoren, die Kazimierz wie jeden Abend sorgfältig aufbaute. Der Film selbst interessierte sie später dann weniger. Vielleicht auch deshalb, weil es wieder keine Heizung gab. Die Bänke waren jedenfalls halb leer. Im Hintergrund des Saals stand und trank die Dorfjugend und folgte den Geschehnissen auf der Leinwand mit mäßiger Aufmerksamkeit. Auf einer der vorderen Bänke saß, sehr allein, ein kleines Mädchen. Mit großen braunen Augen hatte sie den Film die ganze Zeit genau beobachtet. Gelacht hatte sie nicht ein einziges Mal. Noch nicht einmal beim Happy End. Ernst und verschlossen saß sie auch noch dort, als der Abspann lief, während gleichzeitig um sie herum schon die Bänke zusammengeschoben wurden für den geselligen Teil des Abends.

Als das Licht angeknipst wird, ein hartes helles Neon-Licht, gehen wir mit der Kamera zu ihr hin. Neben ihr protzt ein halberwachsener Junge vor dem Rest seiner Clique, indem er eine Flasche mit den bloßen Zähnen entkorkt. Sie sieht mich schüchtern an, und ich frage das Mädchen, wie es heißt und warum es die ganze Zeit über nicht gelacht hat. »Magda heiße ich, und ich habe deshalb nicht gelacht, weil die Leute hier im Dorf genauso sind wie in dem Film. Sie bemühen sich nicht um Arbeit und sind alle alkoholabhängig. Sie haben kein Geld, aber ihre letzten Groschen tragen sie in den Laden und kaufen sich Alkohol dafür«, antwortet sie so ernst und akzentuiert, wie ich ein Kind noch nie hatte antworten hören. Was sie denn dann noch hier mache, frage ich sie. Und ohne eine Miene zu verziehen, antwortet sie wieder mit dem gleichen traurigen Ernst: »Ich warte auf meine Mutter. Die ist eher gegangen, weil sie die Kühe melken muss. Danach wollte sie mich abholen. Aber die kommt wohl nicht mehr.«

Stattdessen begleiten wir sie dann nach Hause. Die Mutter ist tatsächlich noch im Kuhstall, eine große warmherzige Frau um die 40, von der die kleine Magda ihre geschliffene Sprache aber kaum haben konnte. »Wissen Sie, ich weiß selbst nicht, woher dieses Kind kommt. Sie war von Anfang an anders als die anderen. Sie hat Angst vor Kühen, betritt nie den Stall und ist den ganzen Tag in ihrem Zimmer. Vielleicht ist sie so, weil sie so zart ist. Sie ist viel zu klein und viel zu dünn für ihr Alter. Und dann will sie unbedingt Sängerin werden.« Magdas Mutter sieht mich an, zweifelnd, verlegen, unsicher. »Ich hab ja auch gar nichts dagegen und fände es sogar schön, wenn sie Unterricht bekäme, aber das können wir ihr nicht bieten. Dazu müsste sie in die Stadt fahren, und das Geld haben wir nicht. Hat hier keiner.« Während sie mit dem Melken fortfährt, erzählt sie uns, dass Magda sogar schon einmal im Fernsehen aufgetreten sei. Weil sie so gedrängt hatte, habe sie ihre Tochter dann dort angemeldet. Drinnen im Haus gebe es eine Kassette davon – und einen Videorekorder. Der sei damals das Honorar gewesen. Magda würde uns das Band bestimmt gerne zeigen.

Als wir Magda im Haus danach fragen, stirbt sie fast vor Schüchternheit und Stolz und Verlangen, genau das zu tun: uns ihren Auftritt noch einmal vorzuführen. Mit knallroten Wangen legt sie die Kassette ein und schaut dann vor Aufregung aus dem Fenster statt auf den Fernseher. Die Show beginnt. Es war eine Art »Mini-Playback-Show«, in der sie ein Jahr zuvor mit vor Aufregung schriller Stimme ihr Lied gesungen hatte. Das Lied von den »Czerwone liscie«, von den roten Blättern im Herbst. »Damals habe ich noch schlechter gesungen als heute. Aber die Leute beim Fernsehen haben gesagt, ich hätte Talent. Und ich weiß es ganz genau, ich könnte es schaffen, wenn wir ein bisschen mehr Geld hätten.«

Sie sieht mich kurz an, lächelt und schaut auf den Boden. »Aber meine Eltern sind nun einmal Bauern. Da wird das wohl nichts.« Immerhin hätten sie ihr ein Keyboard geschenkt, darauf übe sie jetzt. Ganz alleine für sich. Immer dann, wenn alle im Stall seien und sie das Haus für sich habe. Warum ihr das so wichtig sei, Sängerin zu werden, frage ich sie vorsichtig. Sie schaut wieder lange auf den Boden, bevor sie antwortet. »Weil ich fort will von hier. Weil ich nicht hierhin gehöre. Weil die anderen Kinder im Dorf eifersüchtig sind, dass ich etwas tue, was sie nicht können. Sie behaupten, ich könnte gar nicht singen, sondern würde einfach nur schreien. Aber die sind einfach nur dumm und ungebildet. Das stimmt nämlich nicht. Ich müsste nur ein bisschen Unterricht haben. Ich möchte in einer Stadt leben. Wenn das nichts wird mit dem Singen, könnte ich dort auch Staatsanwältin werden. Alles Mögliche kann ich mir vorstellen, nur hier bleiben will ich nicht.«

Ein einsamer Teddybär steht auf dem Fensterbrett ihres Zimmers und sieht hinaus in den Schnee. Als Magda in die Tasten des Keyboards schlägt und zu singen beginnt, ist es tatsächlich mehr ein Schreien als ein Singen. »Crazy is my life«, ruft sie in die Dunkelheit hinter ihrem Fenster, den Titelsong aus »Geld ist nicht alles«, die Begleitmusik zu der Satire über das polnische Land nach der Wende, die sich als so viel realer herausgestellt hat, als ich zu Beginn unserer Reise vermutet hatte.

Magda habe ich ein Jahr später noch einmal wieder getroffen. Eine Zuschauerin aus Deutschland, die unsere Reportage gesehen hatte, schickte ihrer Mutter seitdem regelmäßig Geld für die Fahrt in die nächste Stadt. Magda hatte begonnen, Querflöte zu spielen, und sang auch schon viel sanfter als damals in ihrem Dorf. Von hier fort will sie immer noch. Kazimierz fährt nicht mehr über Land mit seinen Filmen. Der Nysa hat endgültig seinen Geist aufgegeben. Stattdessen hat er begonnen, ein kleines Kino in seinem Dorf aufzumachen. Da er nach wie vor kein Geld hat, um aktuelle Filme als offizieller Betreiber auszuleihen, hat er mit dem Kino in der nächsten Stadt eine Abmachung getroffen. Sobald die erste Filmrolle dort von der Spule genommen wird, übernimmt er sie und fährt damit in sein kleines Dorfkino, in dem die Vorstellung dann beginnt. Die Voraussetzung allerdings ist, dass er sämtliche Spulen rechtzeitig zur Abendvorstellung in der Stadt wieder abliefert. Deshalb pendelt er mit den einzelnen Filmrollen unentwegt hin und her. Eine ziemliche Fahrerei, aber auf diese Weise kommt er an Filme, die er sonst nicht bezahlen könnte. Selbst »Harry Potter« hat er so am selben Abend in seinem Dorf zeigen können, an dem der in ganz Polen Premiere hatte. Geld ist eben nicht alles.

Die Straße der Ameisen

Die kleine Gruppe steht sehr aufrecht am Rande der Landstraße. Zwei Männer, eine Frau mit Fernglas, ein Hund. Sehr aufrecht und sehr unauffällig zugleich. Fast hätten wir sie übersehen. Polnische Zöllner, die hier, kurz hinter dem Grenzübergang, ukrainische Busse ein zweites Mal anhalten. Auf der Suche nach Schmuggelgut, das am polnisch-ukrainischen Grenzübergang nicht gefunden und jetzt voreilig aus den Verstecken geholt wurde. Die Frau mit dem Fernglas heißt Monika und hat sichtbar schlechte Laune. Erwischt haben sie heute nämlich noch niemanden, und freiwillig sind sie auch nicht hier. Zwangsumgesiedelt. Von der Westgrenze, wo sie nicht mehr gebraucht wurden, wie viele Tausend ihrer Zöllnerkollegen. Denn Polen hat sich mit dem EU-Beitritt verpflichtet, seine Ostgrenze, die neue EU-Außengrenze, stärker zu sichern, und das hieß für Monika und für die Männer ihrer Truppe: hierhin umzuziehen oder arbeitslos zu werden.

Sie lässt das Fernglas sinken, als wir auf sie zukommen, zieht die Augenbrauen zusammen, bis sich auf ihrer Stirn eine steile Falte bildet, und legt los, während hinter uns ein Laster nach dem anderen vorbeibraust. Der Hund, ein großer brauner Labrador, sieht uns kurz freundlich an, lässt den Blick dann aber nicht mehr von der breiten Landstraße, als ob er dort nach etwas suche. Ein Bus fährt so nah an uns vorbei, dass ich das Gefühl habe, absichtlich von ihm gestreift worden zu sein. Doch es war nur der Luftzug. Ein seltsamer Ort für ein Interview, aber manchmal kann man sich das nicht aussuchen.

»Fast niemand von uns ist freiwillig hier. Aber wir hatten keine Wahl. Manche von uns hatten genau zehn Tage Zeit zum Überlegen. Und das, obwohl diese Ostgrenze hier für die meisten von uns eine völlig fremde Gegend ist. Unzivilisierter, ärmer, rauer. Es gibt keine Infrastruktur, keine Fabriken, keine Industrie. Das heißt, die Leute leben von der Landwirtschaft, wenn sie Land haben. Und wenn nicht, dann schmuggeln sie eben.« Monika ist Anfang 30 und die Chefin der Truppe, wie sie jetzt klarstellt, wobei sie mir sehr entschlossen die Hand entgegenstreckt. Eine kleine zierliche Frau, mit Brille und kurz geschnittenen braunen Haaren, die etwas wirr an den Rändern ihrer Dienstmütze hervorragen. »Für mich ist es ja noch gar nicht mal so schlimm, ich habe ja noch keine Familie. Aber für die Jungs«, sie zeigt mit dem Kopf auf die beiden Männer, die neben ihr stehen und weiter die Straße beobachten, während wir ihre Chefin interviewen, »für Leszek und Roman ist das wirklich schlimm. Die haben schließlich Familie. Roman zum Beispiel hat zwei kleine Kinder. Die sind jetzt 600 Kilometer weit weg, und die sieht er jetzt alle vier Wochen, wenn er Glück hat. Mitkommen konnte die Familie nicht, hier gibt es ja noch nicht einmal einen Kindergarten.« Sie kümmere sich um ihre Jungs, versuche, die Dienstpläne so zu legen, dass sie immer wieder ein paar Tage frei hätten, aber bitter bleibe ihre Situation trotzdem. »Die meisten von den Neuankömmlingen haben keine Wohnung, sondern hausen in irgendwelchen Internaten, ehemaligen Schulgebäuden, die heute leer stehen. Denn die Gegend ist ja kaum mehr besiedelt. Jeder, der laufen konnte, ist schließlich von hier weg in den letzten Jahren.«

Sie selbst habe noch Glück, ihre Familie stamme von hier, und ihre Oma habe ihr ein kleines Holzhäuschen hinterlassen, das sie, Monika, jetzt wieder bewohne. Da sei das Heimweh nach Westpolen dann nicht ganz so stark. »Obwohl das auch eine absurde Geschichte ist. Meine Mutter, die ebenfalls Zöllnerin war, ist damals, als ich geboren wurde, von hier weg, wie die meisten, weil es hier so einsam und verlassen war. Diese Grenze hier hat ja damals auch niemanden interessiert. Also zog sie mit mir nach Westen, an die deutsch-polnische Grenze, nach Rzepin, um dort Arbeit zu finden, um unter Menschen und in der Zivilisation zu leben. Damit ihre Tochter, also ich, eine bessere Zukunft haben sollte. Tja, stattdessen steht diese Tochter jetzt wieder hier an der Ostgrenze.« Verrückt sei das Leben eben manchmal.

Sie beugt sich zu dem großen braunen Labrador, ohne die Straße aus den Augen zu lassen, und bedeutet ihren »Jungs«, einen Bus anzuhalten, der so bedrohlich auf uns zu schlingert, als sei der Fahrer im frühen Wodkarausch. Ist er aber nicht, denn als das vorsintflutliche Fahrzeug schließlich gebremst hat, wird klar, dass das Schlingern eher mit der begrenzten Fahrtüchtigkeit des Gefährts zu tun hat. Kaum steht der Bus richtig, gehen auch schon die Türen auf. Das Ritual ist offenbar allen bekannt. Die Ukrainer steigen langsam aus, einer nach dem anderen, mit stoischem Gesichtsausdruck. Mit Plastiktüten und Kartons unter dem Arm reihen sie sich am Straßenrand auf, als ob sie abgeführt werden sollten, und lassen sich resigniert von den Zöllnern durchsuchen. Es ist später Herbst. Die Luft ist kühl, die Stimmung eisig. Monika steigt derweil in den leeren Bus, kontrolliert die Gepäckablagen und die ihr ganz offenbar wohl bekannten Hohlräume unter den Sitzen. Mit einer großen Tüte, in der vielleicht zwanzig Stangen Zigaretten stecken, steigt sie wieder aus und wendet sich an die aufgereihten Ukrainer, die ihren Blick aber nicht erwidern, stattdessen starr auf den Boden sehen. »Und? Wem gehört diese Tüte?« Eine wohl eher rhetorische Frage, auf die zu antworten sich erwartungsgemäß niemand die Mühe macht. »Klar, logisch, gehört mal wieder niemandem«, zischt sie halb zu den Ukrainern, halb zu unserer Kamera. »Es ist immer dasselbe frustrierende Spiel. Ich konfisziere die Zigaretten jetzt, und morgen kommen sie wieder, mit neuen Zigaretten.« Denn die Ukrainer, die vor uns stehen, sind so genannte Ameisen. Grenzbewohner, die täglich hin- und herpendeln, in der Hoffnung, mit ein bisschen Schmuggelgut in Polen ihren Lebensunterhalt zu verdienen. Der Erlös einer Stange Zigaretten – oder einer Flasche Spiritus – reicht für viele, um in der Ukraine wieder einen Monat über die Runden zu kommen. Die verschärften Grenzkontrollen, die die Polen als EU-Mitglied jetzt durchführen, machen ihnen das Leben deutlich schwerer.

Eine kleine Frau in einem müde blau geblümten Sommerkleid, das viel zu dünn ist für die Jahreszeit, steht etwas abseits der langen Schlange und mustert melancholisch den großen braunen Labrador, der den Bus von außen beschnuppert. »Wie Verbrecher behandeln die uns. Das ist einfach demütigend. Ich hab schon immer Kopfschmerzen, wenn wir uns der Grenze nur nähern. Dabei müssten die Polen doch wissen, dass uns gar nichts anderes übrig bleibt als dieser kleine Schmuggel. Bei uns in der Ukraine gibt es doch nichts mehr. Gar nichts. Keine Fabriken, keine Geschäfte, nichts. Und deshalb kaufen wir doch auch hier bei ihnen ein, von dem Geld, das wir für die Zigaretten oder den Spiritus bekommen. Das ist doch auch für die Polen eine gute Sache.« Sie schaut mich flehend an, als ob ich etwas an ihrem Schicksal ändern könnte. »Verstehen Sie doch, das ist doch für beide Seiten gut!« Ich verstehe das und versuche, es ihr mit einem Lächeln zu vermitteln. Monika bedeutet den Ukrainern derweil, dass sie wieder einsteigen können. Die Kontrolle ist zu Ende. Die Zigarettenstangen hat sie beschlagnahmt. Das war's. Die Frau in müdem Blau, die gerade noch fast geweint hätte, wirft ihr einen kalten, verächtlichen Blick zu, als sie vor der Bustür fast mit ihr zusammenstößt.

Der Fahrer wirft den Motor an, und als der alte Bus schwer keuchend in der Ferne verschwindet, frage ich Monika, ob ihr die Menschen nicht auch Leid täten, mit denen sie hier tagtäglich zu tun habe. Aber da ist sie ganz Profi und weicht aus. »An der Westgrenze war das in der Tat anders, da wurden große

Mengen Zigaretten oder CDs professionell in Lastwagen geschmuggelt, schwer zu finden oft, aber da hatten wir Röntgenanlagen.« Also sei ihr die Arbeit dort sinnvoller vorgekommen, hake ich nach: »Ach, na ja, man hatte nicht so direkt mit den Menschen zu tun wie hier. Und es ging um ganz andere Größenordnungen.« Ob es ihr etwas ausmache, wenn die Ukrainer ihr solche Blicke zuwürfen wie die kleine Frau gerade eben an der Bustür? Monika zuckt mit den Achseln: »Das ist meine Arbeit, und das muss ich in Kauf nehmen. Aber angenehm ist das natürlich nicht. Die Ware, die sie zu schmuggeln versuchen, das ist ihr eigenes Geld. Und da werden sie natürlich wütend, wenn ich sie ihnen wegnehme.« Ob sie schon einmal daran gedacht habe, jemanden durchzulassen, aus Mitleid? »Nein, natürlich nicht. Das ist unser Beruf, sie zu kontrollieren. Und die Ukrainer sind so ein Volk, wenn man da einmal großzügig ist, dann wird man hinterher notorisch ausgenutzt.«

Ihr Gesicht ist wieder hart geworden. Nachgiebigkeit könne die Tugend eines Zöllners nun wirklich nicht sein, erklärt sie mir sachlich. Im Übrigen sei diese Doppelkontrolle auch genau dazu da, eventuell »nachlässige«, also wahrscheinlich korrupte Zöllner zu entdecken. Denn es gehe bei ihren Sondereinsätzen nicht nur darum, die Ukrainer zu erwischen, sondern auch vor allem darum, jene Grenzschützer zu kontrollieren, die schon lange hier im Osten seien und womöglich mit der Zeit zu viel Mitleid bekommen hätten. Oder aber schlicht und einfach zu viel Geld für ihr Mitleid. Das solle ich jetzt aber bitte nicht in den Film hineinnehmen, sonst bekomme sie garantiert Ärger, vor allem mit den Kollegen an der Grenze, die ohnehin nicht sonderlich gut auf sie und ihre Jungs zu sprechen seien. Kein Wunder, denke ich und verspreche, diesen Passus nicht im Fernsehen zu bringen. Ich verabschiede mich von ihr, um weiter südlich Kollegen zu suchen, solche, die direkt am Grenzübergang arbeiten, eben solche, die Monika kontrollieren soll.

Die ersten, die überhaupt mit uns sprechen wollen, sind 150 Kilometer weiter südlich stationiert, in Kroscienko, am vor einem Jahr neu eröffneten Autoübergang. Pawel und Marcin, zwei Zöllner, die sich hier an der Ostgrenze gerade kennen gelernt hatten und noch keine alten Hasen sind – die nämlich hatten es vorgezogen, zu schweigen –, sondern Berufsanfänger, die ebenfalls erst vor ein paar Monaten aus dem Westen hierhin umgesiedelt worden waren. Und natürlich auch Profis, ohne jedes Mitleid. Jedenfalls hatten sie uns das am Telefon erzählt.

Als wir am Grenzübergang ankommen – am Vortag hatte es zu schneien begonnen –, liegen beide gerade unter einem klapprigen russischen Lada und werfen mit Zigarettenschachteln nur so um sich, die sie offenbar in einem Hohlraum unter dem Motor finden. Als sie aus dieser Lage von unten wieder auftauchen, sehe ich zunächst nur Marcin, einen wohlgenährten dunkelhaarigen Jungen mit traurigen Augen. Pawel bemerke ich erst, als Marcin zur Seite tritt, denn er ist in etwa so dünn und schmächtig wie sein Freund rund und groß. Ein ungleiches Paar, das sich aber ganz offensichtlich aufeinander eingespielt hat und sich über unser Auftauchen sichtlich freut. Über uns und über die Abwechslung, die sie sich davon zu versprechen scheinen. In einer halben Stunde hätten sie nämlich Feierabend, und dabei könnten wir sie gerne begleiten, sagt Pawel, der Dünne. Zur Auswahl stehe der Skihügel am Rande des Dorfs oder der Laden in Kroscienko. Mehr gebe es hier nicht. Wir entscheiden uns für den Skihügel, zumal dort, wie wir erfahren, eine Kneipe sein soll, in der wir uns ungestört unterhalten könnten.

Auf dem Weg dorthin im Auto redet Pawel wie ein Wasserfall. Dass ihnen die Ukrainer natürlich Leid täten, aber was solle man machen, sie zu kontrollieren sei nun einmal ihr Job, so sinnlos ihnen das auch manchmal erscheine, den ukrainischen Omas den Spiritus abzunehmen. Aber bestochen worden seien sie noch nie. Zumindest habe es bei ihnen noch nie jemand versucht. Ob so etwas denn vorkomme, frage ich. Pawel rutscht nervös auf dem Beifahrersitz herum und dreht sich dann abrupt zu mir um. Ja, was ich denn glauben würde? Ich sage, dass ich mir das sehr gut vorstellen könne, vor allem bei ihren älteren Kollegen, die schon länger da seien. »Na, sehen Sie«, meint Pawel, »wenn Sie sich das vorstellen können, kann ich das auch.« Mehr will er dazu nicht sagen. Stattdessen erklärt er mir, wie schön es an der polnisch-tschechischen Grenze war, dort, wo er bis vor ein paar Monaten noch gearbeitet hat. Marcin schweigt derweil und sieht aus dem Fenster auf die graue Winterlandschaft, die an uns vorbeizieht. Und Pawel erzählt und erzählt. Dass er begonnen habe, Marcin das Skifahren beizubringen, denn dort, wo der Kollege vorher gewesen sei, bei Olszyna, an der Westgrenze, da sei ja alles flach gewesen, während er, Pawel, aus dem Süden Polens komme, da gebe es jede Menge Berge, und so habe er das Skifahren schon als Kind gelernt. Die Berge hier an der Ostgrenze seien zwar eher kleine Hügelchen, aber besser als nichts. Etwas anderes als Skifahren und sich in die einzige Kneipe der ganzen Gegend zu setzen könne man hier sowieso nicht machen.

Marcin schweigt noch immer, und als wir ihn fragen, ob ihm das Skifahren denn Spaß mache, zuckt er nur kurz und ratlos mit den Augenbrauen. Er falle immer um, das sei nichts mehr in seinem Alter, besser, man lerne das so früh wie Pawel. Und der Hügel sei außerdem lächerlich klein. Damit hat er Recht. Als wir dort ankommen, wird es gerade dunkel, aber selbst in diesem Licht wirkt der Hang eher wie ein mittlerer Maulwurfshaufen. Durch die traurig-dünne Schneedecke ragen Grashalme. Ein einsames Flutlicht beleuchtet einen kleinen Sessellift, der heute Abend nicht in Betrieb ist. Aber die Kneipe ist geöffnet, eine auf rustikal gemachte Holzhütte im Zakopane-Stil der Hohen Tatra, die neben dem Hügelchen so fehl am Platz und verloren wirkt wie unsere beiden West-Zöllner, die jetzt zügig auf sie zusteuern. Ich hatte nicht damit gerechnet, dass irgendjemand hier sitzen würde, und so war es auch. Als wir eintreten, sind wir die einzigen Gäste. Die Kellnerin, eine große, unechte Blondine, die sich offenbar damit abgefunden hat, hier häufig alleine zu sein, nimmt unsere Ankunft emotionslos hin. Als sie, ohne eine Miene zu verziehen, die Musikbox anwirft und eine verzerrte Britney Spears in das künstliche Hirschgeweih zu heulen beginnt, das unter der Decke hängt, erzählt Pawel weiter, während Marcin unschlüssig und verlegen aus dem Fenster sieht.

»Wenn mir jemand gesagt hätte, dass ich hier einmal landen würde, ich hätte ihn ausgelacht. Und dabei habe ich Idiot auch noch für den EU-Beitritt gestimmt, weil ich dachte, dann werde ich befördert. Ich hatte mir Hoffnung gemacht auf einen guten Bürojob, da, wo ich vorher war. Aber da habe ich mich gründlich vertan.« Marcin wird plötzlich wach und sagt nun tatsächlich etwas: »Ich war immer gegen diesen EU-Beitritt, der uns das hier beschert hat. Ich hab dagegen gestimmt, und – du sagst es jetzt ja selbst – ich hatte Recht. Ohne diese EU und diese verdammte Grenze, die wir seitdem hier bewachen müssen, säßen wir noch gemütlich im Westen, und alles wäre wie immer.«

Aus der Musikbox dröhnt jetzt polnische Volksmusik. Die kreischend hohen Geigen eines Goralen-Orchesters aus den Bergen rund um Zakopane. Offenbar der akustische Teil des Rustikaldesigns unserer Holzhütte. Ich betrachte sinnend das Hirschgeweih über mir und denke darüber nach, warum Folklore am falschen Platz so depressiv machen kann. Pawel hat längst wieder das Wort ergriffen: »Das ist eine ganz komische Gegend hier, in die man uns versetzt hat. Ich sage es Ihnen, das ist nicht mehr Europa, das ist etwas anderes. Der Osten ist für uns Westpolen wirklich nichts. Das ist eine wirklich fremde Welt hier, in der es nichts als Gewalt und Bürgerkriege gegeben hat. Zwischen den Ukrainern und uns Polen, damals im Zwei-

ovorführer Kazimierz vor seinem klapprigen Nisa

Kameramann Jan Budzowski während der Vorführung

Eugeniusz Mroz, Schulfreund von Papst Johannes Paul II.

Pawel und Marcin, die heimatlosen Zöllner in ihrer Kneipe

:m, Marcin und Zbisiek: „Was sollen wir denn sonst hier noch machen, außer Kohle klauen?"

ium

Mit Andrzej Stasiuk, Schriftsteller auf dem Weg zur Kirche von Wolowiec

Piotr Dmyszewicz, Hippie und Kommunalpolitiker

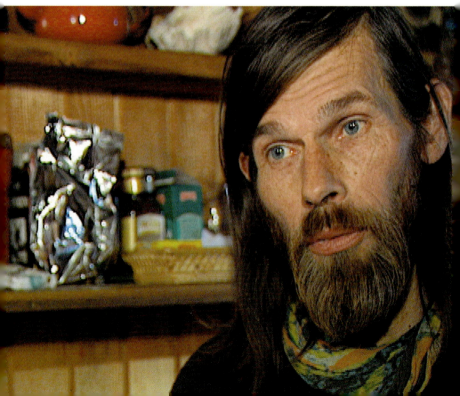

ten Weltkrieg und danach auch noch.« Und irgendwie spüre man das bis zum heutigen Tag.

Damit hatte er zweifellos Recht. Es gibt kaum eine Region in Polen, die eine grausamere Geschichte hat als das polnisch-ukrainische Grenzgebiet. Denn das, was sich die beiden Völker im und nach dem Zweiten Weltkrieg hier angetan haben, wirkt bis heute nach. Viele Polen haben noch immer Angst vor den Ukrainern. Und umgekehrt ist es nicht anders.

Es begann im Frühjahr 1943. Mit dem Massaker von Wolynien. Die ukrainischen Partisanen begannen im Windschatten der deutschen Besatzung für einen unabhängigen Nationalstaat zu kämpfen. Als die Wehrmacht sich nach der Niederlage von Stalingrad aus den zuvor von ihr besetzten Gebieten in Ostpolen zurückzog, die sowjetische Rote Armee aber noch nicht eingerückt war, kam es zu einem Machtvakuum. In Wolynien, einer Region im damaligen Ostpolen, versuchten nun die ukrainischen Partisanen vollendete Tatsachen zu schaffen, indem sie die Polen aus ihren Dörfern vertrieben. Schnell kam es dabei zu entsetzlichen Massakern, denen bis zum Ende des Zweiten Weltkriegs zwischen 50 000 und 60 000 Polen zum Opfer fielen. Ganze Dörfer wurden ausgerottet, ganze Familien auf brutalste Weise ermordet. Die Vergeltungsaktionen der polnischen Untergrundarmee waren bald ähnlich grausam, wenn auch nicht ganz so bestialisch und umfassend. Bis heute gibt es keine genauen Zahlen, wie viele Ukrainer ihrerseits den Polen zum Opfer fielen, geschätzt wird die Zahl aber auf etwa 10 000.

Mit der nach dem Krieg von Stalin durchgesetzten Westverschiebung Polens wurden die ehemaligen polnischen Ostgebiete der Ukraine zugeschlagen, der Bug wurde zum Grenzfluss. Damit kam es zu einer drastischen ethnischen Säuberungsaktion in dieser einstmals von Polen, Ukrainern, Juden und Deutschen bewohnten Grenzregion. Die wenigen Polen, die noch in den jetzt zur Sowjetukraine gehörenden Gebieten geblieben waren, wurden verfolgt und mussten flüchten. Die Ukrainer, die noch in dem kleineren, bei Polen verbliebenen Teil der ehemaligen polnischen Ostgebiete wohnten, wurden entweder Richtung Sibirien geschickt oder im Rahmen der so genannten »Weichsel-Aktion« ab 1947 von der kommunistischen Warschauer Regierung in die polnischen Westgebiete umgesiedelt, da weder Warschau noch Moskau Interesse an den ukrainisch-nationalistischen Partisanen hatten und vor allem Stalin die Reste dieser Bewegung im verbliebenen polnischen Teil unbedingt zerstreut sehen wollte.

So kam es, dass die ganze Region entlang des Bugs nach dem Krieg fast menschenleer war. Die Dörfer der Ukrainer waren zerstört, ihre Holzhäuser und Kirchen verwüstet oder verbrannt. Erst vor einigen Jahren haben die Polen begonnen, sich dieses Teils ihrer Geschichte wieder anzunehmen. Oft war ich auf meinen Reisen durch diese Gegend mitten in der blanken Natur, in Wäldern oder auf leeren Wiesen auf Gedenktafeln gestoßen, die an die Existenz eines ukrainischen Dorfs erinnerten, das hier früher gestanden hatte.

Kein Wunder also, dass diese Region für viele Polen bis heute keine Sehnsuchtslandschaft ist. Für Pawel, der die ganze Zeit über weitergesprochen hatte, ist das heute aber noch nicht einmal das Schlimmste: »Sie glauben ja nicht, was wir in unserem Dorf erlebt haben, als wir da ankamen! Nicht genug, dass wir wussten, was sich hier früher so alles abgespielt hat und welch seltsam fremde Welt das hier sein würde, nein, als wir in Kroscienko ankamen, stellten wir fest, dass wir ab jetzt unter lauter Griechen leben würden.«

Ich hielt ihn zunächst für übergeschnappt. Das Interview jedenfalls beendeten wir danach ziemlich schnell. Später musste ich mich dann mehr als einmal für meinen Unglauben bei ihm entschuldigen. Schon am nächsten Tag, an dem wir vor dem kleinen Dorfladen von Kroscienko standen und uns zweifelnd nach seiner Geschichte erkundigten. Denn Pawel hatte Recht gehabt. Es war tatsächlich so. In diese an Skurrilitäten und ethnischem Durcheinander nicht eben arme Gegend waren Anfang der 50er Jahre 3000 Griechen gezogen, die bis heute bei jeder Gelegenheit im ehemals sozialistischen Kulturzentrum des Dorfes Syrtaki tanzen. Ja, ja, er habe das selbst erlebt, erklärt uns ein älterer Mann mit Hut und schwarzem Mantel, der gerade aus dem Laden kommt. »Unser kleines ukrainisches Kroscienko war bis in die 70er Jahre fest in griechischer Hand. Und das war eine lustige Zeit hier, vielleicht die schönste Zeit, die wir hatten. Auch wenn die Griechen natürlich furchtbar gefroren und sich am Anfang hier überhaupt nicht wohl gefühlt haben.«

Wie zur Bestätigung beginnt es in diesem Moment zu schneien. Dicke schwere Flocken, die von einem eisigen Wind quer über die Straße getrieben werden. Der Mann mit Hut und schwarzem Mantel, der mit uns vor dem Dorfladen steht und so bereitwillig Auskunft gibt, heißt Franciszek Konopelski und war lange der einzige Pole im ganzen Dorf. Als Aufpasser hatten ihn die Kommunisten Mitte der 50er Jahre hierhin geschickt, erklärt er uns trotz des heftigen Schneetreibens in aller Seelenruhe und mit sichtlichem Vergnügen. »Denn Warschau wurde das ein bisschen unheimlich hier. Der Bürgermeister hier war ein Grieche, die Post war in griechischer Hand und die LPG genauso. Sogar ein griechisches Kino hatten sie.« Wie es denn überhaupt dazu gekommen sei, dass so viele Griechen sich an der polnischen Ostgrenze niedergelassen hätten, will ich wissen. Der Schneefall wird immer dichter, und so laden wir ihn in unser Auto ein, wo er uns die ganze seltsame Geschichte erzählt, während die Fenster von innen beschlagen und es draußen immer dunkler wird.

Also, das war so: »Diese Griechen waren unsere Brüder. In ihrer Heimat waren sie ja kommunistische Widerstandskämpfer gewesen. Partisanen, die gegen die rechte, nach dem Zweiten

Weltkrieg von den Amerikanern eingesetzte Regierung kämpften. Einen richtigen Bürgerkrieg gab es da damals in Griechenland, und irgendwie haben die Kommunisten den verloren. Jedenfalls mussten sie fliehen, und viele von ihnen kamen mit Schiffen über Danzig und Stettin hierher, nach Polen. Insgesamt waren es fast 15 000, die zunächst in Breslau und in den Städten im Westen untergebracht wurden. Aber da war nicht genug Platz, und sie fühlten sich dort auch nicht wohl, denn die meisten von ihnen waren Bergbauern und Leute vom Land. Und dann hat sich unsere Regierung gedacht: Warum schicken wir sie nicht in den Osten, wo sowieso alles leer und verlassen ist, wo ein paar kleine Berge sind und viel Land, und lassen sie dort Kombinate und Produktionsgenossenschaften aufbauen? Und so kamen sie her. 3000 Griechen nach Kroscienko. Im Jahr 1951 war das.«

Franczisek Konopelski lehnt sich befriedigt zurück und genießt die Verblüffung auf unseren Gesichtern, während er mit dem Ärmel seines Mantels die Autoscheibe freiwischt und aus dem Fenster zeigt: »Heute ist das griechische Flair ein bisschen verloren gegangen, denn die Söhne und Töchter der Griechen sind halbe Polen geworden. Aber da drüben in dem kleinen Holzhaus, da wohnt ein Paar, das bis heute griechisches Fernsehen schaut, über Satellit, und seinen Schafskäse nach wie vor selber macht.« Wenn er dort vorbeischaue, gebe es meistens Ouzo und Oliven, die sie sich aus Warschau kommen ließen. Drosia und Dimitri Tarsudis hießen sie und freuen würden sie sich garantiert, wenn wir vorbeikämen und sie nach ihrer Heimat fragten. Denn über nichts redeten sie so gern wie über ihre eigenartige Lebensgeschichte.

Es schneit nicht mehr, und so gehen wir zu Fuß hinüber. Konopelski, der alte Funktionär, hat sich in Fahrt geredet und erklärt in bestem Sozialisten-Polnisch, wie seine Mission damals lautete. »Der eigentliche Grund, warum ich hierher delegiert wurde, war ganz einfach: Sie hatten angefangen, sich zu streiten. Es gab nämlich Stalinisten unter ihnen, und es gab eine Mao-Fraktion. Und vor allem die Mao-Fraktion gefiel der Partei natürlich gar nicht. Außerdem begann die Streiterei sich auf die Produktionserträge auszuwirken. Der Plan wurde nicht mehr erfüllt, und das fiel irgendwann auf. Und da sollte ich für Ordnung sorgen. Aber als ich ankam, stellte ich fest, dass das Hauptproblem gar nicht die Streitereien zwischen den beiden Fraktionen waren. Die Griechen waren nur anders als wir. Sie feierten einfach gern und viel, und sonntags wurde grundsätzlich nicht gearbeitet. Eigentlich das ganze Wochenende nicht. Es gab roten Wein und Lammfleisch. Und Ouzo, der besser als unser Wodka war, das sage ich Ihnen!« Konopelski kneift grinsend erst das eine, dann das andere Auge zu. Er habe Warschau dann vermittelt, dass die ideologischen Auseinandersetzungen nicht grundlegend seien, den Streit habe er einigermaßen beigelegt und danach gut mit ihnen hier gelebt. »Das Plan-Soll haben wir einfach verändert und daraufhin stimmten die Zahlen, und wir hatten unsere Ruhe.«

Franczisek Konopelski schüttelt den nass gewordenen schwarzen Mantel, um die Feuchtigkeit aus ihm zu vertreiben, und klopft an die kleine blaue Holztür. Dimitri, ein großer schlanker weißhaariger Mann, der auch ein preußischer General sein könnte, öffnet die Tür und verbeugt sich steif, aber formvollendet, als er uns sieht. Er bittet uns hinein. Nachdem seine anfängliche Überraschung verflogen ist, freut er sich tatsächlich über uns, und es gibt Ouzo, Schafskäse und selbst gebackenes griechisches Brot. Nur die Oliven seien leider aus, ruft Drosia, seine Frau, aus der Küche. Als sie von dort wieder auftaucht, jetzt auch mit polnischen Würsten und wahrscheinlich mit restlos allem, was sie sonst noch in der Küche gefunden hat, setzt sie sich zu uns. Eine schöne alte Bäuerin, deren lange graue Haare, die sie in einem schweren Zopf zusammenhält, ganz sicher einmal schwarz gewesen sind.

»Das Klima war das Schlimmste am Anfang. Und das völlig zerstörte Dorf. Nicht mal Öfen hatten die Häuser mehr. Manche waren ohne Dächer. Und das bei der Kälte und in diesem ewigen Schnee. Aber dann haben wir die Häuser repariert und Schafe gekauft, ganz ähnliche wie die, die wir in unserem Dorf bei Thessaloniki hatten. Sie halfen gegen das Heimweh. Und deshalb haben wir sie bis heute.« Aus der Schafsmilch mache sie seitdem ihren Käse, um den sich die Polen in der Umgebung von Anfang an gerissen hätten. Drosias Polnisch ist fließend, ihr Akzent aber noch immer stark griechisch gefärbt. Die Polen hätten sie sofort herzlich aufgenommen. Selbst der Herr Franciszek, lacht sie in seine Richtung, der damals ja eigentlich gekommen war, um sie zu kontrollieren. Ob sie sich nach so vielen Jahren eigentlich heute nicht auch als Polen fühlen, will ich wissen. Nein, erklärt sie und schüttelt heftig den Kopf. Sie habe immer zurückgewollt, aber nachdem ihre Söhne beide eine Polin geheiratet hatten und hier bleiben wollten, habe sie diesen Traum aufgegeben. Sie sei ja auch nie für den Kommunismus gewesen, so wie ihr Mann, der sich hier vor allem aus politischen Gründen wohl gefühlt habe. Sie habe zwar auch für Griechenland gekämpft, allerdings als Patriotin, nicht als Kommunistin. Das sei der einzige Punkt, in dem sie mit ihrem Mann bis heute nicht einer Meinung sei: »Da streiten wir uns manchmal noch immer, ich und mein Dimitri, der außerdem Atheist ist – und in die Hölle kommt, wie alle Kommunisten.« Sie sei nämlich gläubig, und es habe ihr die ganzen Jahre über sehr gefehlt, dass es im Dorf keine Kirche für sie gab. »Nur die Holzkirche der Ukrainer, aber die wurde immer als Lagerraum für die Düngemittel der Genossenschaft benutzt.« Trotz allem habe sie aber wenigstens jeden Sonntag gebetet. Sie stellt einen Stapel Teller auf den Tisch und droht ihrem Dimitri mit dem Zeigefinger: »Und du weißt, was das heißt: Wenn ich tot bin, sehen wir uns nicht wieder, denn ich bin dann im Himmel und du nicht.« Sie wirft mit der Hand ihren Zopf über die linke Schulter und lacht, doch nur kurz, denn die Sache ist ihr ernst. Dimitri kennt das, lächelt seinerseits kurz und beschwichtigend, setzt sich dann aber nicht zu ihr an den Tisch, sondern neben Franciszek Konopelski aufs Bett, das, mit bunten Teppichen belegt, als Sofa dient.

Was jetzt folgt, ist offenbar Männersache. »Ja, ich war Kommunist und bin es bis heute. Und ich war immer für Polen, denn ich war dem Land immer dankbar dafür, dass es uns aufgenommen hat. Nur das mit dem Kommunismus stimmt hier heute nicht mehr. Die, die damals Kommunisten waren, der Kwasniewski, der polnische Präsident, oder der Miller, die ganze Regierungspartei, die tun heute alle so, als hätten sie damit niemals etwas zu tun gehabt. Aber die waren doch bis 1989 alle Kommunisten!« Er sitzt sehr gerade auf dem weichen Bett, der griechische Partisan, der auch ein preußischer General sein könnte, und sieht unzufrieden aus. »Das stört mich wirklich sehr, dass sie sich daran heute plötzlich nicht mehr erinnern und sagen, sie seien jetzt Sozialdemokraten. So ein Unsinn! Und dass sie jetzt plötzlich ganz begeistert von Amerika sind, unglaublich. Die Amerikaner waren doch schuld daran, dass wir hierhin flüchten mussten, weil sie die Rechten in Griechenland unterstützt haben. Deshalb haben uns die polnischen Brüder ja damals hier aufgenommen. Seltsam ist die Welt geworden, das sage ich Ihnen. Oder, Franciszek? Hab ich nicht Recht?« Dimitri lacht, und Franciszek Konopelski, der alte Funktionär, nickt dazu. Zwei alte Kumpane, die irgendwie übrig geblieben sind aus einer anderen Zeit. Drosia schüttelt den Kopf und fuchtelt mit den Händen, einen Moment lang denke ich, sie wolle sich bekreuzigen. Stattdessen verschwindet sie in der Küche, um laut lärmend eine weitere Flasche Ouzo zu suchen. Offenbar ihre Art von Protest.

Draußen hatte es wieder angefangen zu schneien, denn draußen vor den Fenstern lag Polen, auch wenn man das hier drinnen fast vergessen konnte. Draußen lag diese seltsame Grenzregion am Bug, in der wir einmal wieder einer unerwarteten Geschichte begegnet waren, wie schon so oft. Denn hier leben bis heute, trotz der ethnischen »Bereinigungen« nach dem Zweiten Weltkrieg, noch immer die unterschiedlichsten Völker und Glaubensgemeinschaften nebeneinander. Nur ein paar hundert Kilometer weiter nördlich von Kroscienko lebt eine weißrussische Minderheit, zirka 150 000 Menschen, die ihren orthodoxen Glauben in prächtig geschmückten Kirchen pflegen und ihre Messen auf Altslawisch feiern. Das einzige polnisch-orthodoxe Frauenkloster steht dort, in Grabarka, auf einem heiligen Berg, der eine Quelle birgt, durch deren Wasser die gesamte Bevölkerung der Umgegend im 16. Jahrhundert vor einer Pestepidemie gerettet worden sein soll. Einmal im Jahr pilgern Zehntausende Gläubige zu diesem Berg, um hier die ganze Nacht zu beten und zu singen.

Und selbst Moslems leben hier. Das, allerdings, war eine Überraschung, auf die wir durch Zufall stießen.

Es war Freitagabend. Wir waren eigentlich auf dem Rückweg von einem Dreh nach Warschau, und wir hielten in einem kleinen Dorf, Bohoniki. Als wir aus dem Auto ausstiegen, standen wir vor einer Holzmoschee, aus der sehr fremde Klänge und rhythmisches Gemurmel drangen. Es war später Herbst, die Luft roch schon nach Schnee, und wir waren eigentlich auf der Suche nach einem Laden, um Wasser und ein paar Brote zu kaufen. Aber jetzt warteten wir, neugierig geworden, um welche Art von Veranstaltung es sich hier handeln mochte.

Nach einer guten halben Stunde kommen zehn Männer aus der Moschee, die sich gleichmäßig auf drei kleine weiße Fiats verteilen. Ein kleiner, leicht vertrockneter Mann, der schon am Steuer sitzt und gerade losfahren will, stellt sich uns, als wir ihn ansprechen, als der Imam der Gemeinde vor. Er hat eine dunkle Wollmütze auf und sieht wie ein ganz normaler polnischer Bauer aus. Sie hätten gerade ihr Freitagsgebet abgehalten, auf Arabisch. Tataren seien sie und lebten seit ziemlich langer Zeit hier in der Gegend. Er habe jetzt keine Zeit, uns das genauer zu erklären, aber in der Moschee liege ein Heftchen, da könnten wir alles Wissenswerte nachlesen. Er wohne im Nachbardorf, und morgen habe er Zeit, uns zu empfangen. Wir notieren uns die Adresse, und die kleine Fiat-Kolonne setzt sich in Bewegung. Das Heftchen war eine kleine, billig gedruckte Broschüre, aus der immerhin die grobe Geschichte hervorging: Es handelte sich tatsächlich um Tataren, der alte Mann hatte uns nicht auf den Arm genommen, und sie lebten seit dem 17. Jahrhundert hier. Genauer, seit 1679, als sie von der Krim herübergeritten waren, um dem polnischen König Jan Sobieski III. bei der Verteidigung des Landes gegen die Türken zur Seite zu stehen. Da das ganze Unternehmen erfolgreich zu Ende ging, der König nach diesem Krieg aber kein Geld mehr hatte, belohnte Jan Sobieski die Tataren anschließend, indem er ihnen Land zur Verfügung stellte. Das jedenfalls ist die Legende. Und dass sie so viel Land bekommen würden, wie sie an einem Tag zu Pferd umreiten konnten. Ein Angebot, das sie ganz offenbar angenommen hatten. Die Tataren waren schließlich hervorragende Reiter.

Als wir am nächsten Morgen im Nachbardorf das Haus des Imam suchen, landen wir nach einigen Umwegen vor einem großen palastartigen Neubau, in dessen Hof mehrere Frauen mit ihren Kleinkindern spielen. So polnisch mir die Männer gestern Abend im Halbdunkel erschienen waren, die Gesichter der Frauen hier im Hof haben fast alle einen asiatischen Einschlag. Hohe Wangenknochen und dunkle, leicht geschlitzte Augen. Das Einzige, was nicht dazu passt, sind die polnisch blond gefärbten Haare und der schreiend blaue Lidschatten, den sie dazu tragen.

Der Imam empfängt uns im Wohnzimmer. Auf einem Glastisch liegt der Koran, daneben steht eine silberne rundbauchige Vase, aus der ein paar verstaubte Plastik-Anemonen ragen. Das Wohnzimmer sieht so aus, wie es überall in den Wohnzimmern Polens auf dem Land aussieht: ein synthetischer Teppichboden,

Marke »besonders flauschig«, hier ist er hellgrün, die obligatorische Schrankwand mit überflüssigem Nippes, ein überdimensionierter Fernseher auf goldgerahmtem Glastischchen. Und natürlich das große Imitatledersofa, auf dem Platz zu nehmen uns der Imam jetzt einlädt. Woher er denn überhaupt noch Arabisch könne, will ich als Erstes von ihm wissen. Er nimmt die Lesebrille aus dem Gesicht und beugt sich zu mir herüber. »Die arabische Sprache ist leider unser größtes Problem. Seit Generationen wurde sie mündlich weitergegeben, aber ehrlich gesagt, so richtig kann sie hier keiner mehr. Mir hat es der Imam beigebracht, der vor mir hier war. Bei ihm war ich so eine Art Messdiener. Ein Jugoslawe war das, der es hier aber irgendwann nicht mehr ausgehalten hatte. Heimweh. Ja, und als er dann, 1993, abgereist war, gab es nur mich, der überhaupt noch wusste, wie man die Gebetszeremonien abhält, und da hat die Gemeinde eben mich zum neuen Imam gewählt.« Stolz sei er gewesen, damals. Auch wenn er das Arabisch eben nur teilweise verstand, das er da vorlas. Ansonsten habe die Gemeinde jetzt eine Sonntagsschule für die Kinder eingerichtet. »Immer am Wochenende treffen sie sich in der Grundschule, um Arabisch zu lernen und den Koran zu lesen. Einfach ist das nicht. Nicht wegen der Kinder und ihrer möglicherweise fehlenden Motivation, wie ich zunächst vermute. »Nein, das ist es nicht. Aber versuchen Sie mal, hier im Osten auf dem polnischen Land einen Arabisch-Lehrer zu finden!« Er lehnt sich zurück in das große Sofa und wirkt erschöpft. Ob er nicht Angst davor habe, dass sich die Gemeinden auf die Dauer assimilieren und auflösen, frage ich ihn. Die Frage ist noch nicht ganz zu Ende gestellt, da schnellt er schon wieder nach vorne aus dem tiefen Sofa und erklärt mit einer Kraft, die ich nicht in ihm vermutet hatte: »Ausgeschlossen! Seit 600 Jahren haben wir uns hier gehalten, wir Tataren sind immerhin nach wie vor noch ca. 30 000 hier in Ostpolen. Fast alle unsere Kinder bleiben Moslems, auch wenn kaum einer mehr Arabisch kann, aber was macht das schon?! Unsere

Kultur ist unser Glaube, nicht nur die Sprache.« Im Nachbardorf werde jetzt sogar das erste islamische Kulturzentrum errichtet. Auch wenn der Rohbau zuletzt nicht mehr weitergebaut werden konnte, da bereits zugesagte Spenden ausblieben. Und seit dem 11. September sei sowieso alles viel schwieriger geworden. Was er denn damit genau meine, frage ich. Aber da wird er plötzlich wortkarg und beginnt, nach seiner Lesebrille zu suchen, die er hinter sich in den Tiefen des Imitatledersofas verloren hat. Da sollten wir doch einfach mal zurück ins Dorf fahren, die Familie neben der Moschee, die könnte uns das am besten erklären. Mit einem geübten Griff zieht er die Brille aus der Sofaritze, setzt sie auf und blättert dann abwesend im Koran, der vor ihm auf dem Glastisch liegt. Unsere Audienz ist offenbar beendet.

Also fahren wir zurück nach Bohoniki. Neben der Moschee steht ein kleines Holzhaus, die Scheune direkt daneben musste kürzlich abgebrannt sein. Ein paar verkohlte Stümpfe ragen in den Himmel, sonst ist nichts übrig geblieben. »Das war der Blitz. Ein Schlag, und innerhalb von einer Minute war die ganze Arbeit des letzten Jahres dahin.« Der Mann, der zwischen den schwarz verkohlten Resten der Scheune hervorkriecht, muss praktisch blind sein. Die Gläser der Brille, die er trägt, sind dick wie die einer Lupe. Der Dorfdepp, schießt es mir durch den Kopf, doch ich werde schnell eines Besseren belehrt. Zygmunt heiße er, und ihm gehöre der Hof. Erst habe er gedacht, das sei ein Anschlag gewesen, als Rache für den 11. September, aber das habe sich Gott sei Dank als Irrtum herausgestellt. Inwiefern Rache, frage ich ihn. Er zuckt resigniert mit den Achseln und zeigt auf die Moschee hinter sich. »Na ja, weil wir doch Araber sind. Zumindest theoretisch. Und an den Koran glauben. Dabei sag ich denen im Dorf immer, dass der Koran für uns genau dasselbe ist wie für sie die Bibel. Und dass da nichts drinsteht von Anschlägen oder dem, was da in New York passiert ist. Keine Zeile. Wir sind doch friedliche Leute.«

In diesem Moment geht laut krachend die Tür des Holzhauses gegenüber auf. Eine Frau kommt heraus. Seine Frau, nehme ich an. Ein dicke Bäuerin mit kurzen schwarzen Haaren und angriffslustiger Miene. Sie stürmt auf uns zu, sichtlich erregt, und will wissen, was wir von ihrem Mann wollen. Ich erkläre es ihr, und sie beginnt laut zu schimpfen. »Ich sag Ihnen mal was, ich bin das so etwas von leid, dass seit diesem Anschlag in New York dauernd Reporter hier auftauchen! Ich zeig Ihnen mal, was die Letzten verbrochen haben.« Ihr Gesicht ist jetzt rot vor Ärger und angeschwollen. Sie ist mehr als übergewichtig. Jetzt aber läuft sie in einem Tempo ins Haus zurück, als habe sie nie etwas anderes gemacht als Sport. Nach wenigen Minuten kommt sie mit dem »Super-Express« zurück, der polnischen »Bild«-Zeitung. »Gucken Sie sich das an: Mein Mann auf der Titelseite! Riesig groß! Und was schreiben die da drunter?! Lesen Sie's doch selbst.« Sie wedelt mit der Zeitung und hält sie mir so dicht unter die Nase, als sei auch ich kurzsichtig. »›Jetzt ziehe ich in den Heiligen Krieg!‹ Das haben die ihm in den Mund gelegt!« Sie zeigt auf ihren Mann, der verlegen vor den Resten seiner Scheune stehen geblieben ist. »Der! In den Heiligen Krieg! So etwas Lächerliches. Mit der Brille würde er nicht mal allein bis ins nächste Dorf kommen. Das ist doch einfach unverschämt. Und was glauben Sie, was hier im Dorf danach los war. Ich sag Ihnen eins: Verschwinden Sie und schreiben Sie bloß nicht noch mal so was! Wir wollen nämlich unsere heilige Ruhe haben! Und sonst gar nichts.«

Es dauert eine Weile, aber wir schaffen es, sie zu beruhigen. Nach einer Weile bittet sie uns sogar ins Haus. Dort erzählt sie uns in Ruhe und sehr ausführlich von dem Aufruhr, der nach dieser Titelgeschichte im Dorf entstanden war.

Und das, obwohl man hier seit Jahrzehnten friedlich mit den Polen zusammenlebe. Eine Zeit lang habe eine Polin ihr sogar dabei geholfen, den muslimischen Friedhof zu pflegen. Der sei direkt vor dem Dorf, ein kleiner Platz, mitten im Wald, wo die

Tataren seit Jahrhunderten ihre Toten beerdigen. Sie schlägt vor, mit uns dort hinzugehen, ein Angebot, das wir gerne annehmen. Von hohen Bäumen und einer Mauer umgeben, liegt der Friedhof so versteckt, dass wir ihn ohne sie nie gefunden hätten. Manche Grabsteine sind noch aus dem 17. Jahrhundert, andere so verwittert, dass man sie für noch älter halten könnte. Kleine verschnörkelte Eisengitter umzäunen jedes Grab wie eine Wiege. Die Grabsteine selbst sind mit Plastikblumen geschmückt und mit Koranzitaten. Die meißele der Steinmetz immer ganz genau nach den Vorlagen, die sie ihm gebe. Fast zärtlich streicht sie über einen großen grauen Stein mit besonders aufwändiger, goldener arabischer Inschrift und dreht sich wieder zu uns um: »Hier liegt meine Mutter, sie hieß Jasinska. Sie starb, als ich noch ganz klein war, aber sie hat mir immer gepredigt, dass ich stolz sein müsse, eine Tatarin zu sein. Dass das etwas ganz Besonderes ist.«

Ob *sie* noch Arabisch könne, will ich zum Schluss wissen. Und sie lacht. Geht mit dem Zeigefinger über die Zeilen auf dem Stein ihrer Mutter und liest vor, während ihr rundes Gesicht ganz weich und kindlich wird. Ein seltsamer Singsang, den sicher kein Araber je als seine Sprache erkennen würde. Ob sie denn verstehe, was sie da vorlese, frage ich sie leise, als sie fertig ist. Sie lächelt und schüttelt langsam den Kopf: »Ach, wissen Sie, diese Zeilen kann ich vorlesen, denn ich habe mir den Klang der Worte gemerkt, als der Imam sie mir einmal vorgetragen hat. Aber wenn ich ehrlich bin, verstehe ich nicht, was sie bedeuten. So wichtig uns unsere Religion auch ist, irgendwie sind wir ja schon Polen geworden, mit der Zeit.«

Es ist verwirrend, dieses Ostpolen. Für mich war es deshalb immer die interessanteste Gegend im ganzen Land. Überflüssig zu sagen, dass es von hier noch viele andere Geschichten zu erzählen gäbe. Die Geschichte von dem verrückten weißrussischen Hühnerzüchter zum Beispiel, der seine Edel- und

Seidenhühner aus Hannover importiert und direkt an der polnisch-weißrussischen Grenze in einer ausgemusterten Grundschule lebt. Und der einer der international bekanntesten Künstler Polens ist. Leon Tarasewicz heißt er, und seine Bilder werden von Galerien in Berlin, Stockholm und New York ausgestellt. Ein kleiner runder, hochintellektueller Mann, der nur auf den ersten Blick aussieht wie ein knolliger Wurzelzwerg und der von hier nicht mehr wegziehen will, weil diese Gegend seine Heimat ist und seine Inspiration.

Die Tante des Künstlers singt übrigens im Dorfchor, einer weißrussischen Trachtengruppe, die ich durch Zufall an einer dieser verlassenen Bushaltestellen vor der Grenze getroffen hatte, an einem dieser ins Nichts gebauten Betonhäuschen kurz vor dem Ende der Welt. In voller Tracht hatten sie hier polnische Volkslieder gesungen, für uns und die Kamera, um gleich im Anschluss zu betonen, dass sie eigentlich keine Polen seien, aber Weißrussen auch nicht. Sondern etwas anderes. Dass sie irgendwie zwischen Russland und Polen lebten. Wie alle hier. Dass das aber auch in Ordnung sei. Denn wer wolle von hier schon wirklich noch weiter nach Osten ziehen?

Hier an der Grenze, auf der Straße der Ameisen. Mit denen sie Mitleid hatten. Denn die Ameisen, die Schmuggler aus Weißrussland und der Ukraine, waren nach dem Krieg einfach auf der falschen Seite der Grenze gelandet. Genau, sagt die Tante des Künstlers zum Abschied, da hätten sie mehr Glück gehabt, immerhin sei hier ja noch irgendwie Europa und der Westen. Woraufhin die ganze Trachtengruppe wie zur Bekräftigung ein weiteres polnisches Volkslied anstimmt. Hier also soll der Westen sein, denke ich noch, als der Bus kommt und sie mitnimmt. Und dass eben alles immer eine Frage der Perspektive ist.

Blues in Oberschlesien

Das Licht scheint sich von hier ganz grundsätzlich verabschiedet zu haben. Stattdessen liegt ein fahler grauer Schleier über Kattowitz. Es weht ein leichter Wind, dazu der immergleiche Nieselregen, seit Tagen. Die Luft beißt und kratzt in der Lunge, obwohl die meisten Zechen längst geschlossen sind. Unser Hotel – ein absurd moderner Neubau – steht mitten in der Wüste. In einer Wüste aus Schutt, Beton und Brachflächen. Gegenüber im Nichts, dort, wo keine Straße mehr vorbeiführt, hat eine Bushaltestelle überlebt, die irgendjemand mit rotweißen Plastikbändern abgesperrt hat. Gestern stand ein alter Mann davor und versuchte den metallenen Papierkorb abzumontieren. Um ihn beim Schrotthändler abzugeben, für ein paar Zloty. Die rotweißen Plastikbänder flatterten dazu ratlos im Wind. Es gelang ihm nicht. Der Papierkorb war festgeschweißt. So, wie die Bushaltestelle in Beton gegossen ist. Sonst stünde sie nämlich nicht mehr hier. Alles, was nicht festgeschweißt oder in Beton gegossen wurde, ist nämlich längst abmontiert. Von den verzweifelten Menschen in einer der ehemals reichsten Gegenden Polens. Eine ganze Region, die am helllichten Tag gestorben ist, heißt es in einem Blues-Song, der von hier ist. Geblieben sind der graue Himmel, eine sinnlose Bushaltestelle und tote Zechen. Endstation Oberschlesien.

Den Song über die gestorbene Region hat einer geschrieben, der von hier ist, Jan Skrzek. Wir haben uns mit ihm verabredet, auf dem Gelände der Zeche, wo er früher gearbeitet hat. Denn er war wie alle hier in Oberschlesien natürlich auch einmal Bergarbeiter. Sein Job war, die Männer in 500 Meter Tiefe hinunterzulassen und wieder hochzuziehen. Und schon damals hat er Musik gemacht. »Blues. Natürlich, was sonst? Das war ja unser Sound.« Er läuft über den Schuttplatz, der einmal seine Zeche war. Ein kleiner Mann mit Baseballkappe und etwas zu langen Haaren für sein Alter. Musiker eben. Einer, der den Blues hat, so wie heute die ganze Gegend. Vor einem in sich zusammengefallenen Ziegelhaufen bleibt er stehen. »Das war der Kulturpalast. Da drin haben wir unsere Auftritte gehabt. Vor einem Riesenpublikum. Damals, als das hier noch was war. Als hier die Grube stand und es noch nicht aussah wie auf dem Mond. Oder wie nach einem Terroranschlag.« Jan Krzek lacht, und es klingt, als ob er hustet, als ob er seine Bronchien irgendwann im Schacht gelassen habe. Klar, damals sei die Luft noch viel schlechter gewesen als heute, grinst er. Aber das sei allen egal gewesen. »Denn damals war hier Leben, es brummte und summte, wie im Bienenschwarm.« Und kurz bevor die Schicht begann, »bin ich dann immer mit dem letzten Wagen selber runter. Hab die Mundharmonika dabeigehabt und unten gespielt. Immer in die Lüftungsschächte hinein, damit es auch der ganze Stollen hören konnte. Manchmal hat ein Kumpel sogar dazu gesungen. Dann wussten die, alle sind unten, und die Schicht geht los, und dass sie jetzt genau acht Stunden da unten sein würden. Manchmal gab es sogar Applaus aus der Ferne, der kam zwar nur dumpf durch. Aber gehört habe ich ihn, es klang immer, als ob sie gegen die Wände schlügen.« Die Mundharmonika hat er immer noch dabei, und wir müssen ihn nicht erst bitten. Er nimmt sie von selbst aus der Tasche und spielt. Ganz für sich. Eine sentimentale Melodie, die damals anders geklungen haben muss, die aber heute in dieser Mondwüste einfach nur traurig ist. »Spiel mir das Lied vom Tod oder so ... jaja, ich weiß ...« Jan Skrzek lacht wieder so rau und verkratzt wie schon zuvor: »Heulen könnte ich, wenn ich das hier sehe. Alles haben sie abmontiert, alles, was nicht niet- und nagelfest ist. Dieselben Leute waren das, die hier früher gearbeitet haben. Die Teile haben sie dann zum Schrotthändler gebracht. Die eigenen Zechen haben sie umgebracht!« Er zeigt auf einen riesigen Förderturm, der wie ein Skelett über den Platz ragt. »Jeder Turm hatte damals einen eigenen Namen, meiner war der hier, und er hieß Krystyna. Da drin war mein Platz. Die acht Stunden sind vergangen wie im Flug. Karten gespielt haben wir, Mädchen aufgerissen und Kaffee getrunken.« Offenbar genau in dieser Reihenfolge. »Und danach ein Bierchen in der Kneipe. Die stand da drüben, wo die Betonpfeiler liegen. Und dann wurde Fußball gespielt. Wir hatten ein extra Stadion. Gibt's auch nicht mehr.« Er hasse es, sentimental zu werden, aber jetzt hätten wir ihn nun mal hierher gebracht.

Ganz Schlesien sei heute ein Slum, ein Ghetto. Warschau lasse sie verrecken. Kein Wunder, dass im Nachbarort jetzt der erste Platz nach Gierek benannt worden sei. Dem alten kommunistischen Ministerpräsidenten, der von hier stammte und der deshalb für die Leute hier gesorgt hatte. Damals, als die Bergarbeiter in Schlesien noch die privilegierte Oberschicht in Polen waren.

Jan Skrzek dreht sich um und will gehen. Aus der Ferne kommt ein weißhaariger Mann in Springerstiefeln auf uns zu, mit einem großen Vogel auf dem Arm. Der Vogel ist ein Falke, und der Mann hat eine amerikanische Militäruniform an. »Eigentlich haben wir hier vor allem Tauben gezüchtet, damals. Oder Kaninchen«, meint Jan Skrzek, als der Mann mit dem Falken ohne ein Wort an uns vorbeigezogen ist. Er sieht ihm nach und wirkt plötzlich viel kleiner als zuvor. Hilflos, verloren steht er da, die Mundharmonika noch immer in der linken Hand. Spielen will er jetzt nicht mehr. Heute Abend könnten wir vorbeischauen, da habe er ein Konzert in Kattowitz. Mitten im Park, in einem Jazzclub. Er kiekst und hustet wieder, es soll ein Lachen sein. Dann schiebt er die Baseballkappe in den Nacken, verabschiedet sich von uns mit einem Handschlag, der fester wirken soll, als er ist, und geht. Geht und geht in Richtung Horizont, eine dünne Silhouette vor dem grauen Schleier, der hier der Himmel ist, bis er sich ganz verliert in der Mondlandschaft, auf der mal seine Zeche stand. Am Abend werden wir ihn wiedertreffen, auch wenn es im Moment eher so aussieht, als ob er für immer verschwindet.

Endstation Oberschlesien. Viele hunderttausend Menschen hier sind jetzt schon arbeitslos, weitere werden folgen, wenn noch mehr Schließungen kommen. Die Arbeitslosigkeit liegt offiziell bei fast 20 Prozent. Dunkelziffer unbekannt. Und die Spirale ist nach oben offen. Langfristig wird es keinen anderen Ausweg geben, als weitere Bergwerke zu schließen. Für die Menschen, die hier seit Generationen vom Bergbau gelebt haben, ist es ein Drama, das gerade erst begonnen hat. 1998 wollte die polnische Regierung von Ministerpräsident Jerzy Buzek den Arbeitern die Entlassungen mit durchaus üppigen Abfindungen schmackhaft machen. Wer ging, bekam umgerechnet rund 11.000 Euro bar auf die Hand. Kleine Firmen sollten sie davon gründen, mittelständische Betriebe oder Handwerksunternehmen, die Restrukturierung der Gegend also selbst in die Hand nehmen. Der naive Traum einer Regierung, die dem Kapitalismus noch blind vertraute. So wie die Arbeiter dessen Versuchungen. Der Großteil der Abfindungen floss in Autos, Kühlschränke und Satellitenschüsseln. Die einzige Sparte, die von den Abfindungen profitierte, waren die Auto- und Elektrohändler. Die ehemaligen Bergarbeiter sitzen seitdem in ihren Küchen vor dem Fernseher und trinken Bier aus neuen Kühlschränken, während ihre Autos längst konfisziert sind, weil sie die Raten nicht mehr zahlen konnten. Früher haben sie getrunken, weil sie Geld hatten, heute trinken sie aus Verzweiflung.

Eine Geschichte ging seit längerem durch die Zeitungen, eine, die ich erst nicht glauben konnte. Die Geschichte von Kindern, die auf fahrende Güterzüge aufspringen, um so Kohle zu beschaffen und sie dann zu verkaufen. Für viele schlesische Familien die neue und einzige Lebensbasis, las ich. Mariusz Kiedrowski, ein Mitarbeiter aus dem Studio, bekam den Auftrag, das nachzuprüfen und hinzufahren. Er verbrachte eine lausige Woche in Kattowitz und Umgebung. Es stimmte, was die Zeitungen geschrieben hatten. Ganze Gangs sprangen nachts auf die Züge, um Kohle zu klauen. Die Bahn hatte sogar einen eigenen Sicherheitsdienst eingestellt, um die Jugendlichen zu schnappen, denn der Kohleklau bewegte sich längst in Dimensionen, die wirkliche Verluste für die Zechen brachten. Das Problem war nur, und deshalb war die Woche so lausig, keiner hatte Lust, darüber zu reden oder sich gar dabei filmen zu lassen. Nach vielen Tagen sinnloser Gespräche fand er sie am Ende aber doch: Adam, Marcin und Zbisiek, drei junge Männer um die zwanzig, denen alles egal war und die sich schließlich bereit erklärten mitzumachen. Die sogar stolz darauf waren, dass sie aus der Verzweiflung ihrer Väter hatten ausbrechen können und etwas Eigenes auf die Beine stellen konnten. Und sei es Kohle klauen. Es hatte einiger Gespräche bedurft, bis sie überzeugt waren. Den Ausschlag gab das Argument, dass der Film in Polen ja nicht zu sehen sein würde. Und ihre Neugier und Lust auf Abwechslung.

Als ich mit dem Kamerateam nachfahre und alle drei das erste Mal treffe, bin ich überrascht. Sie spielen Fußball im Hof, in einem dieser typischen roten schlesischen Ziegelsteinhinterhöfe, und sie wirken noch jünger, als sie sind. Den schlammigen Ball unterm Arm stehen sie vor uns, wie Kinder, die stolz auf ihre Untaten sind. Einen Anführer hätten sie nicht, erklärt Adam, der der Größte ist. Danach redet er allerdings kaum noch, denn das Reden ist offenbar Zbisieks Job. Zbisiek hat kurz geschorene Haare, einen sehr runden Kopf und ein freundliches Hamstergesicht dazu. Zbisiek war Bäcker, seine Bäckerei ist pleite. Seitdem ist er arbeitslos. Direkt hier im Hof war der Laden. Er legt den Ball auf den Boden und zeigt ihn uns. Beziehungsweise das, was von ihm übrig ist. Die Fenster sind vergittert, denn sonst wären auch die Maschinen, die noch immer dort stehen, schon längst geklaut. Der ehemalige Verkaufsraum ist leer geräumt, an der Wand hängt nur noch eine giftgrüne Uhr, die aus Plastik ist und schon lange nicht mehr geht. Zbisiek sieht durch die Gitter hindurch und hört überhaupt nicht mehr auf zu reden. Dass er gerne Bäcker war, vor allem mit Begeisterung Kuchen gebacken habe, dass er wirklich dachte, dass das ein Beruf mit Zukunft sei, denn Brot brauche der Mensch doch schließlich immer. Dass er sich da aber ziemlich vertan habe, denn seine Bäckerei sei nicht die einzige gewesen, die zugemacht habe. Und seitdem klaue er jetzt eben die Kohle mit den anderen. Er habe schließlich eine zweijährige Tochter, um die er sich kümmern müsse. Auch wenn die Mutter, also seine Frau, mit ihm nichts mehr zu tun haben wolle, seit er das mache. Aber anders gehe es eben nicht. Das Kohleklauen sei für ihn eine ganz normale Arbeit, jeden Abend gingen sie los, wie zur Schicht. Illegal zwar, aber eine Arbeit sei das schon, eine, der hier fast alle nachgingen. Ehrensache. Er nimmt den Ball wieder unter den Arm und sieht mich an, mit seinen großen treuen Bäckeraugen. »Wir sind ja nur kleine Fische, aber die anderen, die das machen, das sind oft richtig professionelle Gangs. Die fahren mit Lastern vor, in großem Stil. Das ist dann vielleicht schon Kriminalität. Aber wir...« Der Ball fliegt vor die Wand, und schon spielen sie wieder. Zbisiek redet nicht nur viel und schnell, er spielt auch richtig gut Fußball. Obwohl er ein bisschen rund um die Hüften ist. Wahrscheinlich mochte er sein Brot und seine Kuchen auch selbst.

Ihre »Schicht« beginne eigentlich erst am Abend, erklärt er mir in der Halbzeit, aber wir könnten ja spaßeshalber mal mitgehen in die Kneipe vor der Zeche, wo er jetzt verabredet sei. In die Kneipe vor der Zeche? Ich verstehe erst nicht, worum es geht, aber er erklärt mir wortreich, dass er dort immer mal wieder vorbeigucke, um zu erfahren, wann denn die Züge gehen. Die Züge? Na, die Züge mit der Kohle. »Die haben schließlich keinen Fahrplan, sondern fahren, wenn gefördert wurde. Und das weiß unser Kontaktmann in der Kneipe«, erklärt er mir ungeduldig. Klingt nach Krimi, denke ich und verstehe jetzt auch, dass es ihm vor allem darum geht, mit unserem Dienst-Mercedes dort hinzufahren. Weil es schneller geht als zu Fuß und vielleicht auch, weil es cool ist, dort vorgefahren zu werden.

Die Kneipe ist ein zigarrenkistenförmiger Betonklotz in müdem Hellgrau, an dem lustige bunte Plastikbuchstaben kleben, die zusammengesetzt das Wort »Kawiarnia« ergeben. Kneipe eben. Die Tür ist auch aus Plastik, und drinnen ist es gerammelt voll. Der angebliche Kontaktmann ist nicht da, dafür aber die Schicht, die gerade Feierabend gemacht hat. Frisch geschrubbte Männer mit dunklen Kohlerändern in den Augenlidern, denn von dort geht der Staub nie mehr ab, auch nach der Dusche nicht. Nach Seife riecht es, nach Bier und nach Bitterkeit. Denn auch ihre Zeche, die Zeche Wirek soll geschlossen werden. Zbisiek verhandelt irgendetwas an der Theke mit einer dicken, stark geschminkten Blondine, der offenbar der Laden gehört und die mir misstrauische Blicke zuwirft. Als er von der Theke zurückkommt, ein cooles Kopfnicken, das er aus irgendeinem Film haben muss und mit dem er offenbar andeuten will, ich möge ihm unauffällig nach draußen folgen. Der Kontaktmann sei nicht da, aber er wisse jetzt, was er wissen müsse. Heute Abend könnten wir es versuchen. Ob wir ihn zurück zum Hof bringen könnten mit dem Auto? Können wir, klar. Ich nicke ihm zu mit einer Kopfbewegung, ebenfalls aus dem Kino, die in etwa »Steig ein Kumpel« bedeuten soll, bevor wir zurückfahren, und ich überlege, was die dicke Blondine in der Kneipe ihm wohl wirklich gesagt haben könnte.

Doch das erfahre ich nicht mehr. Stattdessen besuchen wir Adam, den langen, großen Jungen aus seiner Clique, den, der nach Chef aussah. Im Hof war nämlich keiner mehr, und dann muss man eben den Kiez abfahren. Handys haben sie nämlich nicht. Dafür jetzt unser Auto. Adam ist zu Hause und mit ihm seine Mutter, die uns nicht hereinlassen will. Schon gar nicht mit Kamera. Nach kurzem Hin und Her geht es dann doch. Adam ist ihr Lieblingssohn, und Adam hat nichts dagegen, mit uns in der Küche zu sprechen. Da Adam allerdings schon im Hof nicht gerne sprach, überreden wir seine Mutter, doch bei dem Interview mit dabei zu sein. Auch das geht, allerdings erst nach mehreren Anläufen. Adams Mutter hat Angst und schämt sich, uns in ihre Küche zu lassen, in der außer einem Tisch und einem kleinen Kohleofen nichts ist. Am Ende überzeugt aber auch sie das Argument, dass der Film ja nur in Deutschland laufen werde. Und mein Gefühl hatte mich nicht getrogen. Ohne die Mutter wäre das Interview, wie sich dann herausstellt, wohl sehr einsilbig geworden. Adam sitzt die meiste Zeit neben ihr und schweigt. Die Mutter ist eine kleine, harte Frau mit kajalschwarz umrandeten Augen, als ob sie selber jahrelang im Stollen gearbeitet hätte. Dass Adam Kohle klaut, weiß sie. Nächste Woche hat er einen Gerichtstermin. »Weil sie ihn erwischt haben, letzten Herbst, als er einen Wagen mit Koks aufgemacht hat.« Sie nimmt das Bügeleisen, das schon eingestöpselt auf dem Küchentisch stand, und beginnt damit einen Stapel Handtücher zu bearbeiten. Hauptsächlich aus Verlegenheit. Adam sitzt daneben und lächelt. Cool soll es aussehen, aber eigentlich ist ihm die ganze Situation unangenehm, vor allem die Tatsache, dass seine Mutter dabei ist. Ob sie nicht Angst habe, wenn ihr Sohn nachts auf die Züge springe, schließlich komme es immer wieder zu Unfällen, frage ich. »Ja, natürlich habe ich Angst, was glauben Sie denn? Immer wenn er loszieht, krieg ich kein Auge zu. Die ganze Nacht liege ich wach. Andererseits kann ich nichts für ihn tun. Und wir brauchen das Geld, das er so verdient.« Sie lacht trocken und steckt sich eine Zigarette an. Ihr Mann sitzt im Nebenzimmer und kann nicht mit uns sprechen. Methanexplosion. 37 Männer waren sofort tot. Adams Vater war Sanitäter. 20 Bergleute konnte er retten. Ein Jahr später verlor er das Gehör, danach den Verstand. Seitdem sitzt er im Nebenzimmer. Seine Rente hat sie seit ein paar Monaten nicht mehr bekommen. Warum nicht? »Weil man dafür ein ärztliches Attest braucht. Und unsere Frau Doktor ist nach dem Urlaub nicht mehr zurückgekommen. Arbeitet jetzt wahrscheinlich in Schweden für anständiges Geld. Und ich kann ihn doch in dem Zustand nicht in die nächste Stadt bringen.«

Sie arbeitet schwarz. Wo, will sie nicht sagen. »Aber ich würde Klos sauber machen, wenn mir das jemand anbieten würde.« Alles ist besser als das da draußen. Sie stellt das Bügeleisen abrupt auf den Tisch zurück und dreht sich zum Fenster. »Da unten im Hof ist die örtliche Sammelstelle für Blech und Metall. Ab vier Uhr nachmittags bis in die Nacht hinein habe ich den Lärm hier, von den Leuten, die die Zechen auseinander montieren und die Teile hier unten beim Schrotthändler abgeben. Ein Kilo Zeche für ein paar Groschen. Und das sind nicht irgendwelche Penner. Das sind all die Leute, die früher die besten Stellungen hatten, die man in ganz Polen bekommen konnte. Und viele kommen deshalb erst so spät, weil sie sich schämen, wenn sie jemand dabei sehen würde.« Sie bügelt wieder, dasselbe Handtuch schon zum vierten Mal. Adam sitzt daneben und grinst. Dreht seine Baseballkappe in den Nacken und sagt, dass er los muss. Höchste Zeit. »Wenn er hier Arbeit finden könnte, würde er das nicht tun«, sagt uns seine Mutter zum Abschied. Denn eigentlich sei er ein guter Junge, habe früher die Einkäufe für sie gemacht, als er noch ganz klein war, und wenn es irgendwas im Laden nicht gab, sei er so lange durch das Viertel gestolpert, bis er es bekommen habe. Adam grinst wieder verlegen, aber er umarmt seine Mutter, bevor er geht. Unten im Hof ist es dunkel, und beim Schrotthändler ist Hochsaison.

In einer alten Garage, die kaum beleuchtet ist, stehen sie Schlange. Schemenhafte Gestalten, die große und kleine Blechteile in seltsamen Gefährten hinter sich herziehen. Im Gedächtnis geblieben ist mir ein alter Mann mit Pelzkappe, der eine Badewanne hinter sich herzog, die er auf einen Kinderwagen geschnallt hatte. Quer über den Hof. Und für die er doch gar nichts bekommen konnte. Denn der Schrotthändler bezahlte schließlich nur für Metall.

Vor dem Hof warten die Kumpels. Zbisiek, der Bäcker, und Marcin, der kleine Dritte im Bunde, ein unauffälliger blonder Teenager mit rotem Kapuzenpulli. Bis zu den Gleisen ist es nicht weit. Fast direkt hinter ihrem Hof gehen die Züge vorbei, die aus der Zeche kommen, einen kleinen Hügel hinunter und wir stehen an einer Art Bahnsteig. Hier sei eine gute Stelle, denn hier fahren sie immer ein bisschen langsamer, weil da vorne eine Kurve kommt. Es ist kalt und feucht heute Abend. Den ersten Zug, der kommt, lassen sie vorbeifahren. Die E-Lok hängt an einer Hochleitung, die offenbar auch feucht geworden ist und deshalb mit lautem Knistern viele grüngelbe Funken hoch in die Luft sprüht, als sie vorbeifährt. »Koks, das kriegen wir im Moment nicht los, die Leute haben normale Steinkohle bestellt.« Erkennen können sie das trotz der Dunkelheit. Übung. Als der nächste Zug kommt, stehe ich mit dem Team plötzlich alleine vor dem Gleis. Unsere Jungs haben sich in die Büsche geschlagen. Polizei. Und tatsächlich sehen auch wir jetzt oben am Hügel eine Patrouille fahren. »Die sind gleich wieder weg«, erklärt uns Zbisiek. »Die tun nichts. Das ist nur Routine. Sie sind von hier, unsere Leute.« Schlimmer sei es, wenn der SOK sie erwische, der Bahnschutz. Private Sicherheitsdienste, die aus Warschau angeheuert werden. »Die sind heftig. Die kommen immer zu fünft oder zu sechst und schlagen uns zusammen wie Hunde.« Drei Wochen habe er zu Hause gelegen, nachdem das das letzte Mal passiert sei. Denn die Männer der privaten Sicherheitsdienste würden alle sechs Monate ausgetauscht, mit denen könne man noch nicht mal kleine Deals machen. Brutale Schläger, vor denen sie wirklich Angst hätten. Langsam wird es ungemütlich, richtig kalt ist es jetzt, und der Nebel wird immer dichter. Ob überhaupt noch ein Zug komme, heute Nacht, frage ich ihn. Zbisiek wirft mir wieder so einen Blick aus dem Kino zu. »Klar, nur die Ruhe, Puppe«, soll er bedeuten, vermute ich und muss lachen.

Denn irgendwie ist das Ganze hier auch ein Abenteuer für sie. Als ich es ihnen auf den Kopf zusage, grinst Adam, der große Lange, und nickt. Den Text hat wieder Zbisiek, der Bäcker, dazu: »Klar, das ist das Adrenalin. Das brauchen wir irgendwie. Die Spannung, ob es klappt oder nicht in so einer Nacht. Ob du es überhaupt schaffst, einen zu kapern. Und ob du davonkommst oder nicht. Klar, das ist auch eine Droge. Dieses Losziehen, wenn's dunkel wird. Da brauchst du keinen Alkohol mehr.« Ehrlich gesagt, erklären sie uns dann, würden sie ihre nächtlichen Streifzüge auch unternehmen, wenn sie nichts dafür bekämen. Na prima, denke ich, Kohle klauen als Freizeitvergnügen. Eigentlich waren sie ganz normale Kleinkriminelle. Wenn da nicht die treuen Bäckeraugen wären. »Sieh mal, selbst die Bergleute sind mit uns solidarisch. Heute in der Kneipe, da hat mir die Blonde einfach nur von unserem Kontaktmann bestellt, heute Nacht werde geladen. Das heißt, sie haben was gefördert. Wenn die uns nicht sagen würden, wann die Züge kommen, wären wir ja total aufgeschmissen. Das ist ein Business hier, an dem alle dranhängen. Verstehst du? Weil Warschau uns fertig machen will. Und deshalb wehren wir uns auf unsere Weise.«

Auf den Gleisen gegenüber zieht ein Zug nach dem anderen langsam vorbei, aber Adam, Zbisiek und Marcin wollen noch immer nicht so recht. Noch zu früh, meinen sie. Und dass sie das im Urin hätten, wann man zuschlagen könne. Wir sitzen neben ihnen im Gras, und ich frage mich, was ich hier eigentlich mache. Zbisiek fragt mich das auch. Wieso ihre Geschichte in Deutschland überhaupt jemanden interessiere? Ein bisschen Stolz schwingt mit in seiner Frage. Stolz darüber, so ernst genommen zu werden. Selbst im Ausland. Ich versuche ihm zu erklären, dass die Deutschen schon wissen wollten, was sich hier in Polen so tue. Immerhin trete ihr Land jetzt der EU bei. Also. Zbisiek wirft kleine Lehmbrocken auf die Gleise gegenüber, steht auf, versucht zu erkennen, ob das unruhige Licht in der Ferne eine Taschenlampe des SOK ist, kann es aber nicht sicher feststellen und setzt sich wieder. Ob sie mir sagen sollen, was sie zu dem Beitritt denken? Warum nicht, wir sitzen eh fest. Sie seien dagegen, wie alle hier. Denn das würde der Region den letzten Rest geben. Die Zeche Wirek, die solle genau mit dem Argument geschlossen werden, wegen des Beitritts. Der Staat subventioniere zu hoch, und Brüssel habe Warschau jetzt angewiesen, die Zuschüsse runterzufahren. Deshalb gehe es bald dann auch noch den letzten Bergleuten an den Kragen. Und ihnen auch. »Denn wenn Wirek geschlossen wird, dann ist es auch mit unserer Arbeit vorbei.« Zbisiek kennt sich aus, denn diese Diskussion wird in der Kneipe geführt, jeden Tag zwei Mal, nach Schichtende. Wieso sie nichts anderes machen, frage ich ihn, nicht was lernen, hier wegziehen, blöd seien sie doch nicht. Und er zuckt mit den Schultern, Schlesien sei doch nun mal ihre Gegend. »Hier kennen wir uns aus und kennen jeden Kumpel. Wir sind doch alle Bergleute hier. Unsere Väter waren Bergleute und unsere Großväter. Und wir sind es eben irgendwie auch. Selbst wenn für uns in der Zeche kein Platz mehr ist. Das hier ist doch unser Zuhause. Und fertig.«

Diesen Satz hatte ich schon einmal genauso gehört. Von Bergleuten, in einer Gegend, in der schon Mitte der 90er alles vorbei war, in der die entlassenen Arbeiter aber jetzt auf eigene Faust und ohne Geräte in die Schächte steigen und illegal abbauen, bis die Polizei sie abtransportiert. Was regelmäßig vorkommt, sie aber nicht davon abhält, am nächsten Tag wieder hinunterzusteigen. Die Maulwürfe von Niederschlesien, nennen sie sich selbst in Walbrzech, dem ehemaligen Waldenburg. Tausende ehemalige Bergarbeiter sind hier jeden Tag auf den Geländen unterwegs, wo früher ihre Zechen standen, und die Stadt schickt vor allem deshalb regelmäßig die Polizei, weil es immer wieder zu tödlichen Unfällen kommt. Denn die Stollen, die sie mit der Hand weiter ausgehöhlt und mit Baumstämmen nur halbprofessionell abgesichert haben, stürzen immer wieder einfach zusammen. »Was sollen wir sonst tun? Das hier ist doch unser Leben und sonst gar nichts! Wir können doch nichts, außer Kohle abbauen, und wollen auch nichts anderes!«, hatte uns einer der Männer entgegengeschleudert, die wir auf dem Friedhof gefragt hatten, warum sie sich dieser Gefahr immer wieder aussetzten. Auf dem Friedhof, auf dem einer ihrer Leute am Morgen beerdigt worden war. Einer, der Pech gehabt hatte. »Seine Frau und seine Tochter, die kriegen jetzt noch nicht mal mehr seine Rente, haben jetzt noch nicht mal mehr was zum Heizen!«, schreit er in die Kamera. Ein ganzer Pulk Männer hat sich vor uns aufgebaut, die Stimmung ist aufgeheizt, sie sind außer sich vor Wut und Trauer und Angst, und da kommen wir gerade recht. »Da draußen sind Tausende von uns, weil wir keine andere Perspektive haben, obwohl es lebensgefährlich ist, Frauen sind da mittlerweile auch und Kinder, und der Stadt fällt nichts Besseres ein, als die Polizei zu schicken!«

Der Bürgermeister von Walbrzech, ein Mann mit bedrückter Miene und einem schlecht sitzenden grauen Anzug, klammert sich in seinem Büro am Schreibtisch fest, als wir danach fragen, warum die Stadt letztlich nichts gegen diesen illegalen Abbau unternehme. Stattdessen nur ab und zu die Polizei vorbeischicke. Er hat die Frage schon hundert Mal gehört, und er hat sie schon hundert Mal nicht beantworten können. Der Versuch, hier Industrie anzusiedeln, sei eben immer wieder schief gegangen. Die Straßen seien noch zu schlecht, die Infrastruktur

stimme nicht, er weiß es eigentlich auch nicht. Und die Bergleute hätten ja eine Abfindung bekommen, nur nichts daraus gemacht. Und jetzt wisse man eben nicht, was sie mit den Leuten anfangen sollten, den vielen zehntausend arbeitslosen Bergleuten in der Region. Man könne die Polizei ja nicht für immer rund um die Gelände postieren. Und sobald die Polizei abzöge, kämen sie wieder, die Maulwürfe. Schon am nächsten Morgen gehe es dann wieder los.« Und wenn wir wirklich hart eingreifen, dann heißt es, die Obrigkeit verfolge die vom Schicksal ohnehin schon am schwersten Gebeutelten.« Er zupft an seiner Anzugjacke herum und wirft einen hilflosen Blick zum Fenster: »Wissen Sie, wenn es den Männern selbst egal ist, dass sie dabei umkommen, dann können wir eben auch nichts mehr machen.« Der nächste Tote sei nur eine Frage der Zeit.
Ratlos fuhr ich damals zurück nach Warschau. Die apokalyptischen Bilder der völlig zerstocherten Landschaft, der von oben aufgebrochenen Stollen, in denen Männer und Frauen mit Holzspaten und Plastikeimern wühlten, bis sie über ihnen zusammenbrachen, habe ich bis heute im Gedächtnis.

Gut möglich, dass es hier in Oberschlesien bald genauso aussehen würde. Ein Pfiff reißt mich aus diesen Gedanken. Es war jetzt drei Uhr morgens, und Adam, Zbisiek und Marcin hatten gerade beschlossen, den nächsten Zug zu kapern. Der habe die richtige Kohle geladen und der Bahnschutz sei gerade woanders. Schon seit einer halben Stunde hatte hinter den Gleisen keine Taschenlampe mehr geflackert. Also los. Wie auf Stichwort springen alle drei fast gleichzeitig auf und rennen den kleinen Hügel hinunter Richtung Bahnsteig. Ich frage mich wieder einmal, was ich hier mache, aber wir müssen hinterher. Wir wollen die Szene ja schließlich drehen. Als sich die Elektrolok langsam nähert, springt Adam, der Größte, von der Seite auf einen Wagen auf, blitzschnell und mit viel Kraft, denn er ist hoch. Öffnet die Klappe des Waggons, ein kurzes Quietschen, und die

Kohle regnet auf den Bahnsteig. Zbisiek und Marcin wussten offenbar genau, wo das sein würde, denn sie stehen schon dort mit großen Müllsäcken und schaufeln die Kohle mit den Händen in sie hinein, so schnell sie können. Der Zugführer, der offenbar nichts gemerkt hat, hält kurz an, das Signal ist auf Rot, und fährt dann weiter. Adam springt vom Wagen, aus einigen Metern Höhe, gerade noch rechtzeitig, und drei Minuten später sind wir wieder oben auf dem Hügel. Es wird schon fast hell, als die drei mit den Säcken auf dem Rücken nach Hause ziehen. Ein Polizeiwagen fährt oben an der Straße langsam vorbei, aber bemerkt sie nicht oder will sie nicht bemerken. Irgendwo in der Ferne bellt ein Hund. Wir verabschieden uns von den drei Kumpels, diesen Bergarbeitern der etwas anderen Art, und Zbisiek, der kleine Bäcker, dreht sich am Ende noch einmal um und ruft, dass wir uns ruhig mal wieder melden sollten, wenn wir in der Gegend wären, und in diesem Moment kommt mir das vor wie das Natürlichste von der Welt. An der Hausecke, um die herum sie in ihren Hof einbiegen, prangt ein grellgrünes Graffiti: »Gestern war Solidarnosc, morgen war vorgestern«. Was auch immer damit gemeint sein mochte, es klang nicht nach Zukunft.

Unser letzter Drehtag verlief weniger spektakulär. Der SOK, der Bahnschutz wollte uns zwar kein Interview geben, ein paar Bilder dürfen wir nach endlosen Verhandlungen aber mit ihnen drehen. Es ist wieder genauso kalt und feucht wie am Vorabend, nur dass wir jetzt auf der anderen Seite des Bahnsteigs stehen, direkt gegenüber dem Hügel, auf dem wir in der vorherigen Nacht mit ihren Gegnern gesessen hatten. Fünf Leute sind sie heute Abend, ausgestattet mit Funkgeräten, Schlagstöcken und den Taschenlampen, die wir gestern Nacht von gegenüber immer wieder hatten flackern sehen. Besonders furchterregend wirken sie aus der Nähe betrachtet nicht. Eher überfordert. Als die Kamera aus ist, erklärt uns der Chef der Schicht, dass er die Nase gestrichen voll habe von diesem Job. »Wir sind viel zu wenige. Unser Abschnitt ist mehrere Kilometer lang, und wir haben genau zwei Autos. Wenn also einer von uns einen Kilometer weiter was sieht und die anderen nachholt, dann ist der ganze restliche Abschnitt frei, und da klaut dann die nächste Brigade in aller Seelenruhe.«

Vor allem gegen die professionellen Gangs kämen sie gar nicht an. Die hätten Waffen und sie nicht. Was könnten sie da schon tun? »Die sitzen überall da drüben im Dunkeln und warten einfach nur, bis wir woanders sind.« Er hatte Recht, der Mann, das wussten wir jetzt aus eigener Erfahrung. Ich muss an die Jungs von gestern denken und frage ihn, ob sie ihm nicht manchmal Leid täten, die Leute hier, denen doch einfach nichts anderes übrig bleibe. Aber er zuckt nur die Schultern. »Das ist kriminell, was die machen, auf ihre Weise tragen die mit bei zu dem Ruin der Zechen. Und sie daran zu hindern, das ist nun mal unser Job.« Wirklich schlimm sei übrigens, dass die Gangs begonnen hätten, nicht nur die Kohle zu klauen, sondern jetzt neuerdings auch die Gleise, die Weichen und die Signale abmontierten. »Für wen? Für die Schrotthändler, die das als Altmetall entgegennehmen.« Er wedelt mit der Taschenlampe, wie zur Bestätigung, und gegenüber fehlt tatsächlich ein Stück Gleis. »Das ist ja noch ein toter Arm, das macht nichts, wenn da was rausgerissen ist, aber wenn sie an die Gleise gehen, die noch in Betrieb sind, dann wird es gefährlich für die Zugführer. Und das gab's auch schon.« Aus dem Funkgerät ruft plärrend ein Kollege nach ihm, er antwortet irgendetwas und sagt dann zu uns, dass er jetzt schon viel zu viel erzählt habe. »Wenn ich nicht nächsten Monat wieder nach Warschau könnte, würde ich hier wahnsinnig.« Er zieht seine Mütze in die Stirn, zuckt mit den Schultern und macht die Taschenlampe aus. »Wenn die so weitermachen, haben die bald ihr ganzes Schlesien auseinander montiert. Dann können sie den Laden hier komplett dichtmachen und sind auch noch selbst schuld daran.«

Jan Skrzek, der Mann, der den Blues in sich hat, der alte Bergarbeiter mit dem kratzigen Joe-Cocker-Lachen, würde ihm jetzt ganz sicher die Meinung sagen, diesem kalten Warschauer. Aber er sitzt, wie versprochen, mitten im Park von Kattowitz, in dem Jazzclub, der einfach nur eine schlecht geheizte Holzhütte ist, und spielt. Er sitzt auf einer kleinen Bühne am Keyboard und singt fast so, wie er früher immer gesungen hat. Nur der Text ist ein anderer: »Oh mein Schlesien, sie haben dich umgebracht, sie haben deine Kohlelungen erstickt, deine Fabriken ermordet, deine Leute in den Abgrund gestoßen.« Auf Polnisch reimt sich das. Es ist ein Blues, wie er im Buche steht, und es ist das traurigste Lied der Welt in diesem Moment. Das Publikum, es sind nicht viele gekommen heute Abend, nickt dazu im Takt. Am Ende klatschen sie leise, denn nach Applaus ist hier niemandem zumute. Als wir hinterher im Park stehen, weht immer noch derselbe leichte Wind, der schon seit Tagen weht. Selbst hier beißt die Luft noch und kratzt in den Lungen. »Aber nicht mehr lange ...«, meint Jan Skrzek, der plötzlich neben uns steht. Er ist müde und ein bisschen betrunken. Da gegenüber, krächzt er zum Abschied, da wollten sie jetzt eine riesige Shopping Mall bauen. Irgendwelche Franzosen. Auf die neue Zeit. Damit hätte er dann ja wohl nichts mehr zu tun. Er lacht, es klingt wieder wie ein Husten, und verschwindet im Dunkeln. Diesmal werden wir ihn wohl nicht wieder treffen.

Der letzte Rabbi in Lezajsk

Ganz plötzlich sind sie alle wieder da. Für zwei Tage. Sie erscheinen Anfang März, zu der Zeit, in der der Schnee noch fest auf den Straßen liegt in Lezajsk, einem kleinen vergessenen Städtchen in Ostpolen. Sie kommen aus New York, aus Israel oder aus Australien. Zehntausende. Und jedes Jahr werden es mehr. Schwarze Gestalten, mit Pelzmützen und Schläfenlocken, aus Reisebussen ausgespuckt in eine fremde Welt. In ihre Heimat. Denn hier in Ostpolen, dem alten Galizien, waren ihre Stetl, waren die Dörfer und Städte ihrer Vorfahren. Hier war die Geburtsstätte der Chassidim, der ultraorthodoxen Juden. Seit Anfang der 90er Jahre kommen sie jetzt als Pilger in Scharen wieder zurück. Zum Todestag des wundertätigen Rabbi Ele Melech. Denn er ist hier geblieben, als Einziger. Und seine Grabstätte auf dem kleinen Friedhof von Lezajsk direkt neben dem Marktplatz ist heute einer der wichtigsten Wallfahrtsorte der ultraorthodoxen Juden. Zwei Tage lang sieht es hier dann wieder so aus wie vor dem Zweiten Weltkrieg. Oder wie vor hundert Jahren.

Lange schwarze Mäntel tragen die meisten, je nach Tradition prächtig glänzende Schals darunter, und auf dem Kopf einen schwarzen Hut oder eben den Streimel, die Pelzmütze, die schon ihre Großeltern getragen haben, damals, in den ostpolnischen Wintern, und die sie, ihre Söhne und Enkel, heute immer noch tragen, überall auf der Welt. Sehr schnell gehen sie heute durch die alten Straßen, die ihnen so fremd sind wie die Sprache ihrer Eltern und Großeltern. Denn Polnisch kann von ihnen kaum einer mehr. Seltsame Bilder tauchen vor uns auf. Ein schmächtiger Junge mit schulterlangen blonden Korkenzieherlocken zieht eine Karre hinter sich her, auf der aus großen Blechtöpfen koschere Suppe auf die Straße schwappt. Fünf Männer, sehr bleich, aber sehr entschieden, überqueren laut diskutierend den Marktplatz, den Blick fest auf den Boden geheftet, als ob sie gar nicht wissen wollten, wo sie sind. Andere beten am Friedhofszaun, rhythmisch schaukelnd, weiße Tücher, die mal silbrig, mal schwarz gestreift sind, über dem Kopf, das Gebetbuch dabei fest vors Gesicht gepresst.

Die Polen stehen derweil auf ihren Bürgersteigen und beobachten die Pilger, misstrauisch und aus sicherer Entfernung. Ein alter Mann mit zerfurchtem Gesicht und einem Fahrrad an der Seite steht schon den ganzen Morgen vor der Dorfkneipe, als ob er sie verteidigen wolle. Die Fremden fest im Blick. Aber die hasten an ihm vorbei, ohne ihn auch nur wahrzunehmen. Aus mitgebrachten Megaphonen, die ringsum in den Bäumen hängen, plärrt dazu immer wieder dasselbe Lied. Es ist ein Klagegesang, der viele Strophen hat, ein lang gezogenes »Ojojooooj ...« der krächzende Refrain dazu. Neue Busse fahren vor, der Marktplatz kann sie kaum mehr fassen. Ein Strom schwarz gekleideter Neuankömmlinge drängt zum Friedhofszaun, stündlich werden es mehr Betende, die sich im Takt der Musik in Trance schaukeln. Unwirklich scheint die Szenerie für einen Moment, wie ein Spielfilm oder wie ein Spuk aus einer anderen Zeit. »Pinguine, eigentlich sehen sie aus wie Pinguine«, sagt Janek, der Kameramann neben mir, und ich bin wieder in der Gegenwart, denn wir hatten ja einen Auftrag hier. Waren nicht nur zum Staunen gekommen. Eine Reportage über diesen außergewöhnlichen Wallfahrtsort wollten wir machen und den Versuch unternehmen, mit den Ultraorthodoxen ins Gespräch zu kommen. Denn die Chassiden, zu Deutsch die Frommen, die hier in Ostpolen und Litauen ihre Heimat hatten, sind eine der faszinierendsten Glaubensrichtungen des Judentums. Die mystische und zugleich volksnahe Richtung unter den ultraorthodoxen Juden, die vor allem von der Intensität des Gefühls, der Freude am Leben, von Tanz und Gesang geprägt ist. Mit diesen in ihrer ganz eigenen Welt lebenden Pilgern wollte ich also reden. Dass das nicht leicht war, wusste ich schon aus Israel, wo ich für eine Reportage schon einmal versucht hatte, einen Chassiden zu interviewen. Am Ende ging das nur mit einer Ausnahmegenehmigung des Rabbis. Denn ein ultraorthodoxer Jude darf einer Frau, die nicht die eigene ist, weder in die Augen sehen noch ihr die Hand geben. Einer Nichtjüdin wie in meinem Fall, einer deutschen Nichtjüdin noch dazu, die außerdem ein Kamerateam dabeihatte, schon gar nicht. Und als ob das alles noch nicht reichen würde, fiel der Feiertag in Lezajsk in diesem Jahr auch noch auf den Sabbat. Die Ausgangsbedingungen, hier einen Film zu drehen, waren also denkbar schlecht, und wir wussten das.

Unser erster Besuch galt deshalb Pani Krystyna, einer Polin. »Schlüssel bei Krystyna Kiersnowska« informiert nämlich ein großes Schild am Eingang des Friedhofs. Pani Krystyna ist die Hüterin des Friedhofs, die Frau, die das ganze Jahr über den Schlüssel zur Grabstätte bewacht und ihn nur denen aushändigt, die sie für vertrauenswürdig hält.

Heute Morgen steht sie vor ihrem Haus, direkt am Friedhofszaun, und lacht, als wir kommen. »Bis übermorgen bewachen die Juden jetzt mal selbst ihr Grab! Und ich habe frei.« Festtage seien das für sie, wenn die Pilger kämen. Natürlich nicht, weil sie dann Urlaub habe, »das war ein Scherz, meine Liebe ...«, sondern weil es dann so fröhlich, laut und anders sei als das ganze Jahr über in Lezajsk. Pani Krystyna blinzelt zufrieden in die flache Wintersonne, rückt die dicken grauen Haare in ihrem Dutt zurecht und zieht an einem Zigarettenstummel, der nur noch aus dem Filter besteht. Sie ist vielleicht Anfang 60, passionierte Kettenraucherin und gläubige Katholikin. »Manche von den Juden werfen das Trinkgeld für mich auf den Boden, um mir nicht die Hand geben zu müssen. Das dürfen die ja nicht bei einer Frau und noch dazu bei mir als Andersgläubiger. Aber das sind nicht alle, und ich bin auch schon längst daran gewöhnt. Viele respektieren mich auch und sogar meine Religion. Im letzten Jahr haben sie mir tatsächlich einen Rosenkranz geschenkt.« Ob wir nicht mit ihr ins Haus kommen wollten, ihre Zigaretten seien zu Ende. Im Wohnzimmer gibt es Tee, eine frische Packung Marlboro light, und dort hängt auch der Schlüssel zum Grab, den sie heute und morgen niemandem aushändigen muss, denn die nächsten zwei Tage lang steht das Grab für alle immer offen.

»Die meisten Menschen hier in Lezajsk haben ein bisschen Angst vor diesen Juden. Sie sind ja auch fremd für uns. Auf den ersten Blick. Diese seltsamen Figuren mit den Locken vor den Ohren. Nicht Mann, nicht Frau, und dann diese Hüte und diese seltsamen Gewänder. Als in den 60er Jahren die ersten von ihnen ganz vorsichtig wieder kamen, als Pilger, da haben die Leute ihnen die Tür vor der Nase zugeschlagen. Meine Mutter war die Einzige, die sofort auf die Straße ging und ihnen weiterhalf.« Ihre Mutter war mit ihnen aufgewachsen, damals, als Lezajsk noch hauptsächlich jüdisch war. »Und sie sprach auch Jiddisch, besser als Polnisch, obwohl sie Polin war. Hier in unserer ganzen Straße war ja nur eine einzige Familie katholisch, der Rest waren Juden.«

Und dann bekam ihre Mutter von den Gläubigen den Schlüssel zum Grab. »Die konnten und wollten ja hier nicht mehr bleiben, nach alldem, was passiert war im Zweiten Weltkrieg. Und meine Mutter war der Mensch, dem sie am meisten vertrauten. Also gaben sie ihr den Schlüssel, und sie hütete das Grab. Ihr ganzes Leben lang.« Pani Krystyna will die nächste Zigarette anstecken, sucht unter alten Zeitungen nach einem Feuerzeug und findet es. Das, was jetzt kommt, macht ihr sichtlich zu schaffen.« Und dann ist sie dort auch gestorben. Vor dem Grab, auf den Treppen, mitten in der Nacht. Vor dreizehn Jahren. Sie wollte nachsehen, ob alles in Ordnung ist, manchmal tat sie das auch nachts, und am nächsten Morgen haben die Leute sie dann dort gefunden.«

Ein tiefer Zug aus der Zigarette, ein leises Achselzucken. »Ich wollte danach den Schlüssel nicht haben. Nach diesem seltsamen Tod konnte ich das doch nicht fortführen. Aber dann kamen sie hierher, die Rabbis, hier zu mir in die Wohnung und erklärten mir, dass ich ihre Bitte nicht abschlagen könne. Der Tod meiner Mutter war auch für sie symbolisch. Und die Tatsache, dass sie dort, auf der Treppe, von Gott zu sich geholt worden war, bedeutete für die Juden etwas ganz Besonderes: dass sie fast so etwas wie eine Heilige war. Und ich das gerade deshalb fortführen müsse.« Sie richtet sich auf und sieht aus dem Fenster, durch das plötzlich wieder das Klagelied von eben hereinschallt, so laut, als ob wir auf der Straße stünden. Oder auf einem Jahrmarkt. »Na ja, und dann habe ich eben zugestimmt. Wenn man von ihnen auserwählt ist, kann man das ja wirklich nicht abschlagen. Obwohl es viel Arbeit ist, Tag und Nacht erreichbar zu sein, um Besucher zum Friedhof zu führen ...«

Sie lehnt sich zurück und lauscht einen Moment der Musik von draußen. Es gebe nicht viele im Ort, die die Juden so mögen, wie sie das tue, murmelt sie leise, aber sichtbar stolz. »Sie vertrauen mir eben, obwohl sie mich kaum verstehen. Ich spreche ja kein Hebräisch oder Englisch, und sie kein Polnisch mehr. Manchmal versuchen wir es auf Jiddisch, aber wir kommen auch ohne gemeinsame Sprache klar.« Wie zum Beweis geht in diesem Moment die Tür auf und ein ganzer Pulk jüdischer Pilger steht im Wohnzimmer. Sichtlich überrascht, hier eine Kamera vorzufinden. Pani Krystyna springt auf und will sie begrüßen, aber da sind sie auch schon wieder im Flur auf der Flucht nach draußen. »Wenn Sie jetzt nicht hier gewesen wären, dann wären sie geblieben. Und das, obwohl gleich der Sabbat beginnt. Daran können Sie sehen, dass ich für sie wie eine Freundin bin.« Pani Krystyna strahlt übers ganze Gesicht, wie ein Kind wirkt sie plötzlich. »Der eine von denen war ein ganz wichtiger Rabbi, der echte Ururenkel des Rabbi Ele Melech, der sieht fast so aus wie er. Überhaupt sehen die alle so aus wie früher. Wie früher, als meine Mutter noch lebte.«

Nur dass damals nicht so viele von ihnen gekommen seien und dass auch nicht so viel Polizei in der Stadt war an ihrem Feiertag. »In den letzten Jahren hat die Stadt doch tatsächlich sämtliche Polizisten aus der Umgebung hergeholt, um auf sie aufzupassen.« Pani Krystyna ist jetzt ärgerlich, was bei ihr bedeutet, dass sie die Stirn sehr plötzlich in lange, tiefe Falten legt, und zeigt uns die Zeitungen, unter denen sie eben noch ihr Feuerzeug gesucht hatte. Seit diesen Attentaten überall auf der Welt, da sei man ja nirgendwo mehr sicher, auch in Lezajsk nicht mehr und als Jude schon gar nicht. Und wir sollten jetzt auch mal allmählich sehen, dass wir loskämen. Denn gleich kämen sie wieder, ihre Freunde und dann wolle sie allein in der Wohnung sein. Was wir denn überhaupt so lange mit ihr wollten, die Hauptpersonen hielten sich schließlich da draußen auf.

Einen Tipp, wie wir am besten an ein Interview mit ihnen kommen könnten, hat sie aber auch nicht. Nur den sachdienlichen Hinweis, dass wir uns wirklich beeilen sollten, denn gleich sei Sonnenuntergang, der Beginn des Sabbat. Und dann könnten wir unser Interview für zwölf Stunden erst einmal ganz vergessen. Womit sie eindeutig Recht hat. Und so verabschieden wir uns ziemlich hektisch, allerdings nicht ohne ihr schon jetzt anzukündigen, dass wir auf ihre Hilfe wohl doch noch einmal würden zurückkommen müssen.

Draußen auf der Straße vor dem Friedhof ist mittlerweile eine ungeheure Hektik ausgebrochen. Tausende Pilger, Frauen mit dicken Perücken und Kopftüchern, Männer mit Handtüchern über der Schulter kommen von der Mikwe, dem rituellen Freitagsbad zurück, das sie auf den Sabbat vorbereiten soll. Wir haben noch knapp zwei Stunden Zeit, einen Gesprächspartner zu finden. Aber alle, die wir ansprechen, weichen aus, winken ab oder schauen uns gar nicht erst an. Als wir in einer kleinen Querstraße landen, die direkt vom Marktplatz abgeht, sehen wir zwei Jungen, die verzweifelt versuchen, sich mit einem Polen zu verständigen, der vor seinem Haus den Schnee vom Bürgersteig schaufelt. Ganz offenbar suchen sie noch nach einem Zimmer. Ganz offenbar können sie kein Polnisch. Und der Mann, mit dem sie zu verhandeln versuchen, ist nicht gerade besonders entgegenkommend. Magda, meine Mitarbeiterin, die bereits seit dem Morgen nach einem Gesprächspartner sucht, erkennt ihre Chance und stürzt sich in die Situation. Ob sie helfen könne? Übersetzen zum Beispiel ... Worum es gehe? Ach, man suche ein Zimmer. Kein Problem, natürlich könne sie übersetzen. Deutsch, könne sie, Jiddisch, kein Problem, und Polnisch sowieso. Die beiden Jungen sind verblüfft, sehen verlegen nach unten auf die Straße und rechnen. Denn auch sie haben nur noch zwei Stunden bis zum Beginn des Sabbat. Und wie von uns vermutet, tatsächlich noch keine Unterkunft. Die Zelte vor der Stadt, in denen die meisten Pilger wohnen, sind längst voll. Dort hatten sie es bereits versucht.

Also fügen sie sich in ihr Schicksal, das in diesem Fall Magda und unsere Kamera heißt. Denn helfen können wir natürlich nur, wenn wir ihre Wohnungssuche dabei auch drehen dürfen. Nahum, der Jüngere der beiden, versteht sofort. Er hat dünne rotblonde Schläfenlöckchen, eine schmale Filzkappe auf dem Kopf und lächelt schüchtern, zart und neugierig. Aus der Ukraine kommt er und macht dort irgendwelche Geschäfte, erzählt er vorsichtig. Der Mann mit der Schneeschaufel, mit dem sie versucht hatten zu verhandeln, ist beim Anblick unserer Kamera ärgerlich geworden. Eigentlich wollte er die beiden jungen Juden nicht in sein Haus lassen, einfach wegschicken kann er sie jetzt aber auch nicht mehr.

Lustlos bittet er Nahum und uns also hinein in sein Gästezimmer, das eiskalt und ungemütlich ist, und betont immer und immer wieder, dass er nichts gegen Juden habe, im Gegenteil, dass der Ofen natürlich angeworfen werden könne. Seine Frau schreit derweil aus dem Hinterzimmer, dass das doch alles so nicht gehe. Wir übersetzen vom Jiddischen ins Polnische und zurück, aber die Situation bleibt kalt, abweisend und künstlich. Nach einer Viertelstunde verabschiedet sich Nahum freundlich, und wir stehen mit ihm wieder auf der Straße. Er ist nicht viel weiter als zuvor, aber wir haben jetzt zumindest ihn. Einen ultraorthodoxen Jungen, der genau gespürt hat, wie fremd und wenig willkommen er hier ist, und der jetzt zumindest vor uns nicht mehr weglaufen wird. In der kleinen Querstraße, in der wir fast allein mit ihm sind, erklären wir ihm wortreich auf Deutsch, Jiddisch und Polnisch unser Anliegen. Dass wir sie nicht immer nur als Folklore-Statisten im Bild herumlaufen lassen wollen, sondern wirklich zeigen und verstehen möchten, worum es ihnen mit ihrer Religion eigentlich geht, dass sie dafür aber mit uns sprechen müssen. Und aus irgendeinem Grund, vielleicht aus einem diffusen Gefühl von Verlorenheit in diesem Moment, vielleicht einfach aus Neugier, fasst er tatsächlich Vertrauen zu uns. Am Ende nickt er schicksalsergeben, als wir die Kamera einfach weiterlaufen lassen. Vor dem Eingang zum Friedhof verabschieden wir uns und verabreden uns für den nächsten Abend, zum Ende des Sabbat. Dann erst gehe ja auch das eigentliche Fest zu Ehren des Rabbi los. Er lächelt wieder so schüchtern, zart und neugierig wie schon zuvor, und es sieht so aus, als ob wir uns auf ihn verlassen könnten. Etwas anderes bleibt uns sowieso nicht übrig.

Als die Sonne untergegangen ist, ziehen wir in die Dorfkneipe. Der alte Mann, der sie den ganzen Vormittag über bewacht hat, sitzt jetzt am Fenster und beobachtet das wilde Beten rund um den Friedhof vom sicheren Stammtisch aus.

Die Lautsprecher plärren wieder, das immer gleiche Lied. Nur für einen kurzen Moment werden sie von dem Flattern eines Hubschraubers übertönt, der aus Sicherheitsgründen seine Runden über dem Marktplatz dreht. Dann heult das lang gezogene »Ojojoooj« wieder durch die Luft, bis in die Kneipe hinein. Es ist alles andere als eine andächtige Veranstaltung, dieser Todestag des Wunder-Rabbi, und erst nach einer Weile höre ich, was die Männer aus Lezajsk am Fenster untereinander bereden.

Der Alte mit dem Fahrrad ist der Wortführer. Er diskutiert leise, aber eindringlich mit zwei Jüngeren, die sich zu ihm gesetzt haben, und macht dazu wilde Gesten rund um das Bierglas herum. »Eine Invasion ist das. Und in der letzten Zeit werden es von Jahr zu Jahr mehr. Was Gutes haben die nicht im Sinn. Ihr wisst doch, was die vorhaben. Die wollen uns unsere Häuser wieder abnehmen. Wie damals. Sie nehmen uns unsere Häuser ab, und uns Polen bleiben wieder nur die Bürgersteige. Aber das werden wir nicht noch einmal zulassen. Verdammt wachsam sollten wir sein.«

Ich setze mich zu ihnen und frage, warum sie so reden. Der Alte lehnt sich zu mir hin und gestikuliert jetzt herausfordernd in meine Richtung. »Weil die Juden Konkurrenz waren und uns Polen immer überlegen waren. Die haben doch nicht gearbeitet, die haben uns ausgenommen und dafür gesorgt, dass hier in Lezajsk damals kaum ein polnischer Handwerker überleben konnte. Und außerdem mit den Russen gemeinsame Sache gemacht.« Was das denn mit den Russen zu tun habe, frage ich ihn, die Situation ist mir unangenehm. »Ja, wer waren denn die Ersten, die uns Polen an die Bolschewiken verraten haben, damals hier im Zweiten Weltkrieg und danach? Das waren doch die Juden, die immer mit den Russen gegen uns kollaboriert haben! Und deshalb sollen sie bloß morgen wieder verschwinden und bleiben, wo sie hergekommen sind. Hier werden wir sie nicht noch einmal reinlassen.« Befriedigt schiebt er seine Kappe in den Nacken und lehnt sich wieder zurück. Die beiden anderen am Tisch nicken zustimmend. Als ich sie frage, ob sie das auch noch einmal der Kamera erzählen könnten, zucken sie mit den Achseln. Kein Problem. Wenn ich ihnen noch ein Bier dazu bestellen könnte, dann bitte sehr. Ich bestelle also das Bier, frage noch einmal nach, und sie wiederholen ihre Hasstiraden nicht nur, sie drehen jetzt richtig auf. Nachher frage ich mich, ob ich das Material nicht lieber gleich in den Müll werfen sollte. Doch ich hatte solche Töne mittlerweile schon zu oft gehört in Polen auf dem Land, um sie ignorieren zu können. Am Ende habe ich die drei Männer und ihr Stammtischgespräch mit hineingenommen in die Reportage über Lezajsk. Denn mit der Zeit bin ich zu der Auffassung gelangt, dass es keinen Sinn hat, die Realität, so wie sie nun einmal ist, auszublenden. Auch wenn das gerade in Polen an diesem Punkt immer wieder eine schwierige Gratwanderung bleibt.

Es gibt tatsächlich kaum ein Thema, das zu bearbeiten mir als deutscher Journalistin in Polen so schwer gefallen ist wie das des spezifisch polnischen Antisemitismus. Kann ich als Deutsche den Polen ihren Antisemitismus überhaupt vorwerfen? Sollte ich nicht – angesichts der so viel schrecklicheren Verbrechen, des systematischen Völkermords, den wir Deutschen an den Juden begangen haben – vorsichtig sein, ausgerechnet in diesem Zusammenhang Polen auf die Anklagebank zu setzen? Ausgerechnet die Polen, die im Übrigen von den deutschen Besatzern während des Zweiten Weltkriegs immer wieder ermuntert und angestiftet wurden, ihre Dörfer von den Juden »selbst zu reinigen«? Und kann eine solche Anklage nicht in Deutschland schnell instrumentalisiert werden, im Dienst der Selbstentlastung?

Es war also eines der kompliziertesten Themen für mich in diesem Land, und es erwischte mich kalt, als ich gerade drei Wochen hier war. Im Sommer 2001 brach in Polen die bisher größte Debatte über den eigenen Antisemitismus aus, die das Land bis dahin erlebt hatte. Die Debatte über Jedwabne.

Nach dem Angriff der Deutschen auf die Sowjetunion im Juli 1941 und dem Einmarsch der Wehrmacht in die bis zu diesem Zeitpunkt von der Roten Armee besetzten polnischen Gebiete kommt es in ganz Ostpolen zu zahlreichen Pogromen. Eines der wahrscheinlich schrecklichsten spielte sich in Jedwabne ab, einem kleinen Städtchen nicht weit von der heutigen polnisch-weißrussischen Grenze. Die jüdischen Nachbarn, bis zu 1600 Kinder, Frauen und Männer des Städtchens, werden von den Polen, mit denen sie jahrzehntelang Tür an Tür gelebt hatten, erschlagen, erstochen, zu Tode geprügelt. Einer jüdischen Frau wird der Kopf abgeschlagen. Danach spielen die polnischen Männer Fußball mit ihm. Am Ende werden die noch lebenden Juden des Dorfes in die Scheune eines polnischen Bauern getrieben, die anschließend angezündet wird. Fast keiner der jüdischen Dorfbewohner überlebt diesen Tag.

Obwohl es direkt nach dem Krieg zu einem Gerichtsprozess kam, bei dem die Hauptschuldigen verurteilt wurden, einer der Täter sogar zum Tode, galt der Massenmord an den Juden in Jedwabne seit den 60er Jahren als Verbrechen der Deutschen. Eine Gedenktafel am Ortseingang erinnerte an die 1600 Juden, die hier im Sommer 1941 von der Gestapo ermordet worden sein sollten.

Im Frühling 2001 erscheint nun ein Buch des in New York lebenden polnischstämmigen Historikers Jan Tomasz Gross mit dem Titel »Nachbarn«, in dem die Ereignisse von damals minutiös rekonstruiert werden. Und mit dem genau das wieder zu Tage tritt, was eigentlich alle in Jedwabne schon immer gewusst hatten: die Tatsache, dass das Pogrom von den Polen aus dem Ort selbst verübt wurde.

Die Debatte, die jetzt ausbrach, machte schnell deutlich, dass es um mehr als einen Einzelfall ging. Innerhalb weniger Wochen in diesem Sommer – in den Zeitungen und auf Empfängen im ganzen Land wurde über fast nichts anderes mehr diskutiert – brach das historische Selbstbild der Polen als der großen Märtyrernation in sich zusammen. Das Land war plötzlich gezwungen, sich mit der eigenen Schuld, dem eigenen Täter-Sein zu befassen. Man muss wissen, welche zentrale Stellung das nationale Leiden beim Prozess der Identitätsfindung der Polen einnimmt, um zu verstehen, was sich in diesem Sommer hier abgespielt hat. Wie stark das eigene Selbstbild, als ganzes Land immer Opfer gewesen zu sein, die Basis bildet für eine trotzige nationale Identität, die sich nur über das Grundgefühl von Angst und Abgrenzung einer Bedrohung gegenüber definieren kann. Die Heftigkeit, mit der die klar auf dem Tisch liegende historische Wahrheit immer wieder verdrängt und in Frage gestellt wurde, wird erst dann verständlich.

In dieser Debatte ging es um nicht mehr und nicht weniger als eine Revision tief sitzender Mechanismen, die die polnische Identität seit Jahrhunderten geprägt hatten. Ins Wanken geriet vor allem die alte Gleichsetzung Pole = Katholik = Opfer und damit auch eine der Voraussetzungen für den spezifisch polnischen und oft so unhinterfragten, fast selbstverständlichen Antisemitismus. Die Wurzeln dazu liegen tief. Über Jahrhunderte war die katholische Kirche die einzig sichere Garantin der polnischen nationalen Identität, in Abgrenzung zu den protestantischen Preußen im Westen und den russisch-orthodoxen Nachbarn im Osten. Die immer wiederkehrenden Teilungen Polens, die gescheiterten nationalen Aufstände, die romantische Verzweiflung im Zuge dieser Erfahrung – aus alldem entwickelte sich ein spezifisch polnisch-katholischer Nationalismus, der mit der Gleichsetzung Pole = Katholik die jüdischen Nachbarn zu »den anderen« machte und so den Antisemitismus fast automatisch mit in die Definition der eigenen Identität hineinnahm. Nicht zufällig taucht bis heute nicht nur in den Kneipen und an den Stammtischen immer wieder das Stereotyp des Juden auf, der die katholische Nation bedroht, Jesus ans Kreuz genagelt habe und außerdem noch mit den Bolschewisten, den Russen, dem Aggressor von außen, kollaborierte, die dem Katholizismus und den Polen als Nation per se feindlich gegenüberstanden.

Den Höhepunkt erreichte die Debatte um Jedwabne am 10. Juli 2001, dem 60. Jahrestag des Massakers. Der polnische Präsident Aleksander Kwasniewski hatte sich nach langem Hin und Her dazu entschlossen, sich an diesem Tag auf einer Gedenkfeier in Jedwabne für das an den Juden durch die Polen begangene Verbrechen entschuldigen zu wollen. Im Namen des Volkes. Kaum wurde das öffentlich, schlugen die Wellen auch schon hoch und höher, sahen doch viele Polen die ganze Diskussion nach wie vor als Angriff auf ihr Land und sich selbst. In ihrem Namen könne er sich nicht entschuldigen, hieß es. In manchen Blättern las man gar von einer jüdischen Verschwörung, in die nun auch der Präsident verwickelt sei.

Als wir am Morgen der Gedenkfeier in Jedwabne ankommen, hängen überall im Ort Plakate eines »Komitees für die Verteidigung des guten Rufs von Polen«: »Wir entschuldigen uns nicht! Die Deutschen haben die Juden aus Jedwabne ermordet. Sollen die Lügner das polnische Volk um Verzeihung bitten!« Zur Kontaktaufnahme wird eine Handy-Nummer angegeben. Die Bewohner des Städtchens haben sich in ihren Häusern verbarrikadiert. Vor der Kirche steht ein alter Mann und lacht uns aus. »Ja, feiert ihr nachher mal schön. Von uns kommt da keiner hin.« Und auch der ortsansässige Pfarrer will nicht mit uns reden. Auch er komme ganz sicher nicht zur Feier am Mittag, da könnten wir sicher sein, erklärt uns seine Haushälterin, bevor sie uns die Tür vor der Nase zuschlägt und im Innern der Pfarrei verschwindet.

Wirklich verblüfft war ich nicht über diese Auskunft. Schließlich tat dieser Pastor von Jedwabne das auf gewisse

Weise durchaus im Einvernehmen mit seiner Kirchenleitung. Denn der katholische Primas von Polen, Kardinal Glemp, hatte ebenfalls seine Teilnahme an der Gedenkfeier abgesagt und stattdessen wenige Tage zuvor erklärt: »Ich überlege mir, ob die Juden nicht anerkennen sollten, dass sie gegenüber den Polen schuldig sind, insbesondere was die Zusammenarbeit mit den Bolschewisten angeht.« Nach entsprechender Gewissensprüfung sollten sich die Juden also zuvor bei den Katholiken entschuldigen, dann könne man über alles reden. Krasser hätte man das Stereotyp vom »bolschewistischen Juden« wohl kaum bedienen können. Während der alternativen Gedenkmesse, die die katholische Kirche einige Tage zuvor in Warschau abgehalten hatte, bat der katholische Primas denn auch nicht die Juden, sondern Gott um Vergebung, Gott habe schließlich am meisten gelitten. Es war eine merkwürdig unklare Formulierung und letztlich eine verpasste Chance. Denn in dieser Debatte hätte die offizielle katholische Kirche endlich Stellung beziehen und sich damit auch klar gegen den dumpfen nationalkatholischen Antisemitismus abgrenzen können, der in ihrem Namen nach wie vor in so mancher Gemeinde gepflegt wird. Nicht nur auf dem Land übrigens. Genau die Kirche in Warschau, in der der katholische Primas Glemp seine unklare Entschuldigung aussprach, vermietet ihre Kellergewölbe an eine religiöse Buchhandlung, die hier auch die gängigen antisemitischen Schriften verkauft. Und das übrigens trotz vielfacher öffentlicher Proteste bis auf den heutigen Tag.

Es war ein interessanter, wenn auch schwieriger Einstieg mitten in die komplizierte Geschichte zwischen Polen, Juden und Deutschen, den mir die Diskussion um Jedwabne gleich zu Anfang meiner Arbeit hier gebracht hat. Die Hoffnung vieler aufgeklärter Polen, Jedwabne werde etwas ändern, die Menschen aufrütteln und eine Phase der Selbstbesinnung einleiten, hat sich allerdings kaum erfüllt. Zu sehr ist das Land nach wie vor mit sich selbst, den neuen großen Veränderungen im Zuge des EU-Beitritts und damit – subjektiv – neuen Bedrohungen von außen beschäftigt, um die rechtsnationalen Stimmen zur deutlichen Minderheit werden zu lassen. Eins jedoch hat die Debatte dennoch bewirkt: Der eigene Antisemitismus ist in Polen zum öffentlichen Thema geworden. Und das ist zumindest ein Anfang.

Zurück nach Lezajsk, zum großen Fest, das gleich zu Ehren von Rabbi Ele Melech beginnt. Ich stehe auf der Straße und warte auf Nahum, mit dem wir verabredet sind, während ein nicht versiegender Strom von schwarz gekleideten, festlich gewandeten Juden mir entgegenkommt, alle auf dem Weg zum Festzelt, in dem gleich die Abschlusszeremonie stattfinden soll. Keiner sieht mich an, stattdessen laufen sie an mir vorbei, immer noch im Eiltempo, und ich fühle mich seltsam fremd und verloren in diesem Moment. Ich bin jemand, der nicht dazugehört, der nicht wirklich versteht, was sie da tun. Und sie würden mich auch gar nicht hineinlassen in ihre Gemeinschaft. Selbst wenn ich wollte. Vielleicht haben sie sich so ähnlich gefühlt, manche polnischen Katholiken, hier in den Dörfern Ostpolens. Der Weg von hier zur Aggression ist nicht weit, wenn man sich gleichzeitig auch noch ökonomisch unterlegen fühlt. Es sind widerstreitende Gefühle, die mir durch den Kopf schießen, während ich hier warte und mich frage, ob die Pilger eigentlich die seltsam distanzierte Stimmung im Dorf heute überhaupt mitbekommen. Wahrscheinlich nicht. Denn Polnisch spricht ja kaum einer mehr von ihnen. Vielleicht spüren es einige, vielleicht ist es ihnen aber auch egal, denn ihre Vorfahren haben Schlimmeres erlebt. Sie wissen, wie es ihren Eltern und Großeltern hier ergangen ist, und das genügt vielen wahrscheinlich.

Vor dem Friedhof steht eine Gruppe junger Männer, die breites Amerikanisch spricht. Nahum, der kleine zarte Junge aus der Ukraine, mit dem wir hier verabredet sind, ist noch nicht aufgetaucht, und so versuche ich mein Glück bei den Amerikanern. Und tatsächlich haben sie nichts dagegen, mit uns zu sprechen. Sie seien ja schließlich alle aus Brooklyn, New York, und seien mit Medien aufgewachsen. Wenn das doch nur immer so einfach wäre, denke ich, schließlich sind wir jetzt schon anderthalb Tage hier, ohne auch nur ein einziges brauchbares Gespräch vor der Kamera geführt zu haben.

Und dann entspinnt sich eine interessante Diskussion. Ein schlaksiger, großer rothaariger Mann, der auch aus Irland sein könnte, macht den Anfang. Dass sie alle große Teile ihrer Familie hier verloren hätten, dass sie deshalb auch nur so kurz und hektisch hierher kämen, da keiner von ihnen länger als irgend nötig diesen polnischen Boden betreten wolle. »Schließlich liegen hier unter dieser Erde unsere ganzen Familien. Von euch Deutschen ermordet, oder eben später von den Polen.« Was denn die Polen hier im Dorf so dächten, wollen sie wissen, als ich sage, dass ich in Polen lebe und Polnisch spreche. Wie das heute sei, in diesem Land, das viele ihrer Eltern mehr hassten als Deutschland. Und ich versuche, es ihnen zu erklären. Dass viele hier im Dorf heute eine unbestimmte Angst vor ihnen hätten. Dass sie aber auch wissen sollten, dass es nicht nur ein paar, sondern viele tausend Polen gegeben habe, die Juden im Krieg vor den Deutschen gerettet haben. Viele tausend Bäumchen stehen in der Gedenkstätte Yad Vashem in Jerusalem als Dank dafür im »Wald der Gerechten«, in dem für jeden Mensch, der Juden versteckt und vor dem Tod gerettet hat, ein Baum gepflanzt wurde. Die Polen haben dort mehr Bäume als jedes andere Volk. »Mein Vater«, erklärt mir der große Rothaarige aus New York, »der würde dennoch niemals wieder hierher kommen. Schließlich sind wir, meine ganze Familie, hier umgebracht worden. Wenn ich darüber auch nur einen

Moment ernsthaft nachdenke, müsste ich sofort anfangen zu weinen.«

Warum er dann hier ist, frage ich ihn. »Weil das für mich dennoch ganz wichtig war herzukommen. Für mich ist es wichtig zu wissen, wo meine Wurzeln sind. Meine ganze Familie war nun einmal aus Lezajsk, und ich wollte einmal sehen, wie es hier aussieht. Einmal die Wallfahrt machen und zu Ehren des Rabbi hier tanzen und singen.«

Und deshalb könne er darüber jetzt auch nicht mehr viel sprechen, über die Vergangenheit. Sie seien ja hauptsächlich gekommen, um glücklich zu sein, gemeinsam zu beten, zu tanzen und zu singen, das habe Rabbi Ele Melech immer gepredigt. Dass nur der Mensch, der tiefe Freude erlebt, Gott nahe sein kann. Und dass das Fest, das gleich beginne, deshalb ein fröhliches sein müsse, zu Ehren des Rabbi. »Have a nice night«, höre ich noch, und schon sind sie verschwunden. Im Laufschritt zum Festzelt.

Ein großer Reisebus aus Wien bremst scharf vor dem Friedhof. Der Sabbat ist zu Ende, Rushhour am heiligen Ort. Viele kommen offenbar erst jetzt an, rennen zum Grab des Rabbi und von dort zum Festzelt. Vor dem Friedhof sind plötzlich jede Menge Buden aufgetaucht, vor denen Männer aus aller Welt mit Megaphonen stehen und laut nach Spenden rufen. Bezahlt wird in Dollar, denn Zloty hat hier niemand getauscht. Wozu auch, für die eine Nacht.

Nahum in dem Chaos noch zu finden erscheint mir immer unwahrscheinlicher. Und fast habe ich den Gedanken schon aufgegeben, als er plötzlich vor uns steht. Schüchtern lächelnd wie zuvor bittet er mich, ihn in der Öffentlichkeit nicht anzusprechen; ansonsten könnten wir ihn jetzt aber überallhin begleiten. Als Erstes müsse er jetzt beten, am Grab des Rabbi, und auch dorthin könnten wir mitgehen, wenn niemand auf dem Friedhofsgelände etwas dagegen habe. Ich bleibe unten am

Eingang, denn die Grabstätte des Rabbi, an der gebetet wird, ist für Männer und Frauen streng getrennt. Und dorthin, wo Nahum beten wird, kann nur der Kameramann mit. Als die beiden nach einer Stunde zurückkommen, lächelt Nahum immer noch. Der Kameramann auch. Es scheint alles gut gegangen zu sein. Bevor er jetzt aber mit uns auf das Fest gehen könne, müsse er noch einmal auf sein Zimmer, das er nach langem Suchen doch noch gefunden hat. Wir folgen ihm, und kaum sind wir im Haus, wird er entspannter. Der Grund dafür ist Zev. Einer der beiden anderen jungen Männer seines Alters, mit denen er sich das Wohnzimmer einer Polin teilt, die dort liebevoll-mütterlich für sie drei Feldbetten aufgebaut hat.

Zev ist ganz offenbar der Chef der kleinen Clique. Ein lockiger, dunkelhaariger, gut aussehender junger Kerl mit schräg aufgesetzter Strickmütze, der mehr nach einem Araber aussieht als nach einem ultraorthodoxen Juden. Oder ein Rasta-Freak. Er kommt aus Brooklyn, New York, wie so viele hier. Sein Großvater starb in Auschwitz, der Rest der Familie konnte sich in die USA retten. Er ist das erste Mal in Europa und findet es »nice and cozy«. Alles sehr nett hier. »Really.« Ein Interview vor der Kamera? Kein Problem. Er sitzt im Schneidersitz auf seinem Feldbett, auf dem Platz zu nehmen er mich mit einer großzügigen Handbewegung jetzt auch einlädt. »Weißt du was?«, erklärt er mir dann in breitem amerikanischen Englisch und lacht, »wir Chassiden sind doch eigentlich die Hippies der Juden.« Er greift zu einer Gitarre, die unterm Feldbett lag. Ich bin leicht perplex und sage das auch. »Das verstehst du nicht, was? Aber es ist ganz einfach. Ursprünglich sind wir mit dem Rabbi mitgezogen, haben unsere Familien verlassen und ganz für Gott, den Frieden und die Freude gelebt in einer Art Community. Eben wie bei den Hippies. Und so hat es auch der Rabbi vorgelebt, der hier begraben wurde.« Er lehnt sich an die blank polierte polnische Schrankwand hinter seinem Rücken und beginnt, an der Gitarre herumzuzupfen. Das bringt mich auf die Idee, ihn nach dem Klagelied zu fragen, das seit mittlerweile zwei Tagen das ganze Dorf beschallt und so den Refrain und damit den Grundton zu ihrem Fest angibt. Ob er mir erklären könne, worum es da gehe und was denn dieses »Ojojojoooj« nun eigentlich bedeute. Das sei gar nicht immer dasselbe Lied, erfahre ich jetzt, nur der Refrain sei immer ähnlich. Und das Ojojojoooj. Das gebe es nur bei den traurigen Liedern. Bei denen in Moll. Ein Schrei, ein Weinen. Ein Klagen, über das, was passiert sei mit ihnen, immer wieder in der Geschichte. Aber es gebe auch ganz andere Lieder. Fröhliche Tanzlieder, solche wie die, die sie gleich auf dem Fest spielen würden. Und kaum will ich ihn bitten, spielt und singt er auch schon. Weil er auf Englisch singt, kann Nahum, der schüchterne Junge aus der Ukraine, nicht so ganz mithalten. Er summt und lächelt also stattdessen dazu, während ich auf ihrem Feldbett sitze und ihnen einfach nur zuhöre. Zwischen den Gesängen erklären sie mir ihr Fest, ihre Rituale und dass es ihnen wichtig sei, immer wieder überall auf der Welt zusammenzukommen, dass dieser Zusammenhalt alles andere ausgleichen könne. Noch nie war ich ultraorthodoxen Juden so nahe gekommen, und noch nie hatte ich so genau verstanden, worum es ihnen eigentlich wirklich ging, ohne es genau in Worte fassen zu können. Bevor ich gehe, frage ich Zev zum Abschied, was für ihn ganz persönlich das Wichtigste sei in seiner Religion. Und er antwortet mit einem Gleichnis. »Rabbi Neru, der auch mein Rabbi ist, hat einmal gesagt, dass man einmal in seinem Leben ein Wort aussprechen sollte, das zutiefst wahr sein möge.« – »Und, hast du es gefunden?«, frage ich ihn. »Nein, noch nicht. Und er hat auch gesagt, der Rabbi, dass das sehr lange dauern könne, bis man das Wort gefunden habe. Manchmal sogar das ganze Leben lang.«

Das große Abschlussfest konnten wir dann auch tatsächlich noch drehen. Eine unglaubliche Veranstaltung. Tausende Männer, die in einem überdimensionalen weißen Zelt beten, singen und sich in Ekstase tanzen. Bis in den frühen Morgen. Nahum und seinen Hippiefreund Zev haben wir irgendwann im Trubel verloren. Seine New Yorker Adresse aber habe ich immer noch. Weil ich ihn irgendwann einmal anrufen und fragen möchte, ob er es denn gefunden hat, dieses eine wahre Wort. Und weil ich mich gerne noch einmal bei ihm bedanken würde für diesen Abend und das Gespräch auf seinem Feldbett. Bei dem ich verstanden habe, dass diese seltsam schwarz gewandeten Ultraorthodoxen keine Fremden und nicht nur reaktionäre, religiöse Fundamentalisten sind. Sondern dass es ihnen um echte Spiritualität geht, um eine Nähe zu Gott oder wie auch immer man ihn nennen will, wie sie erst aus der Einheit von Körper und Geist entstehen kann. Dass wir – so gesehen – vielleicht tatsächlich alle Hippies sind.

Pani Krystyna treffen wir am nächsten Morgen noch einmal wieder. Vor dem Grab und dem Friedhof, der so leer und verlassen daliegt, als ob die ganze Nacht nie stattgefunden habe. »Leise«, bedeutet sie uns und schließt mit ihrem großen Schlüssel den Friedhof wieder ab, »der Rabbi schläft. Und erst in einem Jahr wird es hier wieder so laut und fröhlich sein wie heute Nacht.«

Sie lässt uns stehen, vor dem Tor, und überquert den großen leeren Marktplatz, auf dem nur noch ein vergessenes Megaphon, das einsam am Dach der Dorfkneipe hängt, an die gestrige Nacht erinnert. Es ist niemand mehr da. Es könnte auch ein Traum gewesen sein, das alles, was wir erlebt hatten. Eine Erscheinung oder ein Spuk aus einer anderen Zeit. Es war schließlich schon einmal so, vor 60 Jahren, dass sie ganz plötzlich alle von hier verschwunden waren.

Hippies in den Karpaten

Es ist spät geworden und so kalt, dass es sogar aufgehört hatte zu schneien, als wir endlich in Cisna ankommen. Vollmond. Die Rauchsäulen, die aus den Kaminen der Häuser steigen, haben sich hoch über dem Dorf zu einem dünnen Schleier vereinigt. Dahinter hängt der Mond wie ein großes weiches Eigelb, das an den Rändern schwammig wird und auszulaufen scheint. Der Dorfplatz glänzt, von einer dicken Eisfläche bedeckt, und als wir bremsen wollen, schlittert unser Auto seitlich quer über die Straße, bis es vor einer neonbeleuchteten Bierreklame zum Stehen kommt. In einem verrosteten Kinderwagen, den irgendjemand darunter abgestellt hat, sitzt ein Hund mit großen Augen und schaut uns fragend an.

Fast den ganzen Tag hatten wir über tief verschneite Landstraßen von Warschau bis hierher gebraucht und waren jetzt punktgenau dort gelandet, wo wir hinwollten. Am äußersten südöstlichen Ende Polens, vor der Kneipe Siekerezada, dem legendären Treffpunkt der Ausreißer, Säufer und Hippies, die sich seit Jahrzehnten in diesen entlegenen letzten Winkel Polens zurückziehen. Bieszczadniki nennen sie sich, die Aussteiger, weil das Gebirge ringsherum die Bieszczaden sind. Ein Karpatenvorgebirge, aus dem nach dem Zweiten Weltkrieg die hier lebenden Bergvölker von den Kommunisten in Warschau gen Westen deportiert wurden, da sie unter dem Verdacht standen, mit den ukrainischen Partisanen gemeinsame Sache gegen den polnischen Staat gemacht zu haben. 1947 war das, im Rahmen der so genannten »Weichsel-Aktion«. Die meisten ihrer Holzdörfer und Kirchen wurden zerstört oder niedergebrannt. Danach stand die Gegend leer. Zurück kamen die Wölfe und Bären, Wälder überwucherten die ehemaligen Siedlungen, die Natur übernahm das Niemandsland. Erst in den 60er Jahren kehrten ganz allmählich die ersten Menschen hierhin zurück. Aussteiger eben, schräge Vögel, oder ganz einfach Männer, die sich ohne Abmeldung aus ihrem Vorleben verabschiedet hatten und hier untergetaucht waren. Das jedenfalls war das Klischee. Und in der Kneipe von Cisna könne man es besichtigen. Das hatte ich gelesen und war neugierig geworden.

Als ich eintrete, ist der Laden fast leer. Zumindest auf den ersten Blick. Aber die Teufel sind da, überall an den Wänden: kleine, große, bemalte und aus rohem Holz geschnitzte Figuren, die ihre erstarrten Fratzen in den Raum hineinhalten. Auch das hatte ich gelesen, dass die Bieszczadniki auf diese Weise hier für ihr Bier bezahlt hätten, die Holzfäller, die kaum Geld hatten damals und die stattdessen diese freundlichen Dämonen aus dem Wald mitbrachten.

An einem Tisch neben der Bar sitzen vier Männer, leise, aber intensiv ins Gespräch vertieft. Drei kleine dünne mit dunklen Wollmützen und ein großer dicker mit grauem Vollbart, kariertem Hemd und Lederschlapphut. Sie sahen genauso aus, wie ich mir die Aussteiger hier vorgestellt hatte. Da hatte ich mein Klischee, und das gleich auf Anhieb. Als ich frage, ob ich mich zu ihnen setzen kann, ist ihre Begeisterung echt. Viel ist schließlich nicht los in Cisna. Der Dicke heißt Wojtek und stellt sich als Besitzer der einzigen Tankstelle im Dorf heraus. Seine Frau male Ikonen im Büro hinter dem Kassenraum, erklärt er, lacht und haut mir auf die Schulter. Das sei eine feine Gegend hier. Ein bisschen Alaska, ein bisschen Europa. Der wilde Osten eben. Er sei aus Kattowitz hierher gekommen, weil er genug hatte von dem Gestank der Gegend. Dann lieber im Wald arbeiten. Er lacht wieder laut und breit und haut jetzt seinem Nachbarn zur Linken auf die Schulter. Dieser Kleine hier, die dunkelblaue Wollmütze, erklärt er mir, das sei sein bester Freund. Der sei eigentlich Ukrainer. Das dürfe aber keiner wissen, obwohl das heute doch eigentlich gar kein Problem mehr sei. Der Kleine hat schwarze Knopfaugen und verdreht sie jetzt gen Himmel. Offenbar mag er es nicht, dass der Dicke ihn so einführt. Offenbar mag er es nicht, wenn man ihm auf die Schulter haut. Und noch viel weniger könne er es leiden, zischt er jetzt leise drohend in sein Bierglas, von ihm, Wojtek, ständig Kleiner genannt zu werden.

»Aber Kleiner, so nenn ich dich doch schon immer. Was hast du denn heute nur?« Wojtek ist zu groß und zu mächtig, um sich von dem Gezischel der Wollmütze irritieren zu lassen. Und die Wollmütze hatte offensichtlich nicht damit gerechnet, dass sein Protest etwas nützen würde. Er dreht sich also zu mir, stellt sich gottergeben als Mocur, Iwan vor und erzählt mir seine seltsame Geschichte. Vorher bestellen wir natürlich noch einmal Bier für alle, und vorher stellt Maciek, der Kameramann, seine Lampen auf. Gerade so hell, dass man sie erkennen würde später im Film, die Männer, die so aussahen, wie ich es mir vorgestellt hatte, Haudegen oder Holzfäller. Oder Hippies – Aussteiger ganz bestimmt. Bis auf Iwan, die Wollmütze, denn der war einer der wenigen, die wirklich von hier stammten: einer der wenigen, die geblieben waren, obwohl man die ursprüngliche Bevölkerung von hier vertrieben hatte. Er nimmt einen langen Zug aus seinem Bierglas und beginnt zu erzählen.

»Also, das war so, als damals die Zwangsumsiedlungen losgingen: Als 1947 alle von hier wegmussten, da habe ich mich einfach versteckt, im Wald, in einem Erdloch. Und später dann in einer Holzhütte, die ich mir schon vorher gebaut hatte. Ich war 16 damals und lebte mit meiner Mutter hier ganz in der Nähe. Eines Tages standen wir am Zaun, und der Nachbar sagte uns, dass wir am nächsten Morgen von hier wegziehen müssten, in den Westen. Da seien Leute aus Warschau gekommen, die hätten das verkündet. Nach Stettin sollten wir, wo auch immer das war. Wir hatten einen kleinen Hof, den noch der Vater aufgebaut hatte, und wir wollten nicht weg. Um nichts in der Welt. Also habe ich mit meiner Mutter besprochen, dass ich hier bleibe. Dass ich mich im Wald verstecken und heimlich um den Hof kümmern würde, bis sich die Lage wieder beruhigt hätte.« Iwan zieht die Wollmütze in den Nacken und zündet sich eine Zigarette an. »Was ich natürlich nicht wissen konnte, war, dass sie alles abbrennen würden. Als ich ein paar Wochen später an unserem Hof stand, war nur noch ein Teil des Zauns übrig. Der Rest waren ein paar verkohlte Holzbohlen. Und die Räder unseres Pferdewagens. Die waren nämlich aus Metall.« Seine Mutter habe er nie mehr wiedergesehen. Keine Adresse hatte er von ihr in Stettin, und es wäre auch viel zu gefährlich gewesen, sie zu suchen. Er habe sich stattdessen nach ein paar Monaten als Pole ausgegeben und als Holzfäller angefangen. Nach Papieren habe ihn nie jemand gefragt. Bis heute nicht. Wieso er nicht später nach seiner Mutter gesucht habe, und wieso sie nicht zurückgekommen sei, um ihn zu suchen, frage ich ihn. Aber da zuckt er nur mit den Achseln. »Die Kommunisten hätten sonstwas mit mir gemacht, wenn sie herausgefunden hätten, dass ich kein Pole war. Die haben doch alle Fremden hier verfolgt.«

Wojtek, der Dicke mit dem Lederschlapphut, der es offenbar nicht gut aushält, wenn sich die allgemeine Aufmerksamkeit von ihm abwendet, fuchtelt mit dem Bierglas: »Der Kleine ist nämlich nicht nur Ukrainer, der ist ein echter Lemke!« Und – ich hatte es befürchtet – er haut ihm wieder auf die Schulter. Die Lemken waren eines der ursprünglich hier ansässigen Bergvölker, die sich aus dem nach dem Zweiten Weltkrieg weiter schwelenden Bürgerkrieg zwischen Ukrainern und Polen eigentlich heraushalten wollten. Dafür aber von beiden Seiten mit besonderem Misstrauen behandelt wurden und so als Erste von der Warschauer Regierung aus den Bieszczaden ausgesiedelt wurden. Insgesamt waren es fast 150 000 Lemken, die auf diese Weise in die neuen Westgebiete Polens umgesiedelt wurden, aus denen kurz zuvor die Deutschen vertrieben worden waren und die dort assimiliert werden sollten. Heute leben nur noch knapp 6000 Menschen in ganz Polen, die sich selbst als Lemken sehen. Die wenigsten davon in den Bieszczaden. »Kaum jemand hat sich getraut, nach 1989 hierhin zurückzukehren. Meine Mutter hätte es getan, ganz sicher, aber die lebt wohl nicht mehr. So war das.« Iwan schüttet das restliche Bier in sich hinein und bestellt ein neues. Nach Reden ist ihm nicht mehr. Der dicke Schlapphut schweigt jetzt auch, umarmt seinen Freund dafür aber plötzlich sanft und bierselig. »So war das«, murmelt Iwan noch einmal. Als wir bezahlen, fangen sie an zu singen. Ziemlich laut und ziemlich düster. »Czerwone ruty«, ein ukrainisches Volkslied, das bis draußen auf die Straße schallt. Vor der Kneipe ist der Hund verschwunden. Nur der verrostete Kinderwagen steht noch vor dem Fenster und wirkt ein bisschen einsam, so ganz allein in der Kälte.

Die Geschichte der Lemken sollte mir noch häufiger begegnen in den Bieszczaden. Denn einige ihrer orthodoxen Holzkirchen, besonders schöne runde Kuppelbauten, haben trotz allem überdauert. Ab und zu tauchen sie auf, in Sehweite der Landstraßen. Auf kleinen Hügelchen stehen sie dann, ein bisschen verloren, ohne die Dörfer, die einmal zu ihnen gehört haben, und zugedeckt vom Schnee, der in diesem Winter so dick und weich über der Landschaft lag wie schon lange nicht mehr.

Vor einer solchen Kirche waren wir verabredet mit Andrzej Stasiuk, einem der bekanntesten Schriftsteller Polens und dem wohl prominentesten Aussteiger im ganzen Land. Mitte der 80er Jahre zog er sich hierhin zurück, nach einem Leben zwischen Protest, Rausch und Gefängnis, wie es so viele Künstler und Intellektuelle im Polen der 70er und 80er geführt hatten. Man hasste den Kommunismus, weil man jung war und sowieso gegen jede Ordnung, und bekämpfte ihn, indem man rumhing, schlechten Wein trank, unablässig rauchte und so lange im

Delirium mit dem Linienbus durch Warschau fuhr, bis der Fahrer einen rauswarf. Gearbeitet wurde nicht, Pläne hatte keiner. Wozu auch. Zukunft gab es ja nicht. Andrzej Stasiuk hat das alles beschrieben in wunderbaren Romanen, in Essays und Geschichten und wird dafür heute als eine Art literarischer James Dean von den polnischen und deutschen Feuilletons gefeiert.

James Dean also. Ich war gespannt, als wir im tiefen Schnee vor der Holzkirche von Wolowiec stehen und ein großer, moderner Jeep auf uns zu rast. Der Mann, der aussteigt, hat das Etikett verdient. Ein großer, gut aussehender Typ steht vor mir, die obligatorische Zigarette locker im Mundwinkel, ein charmantes Lächeln, bei dem die Augen aber nur halb mitmachen. Der Rest ist Ironie. Guten Tag, er sei Andrzej Stasiuk. Und was wir jetzt von ihm wollten? Den Mantelkragen hat er hoch geschlagen, das steht ihm, und er weiß das. Wir hätten uns gedacht, dass er vor der Kamera die Geschichte dieser Gegend erklärt, direkt vor der alten Kirche, direkt am Objekt sozusagen. Er zeigt auf den Schnee, der knapp einen Meter hoch liegt. Grinst. Bitte schön.

Einen begehbaren Weg hoch zur Kirche gibt es nicht, also müssen wir durch den Schnee. Für ihn ist das leichter als für mich. Mir geht der Schnee fast bis zur Hüfte. Während ich mich mühsam vorkämpfe und versuche, dabei meine Fragen zu stellen, stapft er lakonisch neben mir her. Ich werde das Gefühl nicht los, dass er solche Interviews – und Journalisten überhaupt – lästig findet, aber als wir oben an der Kirche ankommen, ist er freundlich. Vielleicht gehört es einfach nur zu seinem Image, zunächst den coolen Aussteiger zu geben. Ein Profi ist er eben auch.

Von dem kleinen Hügel, auf dem die Kirche steht, sehe ich plötzlich, wo wir sind. Ein lang gezogenes enges Tal liegt vor uns, zwei Höfe erkenne ich am Hang gegenüber, sonst nichts als Schnee und Landschaft. »Man kann sich das nur im Kopf vorstellen, wie das früher hier aussah. Das ganze Tal war voller Menschen. Die Lemken hatten über 130 Höfe, einer stand neben dem nächsten. Und das Dorf, das sich durch das Tal zog, das war vier, fünf Kilometer lang. Heute gibt es nur noch sieben Höfe in der ganzen Gegend.« Ob es nicht schwer sei, so nah an dieser grausamen Geschichte zu leben? Er nimmt die Zigarette aus dem Mund, die nur noch ein kurzer Stummel ist, und wirft sie in den Schnee hinter sich. »Ach, wissen Sie, ich bin Pole. Also bin ich an solche Geschichten gewöhnt. Am Anfang, klar, war es schwer. Denn ich wohnte in einem völlig leeren Dorf, es gab nur ein einziges bewohntes Haus im Umkreis von fünf Kilometern. Da habe ich schon diese Geister der Geschichte gespürt. Aber jetzt habe ich mich daran gewöhnt.« Von Herzen wünsche er den von hier vertriebenen Lemken, dass sie ihren Grund und Boden zurückbekommen mögen, »seit 1989 ist das ja kein Tabu mehr, dass sie vom Staat zwangsvertrieben wurden, und ein Bekannter von mir hat bereits geklagt und seinen Prozess gewonnen, der kommt jetzt zurück. Sieben Stunden Zeit hatte er damals, 1947, um zu packen, was auf einen Wagen passte. Der Rest wurde geplündert und verbrannt.«

Die Kirche ist zugeschlossen, aber von innen sei sie eh nicht interessant, erklärt mir der Schriftsteller, und so stapfen wir den Weg durch den Schnee wieder zurück. Das Licht sei es, was ihn an der Gegend so fasziniere. »Schauen Sie mal«, zeigt er mit der ausgestreckten Hand: »Da drüben, dieser kleine blaue Streifen, der war vor fünf Minuten noch nicht da. Und wenn wir jetzt einfach ganz still hier stehen bleiben und ihn beobachten, dann wird es sich wieder verändern.« Er schweigt. Eine seltsame Spannung liegt in der Luft. Stille. Noch nicht einmal ein Hundebellen. Nichts. Der blaue Streifen am Horizont wird breiter. »Sehen Sie das?«, fragt er mich nach einer Weile, ganz ohne jede Ironie, »das sind die eigentlichen Ereignisse.« Licht, Dunkelheit, Himmel. Dass die eigentliche Metaphysik sich in den kleinen, alltäglichen Dingen finde. Dass man keine großen

Handlungen beschreiben müsse. Dass die polnische Literatur sich immer viel zu sehr mit den oberflächlichen Ereignissen beschäftigt habe, mit Schlachten und Kriegen, ihn diese »Action« aber nicht mehr interessiere. Und dass er deshalb jetzt hier wohne und lebe, denn hier sei die absolute Ruhe, die er für sein Leben und für sein Schreiben benötige.

Das Buch, das gerade auf Deutsch erschienen war, als wir uns trafen, war »Die Welt hinter Dukla«. Eine lange Erzählung, fast ein Gedicht, in dem sich all das fand, was er mir gerade beschrieben hatte. Eine Hommage an den Himmel hier im Osten Polens, eine Hommage an das Licht und an die Dunkelheit. An die Ereignislosigkeit in diesem Dukla, einer Kleinstadt, einem Kaff, das überall und nirgendwo sein konnte. Über das er aber Sätze wie diesen schrieb: »Jedes Mal, wenn ich in Dukla bin, ist etwas los. Kürzlich war es das frostige Dezemberlicht bei Sonnenuntergang. Dunkles Blau durchspann die Luft. Es war unsichtbar, aber tastbar und hart. Es senkte sich auf den viereckigen Marktplatz und erstarrte wie gefrorenes Wasser.« Nach Dukla selbst musste man dafür natürlich nicht fahren.

Stattdessen lädt Stasiuk uns zu sich nach Hause ein. In sein großes, neu gebautes Haus am Hang, in dem er mit seiner Frau Monika lebt und arbeitet. Er schreibt, und sie verlegt seine Bücher. Czarne heißt der Verlag, der sich schnell entwickelt hat und jetzt auch andere, meist mitteleuropäische Autoren veröffentlicht. Seine Frau, die Verlegerin, ist heute nicht da, sondern in Sekowa, der 30 Kilometer entfernten nächsten Stadt. Das Internet funktioniere hier nicht, erklärt mir Stasiuk, und so erledige sie die Korrespondenz und alles andere dort im Internet-Café. Er hat Tee gekocht und setzt sich jetzt mit einer großen bauchigen Kanne zu mir an den Küchentisch. »Dieser Verlag ist mir deshalb so wichtig, weil ich mich jetzt endlich unserer eigenen Identität hier widmen kann. Vor 1989 bin ich in Jeans-Imitaten herumgelaufen, und wir haben nach Jack Kerouac und anderen Westautoren gefahndet. Ganz einfach, weil die hier verboten waren und weil das die Freiheit war. Nach 1989 ist mir und uns allen hier klar geworden, dass diese Literatur nicht wirklich unsere Mentalität beschreibt, dass die so genannte Freiheit eine Chimäre ist und dass die westliche Sprache überhaupt nicht ausdrücken kann, was wir hier empfinden oder wie wir hier leben. Sehen Sie, die Westpolen, die wollen alle nach Deutschland. Hier in Ostpolen ist das ganz anders, hier ist das wirkliche Zentrum von Mitteleuropa. Wir sind weder der Westen, aber auch noch nicht Russland. Diese Region hier ist einfach etwas Eigenes, eine Welt zwischen den Welten, und ich glaube fest daran, dass sie sich jetzt auch entwickeln wird. Und mit ihr die Literatur. Jedenfalls werde ich dieser Aufgabe jetzt die zweite Hälfte meines Lebens widmen.«

Er lehnt sich zurück, raucht wieder und sieht aus dem Fenster. Es ist früher Nachmittag, aber es wird bereits dunkel, wie immer hier im Winter um diese Zeit. »Um vier Uhr früh hebt die Nacht langsam ihren schwarzen Hintern, steht voll gefressen vom Tisch auf und geht schlafen.« So beschließt er in »Dukla« eine seiner Reisen ans Ende der Welt. Er nimmt wieder einen tiefen Zug aus der Zigarette, sieht mich an, grinst und schweigt. Ein Mann, der den Platz gefunden hat, wo er hingehört. Nicht mehr und nicht weniger. Mit James Dean hatte er wirklich wenig zu tun.

Am nächsten Morgen auf dem Weg nach Arlamow. Es schneit wieder, und jetzt so stark, dass man kaum die Hand vor Augen sieht. Nicht alle Menschen, die es im Lauf der Jahre in Opposition zum System hierher in diese menschenleere Gegend Polens verschlagen hatte, waren freiwillig gekommen. Einer der prominentesten »Gäste« war in den 50er Jahren Kardinal Wyszynski, den die Kommunisten in einem entlegenen Kloster in den Bergen festsetzten. Jahrzehnte später, 1982, fand sich plötzlich Lech Walesa im Bieszczady-Gebirge wieder. Auch er gegen seinen Willen. Ihn allerdings schickte man nicht ins Kloster, sondern nach Arlamow, wohin wir jetzt unterwegs sind. Einen riesigen Bunker, 1969 offiziell erbaut als »Erholungskomplex des polnischen Ministerrats«, der den Regierungschefs damals vor allem als Jagdsitz diente. Weitab von der Zivilisation und von möglichen Zeugen ging die kommunistische Elite hier ihren Vergnügungen nach. Tito soll hier zu Gast gewesen sein, Breschnew und natürlich Honecker. Zum Jagen kamen sie, zu fröhlich-biederen Kutschfahrten und exklusiven Staatsbanketten. Anfang der 80er hatte man in Warschau allerdings anderes zu tun. Lech Walesa hatte die Gewerkschaft Solidarnosc gegründet, die Stimmung auf der Danziger Lenin-Werft drohte überzukochen. Am 13. Dezember 1981 rief General Jaruzelski das Kriegsrecht aus. Lech Walesa, der ihm politisch gefährlich geworden war, ließ er ein paar Monate später hierhin fliegen und internieren.

Eine breite Straße, die man quer durch den Wald geschlagen hatte, führt steil den Berg hinauf, auf dem das einstige Staatsobjekt gebaut wurde. Der Schnee ist nass und fällt so dicht, dass wir mit unserem schwer bepackten Teamwagen zunächst nicht vorankommen, die steile Straße stattdessen immer wieder hinunterrutschen. Von hier unten sieht das Anwesen düster und bedrohlich aus, ein riesiger, quadratisch gebauter Block ohne Charme und Anmut. Ein Eindruck, der bleibt, auch als wir schließlich mittels eines halsbrecherischen Sprints endlich oben ankommen. Heute, nach der Wende, ist Arlamow allerdings längst in Privatbesitz. Gekauft von einer Maschinenfabrik aus der Gegend, die das Anwesen zunächst auf das Drängen der Gemeinde hin zu einer Wellness-Oase ausbauen wollte, es dann aber doch im alten Stil beließ, weil es einfach zu weit ab vom Schuss lag. Als Hotel der »gehobenen Klasse« mit sentimentalem Erinnerungswert an die Zeit vor der Wende, wie uns die Empfangsdame, eine junge Blondine in grauem Kostüm, stolz erklärt.

Die Blondine ist von heute. Der Rest ist Sozialismus. Die düstere Halle, in der wir stehen, die schweren Polstermöbel aus braunem Lederimitat, die an Metallstangen befestigten Aschenbecher in Kniehöhe, die Plastikfarne am Treppengeländer. Selbst der ausgestopfte Wildschweinkopf an der Wand sieht aus, als sei er von Jaruzelski persönlich erlegt worden. Wir warten auf den Hausmeister, der damals, in den 8oern, noch Techniker war und das alles miterlebt haben soll. Nach einer halben Stunde steht ein kleiner schüchterner Arbeiter im Blaumann unter dem Wildschweinkopf neben der Treppe und schaut unsicher zuerst auf das Tier an der Wand, dann zu uns. Jan Bandyk, stellt er sich vor, und natürlich könne er die Herrschaften, also uns, durch das Haus führen. Wir wollten sicher die Suite Nr. 52 sehen, die, wo der Herr Walesa damals gewohnt habe. Wollen wir, und auf dem Weg dorthin, über lange öde Flure, frage ich ihn nach damals, und es stellt sich heraus, dass Jan Bandyk sich noch sehr gut erinnern kann. Auch an den Herrn Walesa.

»Er kam im Frühling, Anfang Mai, meine ich, und hat sich furchtbar gelangweilt. Obwohl er eins der schönsten Zimmer im ganzen Hotel bekam. Aber er durfte ja auch nichts: kein Radio hören und noch nicht einmal alleine spazieren gehen. Die ganze Etage hier war damals gesperrt, und ich durfte auch nur ganz selten rein, wenn was kaputt war und repariert werden musste.« Der Mann im Blaumann zeigt den langen Flur entlang und schmunzelt jetzt ein bisschen. »Die standen hier einer neben dem anderen, bis ans Ende des Korridors. Eine ganze Kompanie der Armee, die ihn die ganze Zeit bewacht hat.« Und abgehört hätten sie ihn noch zusätzlich. Er zeigt mit dem Finger an die Decke des Flurs. »Das Zimmer direkt hier drüber, das war das Zimmer Nummer 72. Das war total verboten. Selbst ich als Techniker durfte es nicht betreten. Kann man sich ja vorstellen, was die da gemacht haben. Löcher in den Boden gebohrt und Wanzen verlegt.«

Er öffnet die Tür zur Suite Nr. 52. »Die Möbel waren damals noch etwas altmodischer. Aber der Stil war schon ähnlich.« Er lächelt vorsichtig und lädt uns mit einer unsicheren Handbewegung ein, den Raum zu betreten. Es ist dieser unnachahmliche biedere Luxus, der uns entgegenschlägt, den es so nur im Sozialismus gegeben hat. Gemusterter Teppichboden, das Bett im nachgemachten Louis-XV-Stil, die Bar goldverchromt inklusive des obligatorischen Plastikfarns. Dazu vom Balkon ein Blick vor die Bäume, hohe Tannen, die fast die Hauswand berühren. Der Wald ist dunkel hier, und direkt dahinter beginnt die Einsamkeit. Unser Hausmeister steht ein bisschen ungelenk am Fenster und dreht sich nach kurzem Nachdenken wieder zu uns um. »Wie gesagt, er war nicht wirklich fröhlich damals, der Herr Walesa. Obwohl er dieses schöne Zimmer hatte, wirkte er eher bedrückt, jedenfalls die wenigen Male, die ich ihn gesehen habe. Und obwohl er Besuch bekommen durfte. Ab und zu kam seine Familie und sonntags ein Priester aus Przemysl. Unsere Politiker haben ihn auch besucht. Meistens welche aus dem Innenministerium. Die wollten, dass er aufgibt. Hat er aber nicht.«

Ob wir noch andere Zimmer sehen wollten, fragt er uns, nicht ohne einen gewissen Stolz. Doch das wollen wir nicht mehr. Das Gästebuch, das müsse er uns aber noch zeigen, denn der Herr Walesa, der sei noch einmal hier gewesen, vor ein paar Jahren, und habe sich dort schriftlich bedankt für die freundliche Behandlung seitens des Personals. Das habe sie hier gefreut, sie alle hier, auch die, die damals noch gar nicht da gewesen seien. Mit dem Helikopter sei er gekommen. Und dann, bevor er wieder abflog, habe man den Herrn Walesa sogar noch auf ein Pferd gesetzt, auf einen richtigen Araber, obwohl er gar nicht reiten konnte. Aber ein schönes Foto sei es gewesen und vielleicht eine gute Werbung für das Hotel. Denn das Hotel habe heute schwierigere Zeiten, viel schwierigere als damals. Wer wolle hier schon freiwillig wohnen. Obwohl es so schön liege, das »Objekt«.

Damit hatte er fraglos Recht. Sie wussten eben, wo es schön war, die Giereks, die Jaruzelskis und all die anderen, auch wenn ihre Art der Inneneinrichtung nun wirklich eine Geschmacksfrage blieb. Gute Jäger waren sie auch nicht, erzählt uns der Hausmeister noch zum Schluss. Vor allem der Gierek nicht. Der habe sich immer gefürchtet vor dem Schießen. Und den Sozialismus, den hätten die Herrschaften am Ende ja auch nicht mehr retten können.

Als wir den schneebedeckten Berg mit unserem Auto wieder herunterschlittern, fällt mir das Lieblingslied Erich Honeckers ein. Plötzlich hatte ich es im Ohr, und zwar so tief und lakonisch, wie es Katja Ebstein immer gesungen hatte: »Im Leben, im Leben, geht mancher Schuss daneben.« Vor mir lag die lange, gerade, tief verschneite Straße, die direkt in die ehemalige Sowjetukraine führte, ich sah Honecker vor mir, wie er ängstlich mit einem Jagdgewehr hantierte, und ich sang dieses Lied und wusste selbst nicht warum.

Ich wurde es den ganzen Tag über nicht mehr los und hörte es sogar noch, als wir schon viele Kilometer weiter bei Maria Koslowska auf dem Hof standen, einer Frau, die auf ganz eigene Art auf die Jagd gehen wollte. Auf Wolfsjagd. Denn mit der Einsamkeit sind auch die Wölfe wieder eingezogen in die Bieszczaden. Irgendwann in den 70er Jahren wurden die ersten gesichtet. Und seitdem werden es mehr. Die Bauern und vor allem die Schafzüchter der Gegend sind darüber alles andere als begeistert. Maria Koslowska ist eine kleine energische Frau, die uns in Gummistiefeln vor ihrem Stall erwartet: »Erst letztes Jahr haben sie meine Schafe hier angegriffen. Hier überall lagen sie herum, die toten Tiere. Das waren eindeutig die Wölfe. Ich habe sie gesehen, einen Tag später, ganz hier in der Nähe, am Waldrand, zwei Stück waren es.« Seitdem kämpfe sie gegen die örtliche Kreisverwaltung, die Wojewodschaft, und gegen die Tierschützer, die auf die grandiose Idee gekommen waren, die Wölfe unter Naturschutz zu stellen. Was bedeute, dass sie sie nicht abschießen dürfe. Das aber sei eine Riesensauerei. Denn erstens sei die Entschädigung, die sie pro Schaf bekomme, viel zu niedrig, und zweitens seien Schafe ja wohl auch Tiere, die man schützen müsse. Aber da seien die Herren Naturschützer wohl anderer Meinung. Nachdem sie, gemeinsam mit den Nachbarn, das polnische Fernsehen alarmiert und die einen Bericht gebracht hätten, habe man jetzt die Hunde bekommen. Sie zeigt auf einen großen weißen Bettvorleger, der es sich vor dem Stall bequem gemacht hat. Ein Hirtenhund. Das sei ja wohl lachhaft. Sie habe sich deshalb noch ein paar andere Dinge ausgedacht. Mitkommen sollten wir, dann würde sie uns demonstrieren, was man alles anstellen müsse, um sich hier gegen die Wölfe, die Wojewodschaft und überhaupt gegen die Welt zu wehren. Als wir um den Stall herumgegangen sind – der Hund hat kaum aufgeschaut –, deutet sie stolz auf einen großen Lautsprecher, der oben in einem kahlen Laubbaum befestigt ist. Jeden Nachmittag ab vier Uhr, wenn es dunkel werde, werfe sie die Anlage an. Laute Rockmusik. Sie persönlich höre die zwar auch nicht so gerne, aber die Wölfe, die könnten die Musik am allerwenigsten ausstehen, weil sie die automatisch mit Menschen verbänden. »Und das hilft, das sage ich Ihnen!« Sie stemmt die Hände in die Hüften, mustert befriedigt ihren Lautsprecher und wirft herausfordernd den Kopf in den Nacken. »Aber eins sage ich Ihnen auch, wenn das mal nicht mehr helfen sollte, dann greife ich zum Gewehr, und zwar höchstpersönlich. Und es ist mir völlig egal, was irgendein Beamter aus der Wojewodschaft dazu sagt.« So. Und jetzt müssten wir mit hineinkommen, Tee trinken. Es werde schließlich gleich dunkel, und in die Kamera werde sie uns das alles sowieso nicht sagen. Das gebe doch immer nur Ärger mit den Behörden. Als ich ihr zu erklären versuche, dass ich mit ihrer Geschichte nichts anfangen könne, wenn sie nichts vor der Kamera sagen wolle, winkt sie nur resolut ab. Keine Chance. Aber bei Piotr Dmyszewicz im Nachbardorf könnten wir es mal versuchen. Der sei nämlich einer von diesen verdammten Umweltschützern. Und der würde uns bestimmt was in die Kamera sagen, der habe auch neulich einer Zeitung ein Interview mit Bild gegeben. Doch zuerst müssten wir den Tee trinken. Also gehen wir hinein mit ihr ins Haus – polnischen Frauen widerspricht man nicht – und fahren erst danach ins nächste Dorf, um ihren Piotr zu suchen, den verdammten Umweltschützer.

Ganz einfach ist das nicht, denn Straßen oder Hausnummern gibt es nicht in den Bieszczaden, und es ist schon wieder dunkel geworden. Menschen am Wegesrand, die man fragen könnte, sehen wir auch nicht. Das erste Haus, das erleuchtet ist, liegt hoch oben an einem schneebedeckten Hang, der mit unserem Auto nicht zu erklimmen ist. Es sieht romantisch aus: ein altes Holzhaus im Schnee, aus dessen Schornstein eine kleine Rauchsäule aufsteigt. Bis wir uns zu Fuß dorthin durchgekämpft haben, vergeht dann allerdings fast eine Stunde. Ein dünner, hagerer Hippie, der niemand anders sein konnte als der Umweltschützer, zu dem uns die Schäferin geschickt hatte, macht uns die Tür auf. Und er ist es auch. Die Kletterei hierhin hatte sich gelohnt. Wir erklären ihm, was wir wollen, und er bittet uns hinein. Im Haus ist es brüllend warm, ein großer eiserner Ofen steht in der Mitte des Raumes, und vier kleine Jungen toben im Hintergrund um eine Tischtennisplatte. Das Ping-Pong, das sie dabei produzieren, klingt dumpf, denn die Wände hängen voll mit nassen Mänteln und Socken, die im Schein des Kaminfeuers vor sich hin dampfen. Piotr macht gerade Bratkartoffeln und fragt, ob wir mitessen wollen. Seine Frau sei mit dem Kleinsten in die Stadt gefahren. Der habe zum Arzt gemusst, und da käme sie frühestens übermorgen zurück. Die Busse führen so selten. Wir sagen, dass wir die Bratkartoffeln gerne mit ihm teilen würden, dass wir ihnen aber nicht alles wegessen wollten. Doch da lächelt Piotr nur und meint, das sei kein Problem. Kartoffeln gebe es genug in der Gegend. Ich frage ihn nach den Wölfen und ob das wirklich solch ein großes Problem sei. Er schiebt uns einen Topf mit Kartoffeln zum Schälen über den Tisch und lächelt wieder milde. Es ist gemütlich in seinem kleinen Wohnzimmer, auch wenn das dumpfe Ping-Pong im Hintergrund mir ein bisschen auf die Nerven geht.

»Wissen Sie, es sind insgesamt vielleicht 50 Wölfe, die hier seit dem Ende des Zweiten Weltkriegs wieder heimisch geworden sind. Nachdem sie in der Gegend fast völlig ausgestorben waren. Und ich verstehe die Leute, die sie abschießen wollen. Aber andererseits müssen die Wölfe auch geschützt werden. Ich stehe da ein wenig zwischen den Fronten. Wissen Sie, ich sitze seit einiger Zeit im örtlichen Rathaus und versuche den Leuten hier zu erklären, wie wichtig generell der Umgang mit der Natur und der Umweltschutz sind. Dass das auch für die Region der einzige Ausweg ist, dass nämlich nur dann die Touristen kommen, wenn die Natur hier weiterhin so unberührt bleibt, wie sie es jahrzehntelang war. Das ist eine Chance. Unsere einzige. Denn Warschau wird niemals Geld für Infrastruktur oder Fabriken hier reinpumpen.« Er setzt sich und dreht eine Zigarette. Das erste Mal, dass ich in Polen jemanden sehe, der selbst gedrehte Zigaretten raucht. Woher er die habe? Er lacht und weiß sofort, dass ich auch schon mal danach gesucht, aber keine gefunden hatte, denn Tabak zum Selberdrehen gibt es selbst in Warschau nur in ganz ausgesuchten Läden. »Die lasse ich mir aus Holland von Freunden schicken.« Piotr grinst mich an, während er liebevoll die geschnippelten Kartoffelscheiben in eine Pfanne schichtet. »Da haben wir gelebt, drei Jahre lang, in Amsterdam, bevor wir hierher gezogen sind.« Während des Kriegszustandes seien sie abgehauen. Denn damals in Polen ein Hippie zu sein, ein »dcieci kwiaty«, Blumenkind – und so hätten sie sich damals genannt –, das sei nicht einfach gewesen. »Wir waren schließlich Staatsfeinde. Man hat uns gejagt in den Straßen, weil wir lange Haare hatten und bunte Gewänder. Manche sind dann in die Solidarnosc-Bewegung übergewechselt. Aber eigentlich waren wir total unpolitisch. Ja, und dann sind wir halt nach Holland gegangen. Und später hierhin, als sich die politische Lage etwas entspannte. In den Bieszczaden waren schon einige von uns. Denn hier hatten wir unsere Ruhe. Die Einheimischen haben uns ›die Studenten‹ genannt und uns misstrauisch beäugt, aber nicht weiter beachtet. Bis die Ersten kapiert haben, dass wir Hippies waren, hatte man in der ganzen Welt schon längst wieder vergessen, dass es so etwas mal gegeben hat. Und heute ist es eh egal. Heute haben sie uns akzeptiert.«

Die Bratkartoffeln sind fertig, und die vier Jungs stehen in einer ordentlichen Schlange vor dem Herd und ihrem Vater, der jetzt ganz langsam und bedächtig einem nach dem anderen den Teller füllt. »Der beste Beweis dafür, dass wir integriert sind, ist doch, dass sie mich heute regelmäßig in den Gemeinderat wählen, weil sie begriffen haben, dass wir ihnen nichts Böses wollen. Dass wir Leute von hier geworden sind.« Denn nach Warschau oder in den Westen Polens zurückzugehen, wo heute nur noch das Geld und das Business regierten, das könne er sich noch weniger vorstellen als damals in den 80er Jahren.

Auch wenn es schon manchmal ein hoher Preis sei, den man dafür bezahle. »Die Kinder zum Beispiel fahren jeden Morgen fast anderthalb Stunden mit dem Bus, um in die Schule zu kommen. Aber sie sind glücklich hier, und ich bin froh, dass sie so aufwachsen. Es ist eine Gegend, vielleicht die einzige in Polen, wo sich in den letzten Jahren Menschen von überall her niedergelassen haben, die eigentlich alle dasselbe wollen. Ihre Ruhe und wirkliche Freiheit.« Es gebe in der Gegend übrigens Menschen, die noch viel extremer lebten als er mit seiner Frau und seinen fünf Söhnen. Die vom Stausee zum Beispiel. Er erzählt uns die Geschichte von Ula und ihrem Vater, die noch tiefer in der Wildnis der Bieszczaden leben, hinter dem großen Solinastausee, zu denen man im Winter nur über den See gelangen könne, vorausgesetzt, er friere nicht zu, was aber selten der Fall sei. Ula sei erst acht oder neun, und jeden Morgen müsse sie um vier Uhr aufstehen, um mit ihrem Vater in einem alten Motorboot erst fast eine Stunde über den See zu fahren und dann von dort mit dem Auto noch einmal eine Stunden bis zur Schule. Und das machten sie jeden Morgen.

Was für eine rührende Geschichte, ein kleines Mädchen mitten in der Wildnis, denke ich, und zwei Tage später haben wir Ula und ihren Vater gefunden. Wir sitzen bei minus 15 Grad mit den beiden in einem mindestens 30 Jahre alten russischen Jeep, den der Vater, Krzysztof Bros, über die vereiste Straße lenkt, auf dem Rückweg von der Schule zum Stausee. Das einzige Problem ist, dass die kleine Ula weder niedlich noch rührend, sondern ein ziemliches Biest ist. Sie sitzt hinten auf der Ladefläche, hat uns den Rücken zugedreht und offenbar beschlossen, kein Wort mit uns zu sprechen. Auch von ihrem Vater, dem das Ganze unangenehm ist, lässt sie sich zu nichts erweichen. Der ist erstaunlich alt für den Vater eines so kleinen Mädchens, ein großer bärtiger Mann, um die 60, der wirkt wie ein Waldgeist, der gerade aus seinem Märchen entkommen ist. Ein Interview mit ihm und Ula, das sei kein Problem, hatte er gleich zugestimmt, als wir ihn über das Telefon eines Bekannten in der Stadt erreichten. Stattdessen erklärt er mir jetzt, dass die Kleine nun einmal ihren eigenen Willen habe. Und dass das auch ganz gut so sei, hier in der Wildnis. Gut, denke ich, abwarten.

Als wir am See ankommen, springt Ula vom Jeep, immer mit dem Rücken zur Kamera, rennt zum Seeufer, nimmt die Leine des Motorboots und zieht es an Land. Sie kommt hier offenbar tatsächlich gut klar. Krzysztof steigt aus dem Wagen, er geht an zwei Krücken. Doppelter Oberschenkelhalsbruch, vor einem Jahr. Ob das nicht alles ein bisschen zu viel sei, was er sich da zumute, frage ich ihn, aber er nimmt die Kisten mit Wurst, Brot und Süßigkeiten aus dem Auto und schüttelt den Kopf: »Wissen Sie, ich war früher in einer Stahlfabrik in Breslau ein ziemlich hohes Tier, zentraler Einkäufer. Und diese ganze Sinnlosigkeit ist mir so auf den Geist gegangen. Dann lieber das hier.«

Ula stemmt sich gegen das Boot, damit es nicht umkippt, während er die schweren Kisten auflädt. Nach knapp einer halben Stunde können wir los. Es ist so kalt geworden jetzt, dass das Sprechen schwer fällt. Auf meine leicht bange Frage, wie wir denn abends mit der ganzen Ausrüstung wieder hierhin zurückkommen würden, antwortet er mit einem beruhigenden Nicken: Das sei kein Problem, da werde er uns einfach wieder zurückfahren über den See. Das mache er immer so mit seinen Besuchern. Aber wir sollten alle Mäntel mitnehmen, die wir hätten, denn mit Einbruch der Dunkelheit werde es auf dem See richtig kalt. Ich frage mich, was er wohl mit richtig kalt meint.

Ula schiebt die Einkaufskisten ans Ende des Bootes und wartet geduldig, bis wir alle irgendwie sitzen. Als wir losfahren – der eisige Fahrtwind beißt auf der Haut –, versuche ich noch einmal, sie zum Sprechen zu bringen. Doch sie bleibt stur. Ja, nein, weiß ich nicht, ist alles, was ich aus ihr herausbekomme. Sobald die Kamera ausgeschaltet ist, redet sie allerdings ganz normal mit mir. Über die Kinder in der Schule, mit denen sie kaum Kontakt hat, weil sie so weit weg wohnt. Jedenfalls im Winter. Im Sommer werde sie künftig mit dem Pferd zur Schule reiten. Darauf freue sie sich jetzt schon. Kaum macht Maciek die Kamera wieder an, dreht sie sich um. Das Ganze ist offenbar ein Spiel. Und es macht ihr sichtlich Spaß. Ich beginne stattdessen, Krzysztof zu interviewen. Der sitzt an dem altersschwachen Motor des kleinen Bootes und wirkt zufrieden, trotz der Kälte und seiner widerspenstigen Tochter. »Das ist schon schwer, täglich diese Tour, zwei Stunden hin und zwei Stunden zurück. Aber Ula wollte das ungedingt so. Auch wenn sie es jetzt nicht zugeben wird. Sie will unbedingt in die Schule. Das ist für sie das Allerwichtigste. Egal, wie kalt es ist und wie schlecht das Wetter ist. Und dass wir jeden Morgen dafür um vier Uhr aufstehen, um es überhaupt zu schaffen. Aber sie will das so. Deshalb ist es eben meine Aufgabe als ihr Vater, dafür zu sorgen, dass das geht.«

Ob es eigentlich eine Mutter zu dem Kind gebe, frage ich ihn, und er lacht. »Ja, sicher, Ewa, die lebt auch dort drüben mit uns.

Sie ist aus Krakau und hier hängen geblieben, wie ich. Ihre Familie redet seitdem nicht mehr mit ihr. Aber sie hat sich entschieden, bei mir zu bleiben. Und fertig.« Ein zweites kleineres Kind, einen Jungen, gebe es auch noch. Jacek. Das sei die ganze Familie. Es beginnt schon wieder dunkel zu werden, als wir nach einer Dreiviertelstunde Fahrt am anderen Ufer des Sees ankommen. Ula verschwindet innerhalb von Sekunden, nachdem wir angelegt haben, und ich gebe den Gedanken auf, ein rührendes Interview mit ihr zu machen. Eine aufgeregte junge Frau mit blondem Pferdeschwanz kommt auf uns zu. Das konnte unmöglich seine Frau sein, denke ich noch, als er mir sie vorstellt. Aber sie ist es. Ewa. Ewa ist höchstens Ende 20 und auf unseren Besuch ganz offensichtlich nicht vorbereitet. Sie schaut uns kurz an, dreht uns dann den Rücken zu und will sofort wieder gehen. Großartig, denke ich. Das hatte die Kleine also von ihr. In ungefähr einer Stunde würde es so dunkel sein, dass wir überhaupt nichts mehr filmen könnten. Aber wir haben ›Glück‹, denn Ewa hat ein Problem und kommt deshalb zu uns und dem Boot zurück. Ihre beiden Pferde sind verschwunden seit dem Vormittag. Deshalb ist sie so aufgeregt. Ob wir sie vom Boot aus irgendwo gesehen hätten, fragt sie uns. Normalerweise passiere so etwas nicht, dass sie den ganzen Tag nicht mehr auftauchten, und sie mache sich jetzt ernsthaft Sorgen.

Wir haben sie nicht gesehen, und Krzysztof schlägt vor, dass Ewa sie doch mit dem Pony suchen gehen solle. Und fügt an uns gewandt hinzu, dabei könnten wir sie ja begleiten. Er ist offenbar der Einzige in dieser Familie, der Interesse an uns hat. Wir folgen also seinem Vorschlag, etwas anderes bleibt uns jetzt sowieso nicht mehr übrig, und rennen im Laufschritt hinter ihr und dem Pony her, auf das sie sich geschwungen hat, ohne uns auch nur anzusehen. Immer wieder ruft sie die Namen der Pferde in das dichte Schneetreiben. Aussichtslos, was sie da tut, denke ich. Ganz knapp vor Einbruch der Dunkelheit gelingt es dann aber doch. Ein großer schwarzer Araber und ein Schimmel kommen plötzlich gelassen und elegant einen Abhang hoch. Es ist eine absurde Szenerie: diese Pferde, die junge Frau auf dem Pony und wir, die wir immer mit der Kamera und einer kleinen Akku-Lampe hinter ihr herjagen, um wenigstens ein paar Bilder einfangen zu können.

Später im Stall entschuldige ich mich für das Theater und erkläre ihr, dass ihr Mann uns allerdings hierhin eingeladen habe. Die Pferde dampfen in der warmen Luft des Stalls, und sie murmelt, dass sie nichts davon gewusst habe und solche Überraschungen nicht möge. Obwohl Krzysztof es sicher nett gemeint habe, ihr ein bisschen Abwechslung bescheren wollte. Was sie eigentlich überhaupt dazu gebracht hat, mit zwei kleinen Kindern in ihrem Alter so fernab von jeder Zivilisation zu leben? Ewa mustert ein Pferdebein und dessen Huf, als habe sie die Frage nicht gehört. Dann dreht sie sich zur Stalltür, und gerade als ich denke, sie werde mich wortlos stehen lassen, beginnt sie zu erzählen. Ohne Pausen und ohne mich dabei mehr als irgend nötig anzusehen. Fast ein Selbstgespräch. Über das Leben in den Bieszczaden, die Einsamkeit und die Demut der Natur gegenüber, die sie hier gelernt habe. Dass sie am Anfang auch zurück in die Stadt wollte, vor allem im ersten Winter. Denn die Winter seien einfach hart hier und zu lang. Dass Krzysztof aber nicht mehr von hier wegwolle. Und dass sie sich am Ende eben entscheiden musste: wegzugehen mit den Kindern oder hier als richtige Familie zu leben. Sie habe sich für die Familie entschieden. Und wirklich bereut habe sie es noch nie. Dass Ula ein bisschen seltsam sei, egal. Sie habe eben andere Probleme als andere Kinder. Sie sei stur und zäh wie kaum ein Mädchen in ihrem Alter. Wenn sie ab dem nächsten Sommer allein mit dem Pferd in die Stadt zur Schule reiten werde, könne ihr das nur helfen. Mehr Sorgen mache ihr der Junge, der sei so schüchtern und ängstlich, der weiche nie von ihrer Seite, obwohl er jetzt bald sechs werde. Und eigentlich müsste er auch in die Schule. Woraus aber wohl erst einmal nichts würde. Aber das sei vielleicht auch der Preis, den sie dafür zahlen müsse, dass sie sich in einen Mann verliebt habe, der nun einmal, wie die meisten Bieszczadniki, nie mehr von hier weggehen werde.

Vom See her dringt plötzlich ein Höllenlärm zu uns in den Stall. Ewa lächelt kurz. Das sei er, Krzysztof, seine neueste Errungenschaft. Ein Diesel-Aggregat. Seitdem gebe es sogar Strom und manchmal Licht in der Küche. Im Winter sei das mehr wert als alles andere. Das Gerät habe er selbst gebaut, trotz der Krücken, den ganzen Herbst über. Für sie. Weil sie es sonst wahrscheinlich wirklich nicht mehr ausgehalten hätte, irgendwann.

Sie schließt die Stalltür sorgfältig mit einem Holzbalken und stapft durch den tiefen Schnee zum Haus zurück. Im Halbdunkel wirkt sie noch jünger als zuvor. Das Diesel-Aggregat unten vorm Haus spuckt und stottert, aber es läuft. Im Haus ist jetzt tatsächlich Licht. Durch das Küchenfenster sehe ich Ewa am Herd hantieren. Ein Fußball fliegt durch die Luft, ganz knapp an ihr vorbei, prallt und scheppert gegen die Fensterscheibe. Ewa nimmt ihn und wirft ihn zurück in den Raum hinter sich. Wahrscheinlich der kleine Sohn, der sich den ganzen Nachmittag vor uns versteckt hatte. Sie winkt mir durch das Fenster zu, als sie sich wieder umdreht, sehr ernst und ohne zu lächeln, aber so, als ob wir wiederkommen dürften.

Dann fährt Krzysztof uns, wie versprochen, zurück über den See. Es ist ihm ein wenig unangenehm, dass wir so wenig drehen konnten, doch wir könnten ja tatsächlich noch einmal herkommen. Im Sommer sei es sehr schön hier, erzählt er, müde geworden, als wir das andere Ufer erreichen. Es sei lange hell dann, und sogar Touristen kämen ab und zu vorbei. Denen erkläre er dann immer, warum er hierher gezogen sei: dass er aus dem Sozialismus ausgestiegen sei, damals, weil er ihm sinnlos erschienen war, und er jetzt nicht wieder zurückfinde in das

Polen von heute. Dass er das nicht mehr verstehe, diese Gier nach dem Westen, die Glitzerpaläste von Warschau.

Der Schnee fällt wieder, kleine, eiskalte Flocken, und oben am Himmel steht diesmal nur ein ganz schmaler Sichelmond. Mir fällt plötzlich die Kneipe ein, wo unsere Reise begonnen hatte, und der Hund im Kinderwagen. In Cisna, als noch Vollmond war. Heute ist es so dunkel, dass man die Schneeflocken nur im Licht unserer Akkulampe sieht. An Dukla muss ich denken, an all die Eigenbrötler, denen wir in den letzten Tagen hier begegnet waren, und an Andrzej Stasiuk. Wie er diese Szene wohl beschrieben haben würde. Den alten Mann in seinem Motorboot, und wie er sich jetzt, nachdem er uns abgesetzt hat, mit seinen Krücken wieder vom Ufer abstößt und nach wenigen Sekunden schon fast ganz verschwunden ist in der vollkommenen Dunkelheit über dem See.

Heimat

Wenn es eine Stadt in Polen gibt, die heute ganz und gar in der Gegenwart lebt, dann ist das Breslau. Eine der jüngsten und dynamischsten Städte Polens, in der vor allem im Sommer auf dem Marktplatz das Leben tobt, wie es das sonst nur im Süden Europas gibt. Die Vergangenheit lebt in der Erinnerung weiter und schwebt damit an solchen Abenden so leicht und unbeschwert über der Stadt wie die Zukunft. Die Worte für Vergangenheit und Zukunft sind im Polnischen übrigens fast identisch, Przyszlosc und Przeszlosc. Wenn es um Heimat geht, zählt die Gegenwart. Und eine Heimat ist diese Stadt für sie geworden: für die vielen polnischen Vertriebenen aus dem Osten, die nach dem Zweiten Weltkrieg hier angesiedelt wurden.

Ich war immer wieder erstaunt, wie wenig die meisten Deutschen darüber wissen, dass auch viele Polen ihre Heimat verloren haben, dass in Deutschland hauptsächlich von den deutschen Vertriebenen die Rede ist, die heute nach Breslau zurückkehren, und so selten von den vielen polnischen Vertriebenen, die hier nach dem Krieg mühsam einen neuen Anfang suchen mussten.

Zdzislaw Stepien, der Taxifahrer, zum Beispiel, der heute deutsche Vertriebene durch die Stadt fährt, um ihnen bei der Suche nach ihren ehemaligen Wohnungen zu helfen, ein freundlicher, früh ergrauter Mann um die 50, der mich vom Bahnhof abgeholt hat. »Ich bin immer stolz, wenn wir durch das Zentrum fahren und die Deutschen sehen, wie perfekt heute alles renoviert ist. Wie modern die Stadt geworden ist. Nach 1989 konnten wir das ja endlich beginnen. Und dann fahren wir die

Straßen ab und fahnden nach den Häusern, in denen sie früher gewohnt haben. Sie zeigen mir Fotos von damals, auf denen sie meist noch Kinder sind, wie sie auf der Treppe vor dem Haus stehen, und wenn wir es gefunden haben, dann machen sie noch einmal dieselben Fotos an derselben Stelle. Nur dass sie jetzt alte Leute sind.« Der Taxifahrer ist ein sanfter Mann und schnell gerührt. »Manchmal haben sie dann Tränen in den Augen, und ich weine dann oft gleich mit, denn meine Eltern hatten ja dasselbe Schicksal. Wir sind ja auch nicht freiwillig hier, wir sind ja genauso vertrieben worden, aus dem Osten. Da, wo wir früher unseren Hof hatten, leben heute Ukrainer.« Zdzislaw Stepien zeigt nach vorne, »die meisten Menschen hier sind aus dem Osten oder aus Zentralpolen hierher gekommen, nachdem die polnischen Ostgebiete an Stalin fielen. Hier konnte man noch am einfachsten unterkommen. Warschau war ja total zerstört nach dem Krieg, und Krakau war voll.« Schwer sei es am Anfang gewesen, sich in den Trümmern der Stadt irgendwie einzurichten, vor allem für die Älteren. Seine Großmutter habe die Vertreibung nie verwunden, bis zuletzt hätte sie vor Heimweh oft nicht schlafen können und sei in der Wohnung immer auf und ab geirrt in der Nacht.

Aus einem Fenster über dem Marktplatz lehnt ein Mann, vielleicht Anfang 60, mit einem gemütlichen Gesicht und einer Vollglatze, die in der Sonne glänzt. »Das ist ein Kabarettist, der ist auch aus dem Osten und kann Ihnen dazu einiges zu erzählen«, erklärt der Taxifahrer, bevor er uns vor seinem Haus absetzt. Der Mann mit der Glatze heißt Stanislaw Szelc und lebt hier, seit er mit seiner Mutter und zwei Schwestern 1949, nach Umwegen über ein sibirisches Straflager, in dem sein Vater starb, nach Breslau kam. »Dass wir vertrieben worden waren, durfte man ja nicht sagen. Wir waren ja Repatriierte. Diese Umsiedlungen aus den ehemaligen polnischen Ostgebieten waren schließlich in Absprache mit Moskau geschehen. Insofern war es bis vor einigen Jahren tabu, darüber zu sprechen. So wie es früher für die meisten hier auch nicht so einfach war, über die deutsche Vergangenheit Breslaus zu sprechen. Irgendwie hatten ja doch immer alle Angst, die Deutschen könnten zurückkommen.« Er schließt das Fenster und lädt uns zum Tee ein. Die Regale seines kleinen Arbeitszimmers sind bis unter die Decke gestopft voll mit Büchern und Manuskripten. Eine alte Wanduhr tickt so laut, dass sie fast den Lärm vom Marktplatz übertönt, der selbst noch durch die geschlossenen Fenster dringt. Er schüttet den Tee in große runde Becher und setzt sich in einen geflochtenen Schaukelstuhl, der neben dem Fenster steht. »Der ganze Markt lag in Ruinen, und auch das Haus hier war total zerstört, als sie die Deutschen zu Fuß von hier heim ins Reich geschickt haben. Der letzte Gauleiter hat das noch angeordnet, eine kranke Idee. Die anderen Deutschen sind geflüchtet oder wurden vertrieben.« Er lehnt sich zurück und beginnt mit dem Schaukelstuhl zu wippen. »Neulich bin ich nachts aufgewacht und mir gegenüber saß eine Frau. Ganz durchsichtig war sie, ganz ruhig. Glauben Sie mir, ich bin Atheist und kein spiritueller Spinner, aber das war tatsächlich so. Da saß diese Frau, hier in dem Schaukelstuhl, in dem ich jetzt sitze, und es war ein sehr angenehmes Gefühl. Ich war selbst erstaunt für einen Moment. Sie sagte nichts, war aber sehr friedlich, und ich habe das gespürt, was ich eigentlich von Anfang an gespürt habe, als wir hier einzogen: dass die, die hier vorher gelebt haben, gut zu mir sind und mein Schicksal als eins sehen, das mit ihrem vergleichbar ist.« Natürlich habe es auch andere Geschichten gegeben, Deutsche, die hier herablassend aufgetreten waren, Polen, die die deutschen Heimwehtouristen nicht hereinlassen wollten, noch nicht einmal auf einen kurzen Besuch. Das sei eben oft auch die Angst voreinander gewesen. »Aber das hat sich jetzt gründlich geändert. Meine Tochter lernt heute in der Schule, dass Breslau eine deutsche Stadt war, und alles über die deutsche Geschichte Schlesiens, und sie ist sogar stolz darauf. Denn sie hat viele Freunde in Deutschland, und wenn sie etwas mit Deutschland assoziiert, dann sind das für sie gute Autos und das Nachtleben von Berlin. Für die Kinder heute ist die Vergangenheit wirklich Ur-Geschichte. Und das ist gut.«

Ich war oft in Breslau in den letzten drei Jahren. Die Art und Weise, in der hier die deutsche Vergangenheit fast selbstverständlich Teil der eigenen Identität geworden ist, trotz allem, hat mich immer beeindruckt. Auch wenn das natürlich nicht immer ein einfacher Prozess war. Im Rathaus der Stadt sitzt heute ein Oberbürgermeister, der viel dazu beigetragen hat, Rafal Dutkiewicz. Kennen gelernt hatte ich ihn, als er noch Chef einer Firma war, die junge polnische Manager für Investoren aus dem Westen suchte, die sich in Polen angesiedelt hatten. Ein so genannter Headhunter, der mir erzählt hatte, wie schwierig es vor allem war, den polnischen Nachwuchsmanagern eine deutsche Firma schmackhaft zu machen. »Die wollten immer lieber zu den Franzosen oder den Amerikanern«, sagte er damals. Dass sie am Ende aber ganz oft wieder ankamen, tief enttäuscht, vor allem von dem chaotischen Führungsstil der Franzosen, und nach mehreren Umwegen dann am Ende doch in einer deutschen Firma landeten und dort glücklich wurden. »Wir sind uns nämlich viel näher, als wir denken. Polen mögen verlässliche, klare Absprachen, und auch wenn wir immer auf die deutsche Ordnung schimpfen: sie ist uns letztlich sehr angenehm. Und andersherum sind wir Polen sehr zuverlässig und sehr viel besser organisiert, als so mancher Deutsche am Anfang glauben will.«

Das war mir hängen geblieben, aus unserem damaligen Gespräch, als ich ihn – kurz vor Ende meiner Zeit in Polen – in Breslau noch einmal besuchte, diesmal im Rathaus, einem wuchtigen spätgotischen Bau in der Mitte des Marktplatzes. Rafal Dutkiewicz, mittlerweile 44 Jahre alt, ist ein gut aussehender großer Mann. Daran hatte sich auch in der Zwischenzeit nichts geändert. Der Oberbürgermeister schien ihm Spaß zu machen.

Gut gelaunt und entspannt sitzt er hinter seinem Schreibtisch, den Telefonhörer am Ohr, offenbar im Gespräch mit einem deutschen Unternehmer, während er uns mit einer wedelnden Geste bittet, vor ihm Platz zu nehmen. »Es ist einfach super, was hier passiert ist«, sagt er, als er aufgelegt hat. Erinnern kann er sich nicht mehr an mich, dazu hat er zu viel gleichzeitig vor und sieht täglich zu viele Gesichter. Er entschuldigt sich kurz dafür und kommt dann auf sein Thema zurück: »Die Polen, die hier heute wohnen, haben die deutsche Vergangenheit integriert, und die Deutschen, die hierher kommen und investieren, glauben an die polnische Zukunft der Stadt. Damit ist die Stadt für die polnischen Bewohner heute endlich ein wirkliches Zuhause geworden.« Weil es heute ein Miteinander mit den Deutschen sei, die hierher kämen und hier investierten. Obwohl er nach wie vor mit einer Arbeitslosigkeit von 13 Prozent kämpfe. »Aber ich habe bei meinem Amtsantritt versprochen, diese Quote jedes Jahr um ein Prozent zu senken. Und das werde ich auch halten.« Und er beginnt sie aufzuzählen, all die kleinen und großen Erfolge der letzten Zeit. All die Firmen, die sich bereits hier angesiedelt haben, und all die, die er noch hierher holen will.

Er dreht sich zum Fenster und zeigt hinunter auf den Marktplatz. »80 Prozent der Breslauer sind absolut zufrieden mit der Entwicklung der Stadt und optimistisch, was die Zukunft angeht, das haben wir gerade in einer Umfrage festgestellt, und das heißt ja auch etwas.« Wenn man ihm so zusieht, kann man nicht anders als ihm glauben. Er hat sich vom Fenster zurück wieder zu mir gewandt und wird jetzt plötzlich sehr ernst. »Ganz Polen, nicht nur Breslau, würde sich noch zehnmal schneller entwickeln, wenn die Politik, die Regierung in Warschau, ein bisschen professioneller wäre. Das ist das größte Problem. Dass die politische Lage in unserem Land einfach instabil ist. Man kann sich auf die Gerichte nicht verlassen, jede zweite Woche wird ein Minister ausgewechselt, die Regierung gibt keine klare Richtung vor. Das schreckt viele Investoren immer noch ab. Und ich kann sie verstehen. Das kann einen wahnsinnig machen. Denn wir haben ein unglaubliches Potenzial an jungen, hungrigen Leuten, die an ihre Karriere glauben, die so optimistisch sind, wie junge Polen es noch nie waren.« Dass man da wohl nur auf die neue Politikergeneration warten könne und müsse. »Damals nach der Wende sind eben erst einmal alle, die etwas im Kopf hatten, in die Wirtschaft gegangen, um Geld zu verdienen.« Damit kenne er sich aus, meint er augenzwinkernd, denn das habe er ja auch nicht anders gemacht, womit er uns fröhlich in den warmen Sommernachmittag entlässt. Sein nächster Termin wartet schließlich schon.

Zdzislaw Stepien, der Taxifahrer, bringt mich zurück zum Bahnhof. Als ich ihn frage, wie er sie denn sehe, seine Stadt, und ob dieses Breslau denn am Ende eigentlich seine Heimat geworden sei, schaut er mich verwundert im Rückspiegel an. »Ich wohne hier, fahre jeden Tag durch diese Straßen, was glauben Sie denn? Natürlich ist das meine Stadt. Zu 100 Prozent kann ich heute sagen, dass ich Breslauer bin und froh darüber. Dass sie mal eine deutsche Stadt war, gut, dass meine Familie eigentlich aus dem Osten Polens stammt, was soll's, das ist doch heute nicht mehr wichtig. Heute ist Breslau mein Zuhause, weil ich hier lebe und arbeite und nirgendwo anders.«

Heimat ist nichts, das man einfach haben kann, hatte Edgar Reitz einmal gesagt, nachdem er den immer wieder missbrauchten Begriff mit seinem gleichnamigen Film Mitte der 80er Jahre wieder in ein neues, unschuldigeres Licht setzte. Heimat sei stattdessen eine Aufgabe, an der man täglich arbeiten müsse. So wie an der Liebe. Deshalb könne man sie auch so leicht verlieren. Auf Polnisch gibt es noch nicht einmal ein Wort dafür. Kein Wunder, wenn man die Geschichte kennt. Auf Polnisch sagt man dann stattdessen für »Heimat« »ojczyzna«, »Vaterland«. Denn in diesem willkürlich zerteilten, immer wieder von außen beherrschten Polen ging es zuerst und vor allem immer um die schlichte Frage des Territoriums und der Existenz. Heute ist das anders. Seit 1989 können die Polen ihr Schicksal und das ihres Landes seit Jahrzehnten das erste Mal wieder selbst in die Hand nehmen. Die Frage nach der eigenen Identität stellt sich damit tatsächlich erst jetzt, nach dem Wegfall des Kommunismus und der äußeren Bedrohungen. Denn erst jetzt, 60 Jahre nach Ende des Zweiten Weltkriegs, können die Polen sich wirklich frei mit ihrer eigenen Geschichte – und so auch mit sich selbst – beschäftigen. Als ich in der Nacht auf den 1. Mai 2004 in Warschau stand, um mich herum jubelnde junge Gesichter sah und eine Erleichterung in der Luft lag, die ihren Grund in etwas Tieferliegenderem hatte als in der puren Tatsache, dass man gerade der Europäischen Union beigetreten war, da fiel mir Roza Thun ein. Die Frau, die für die politische Rückkehr Polens nach Europa gekämpft hatte wie kaum jemand anders im ganzen Land. Die Frau, die mir gesagt hatte, dass erst dieser Beitritt zur EU für sie das endgültige Ende des Eisernen Vorhanges besiegeln würde. Dass die Zukunft erst dann beginne, wenn sie ihr Land dort, wo sie heute lebe, wieder als zutiefst sicheren Ort empfinden könne. Als Heimat eben.

Und jetzt? – Zum Schluss sitze ich in Warschau inmitten von Umzugskisten und frage mich, was es eigentlich für mich bedeutet hat, drei Jahre lang in einem Land zu leben, das seine eigene Identität noch lange nicht gefunden hat. In Polen, also nirgendwo. Alfred Jarry hatte diesen Ausdruck geprägt in seinem Klassiker des absurden Theaters »König Ubu«, den er in Polen spielen ließ, weil er an einem Ort spielen sollte, der so phantastisch, so unwirklich wie möglich sein sollte. Manchmal ist dieses Polen, sind seine Menschen heute noch so. Heimatlose, die immer noch nicht glauben können, dass sie wirklich sicheren Boden unter den Füßen haben. Menschen, die jetzt noch zusätzlich mitten in einem gewaltigen Umbruchprozess stecken, der ihnen das Ankommen einmal mehr erschwert. Eins ist mir bewusster geworden in dieser Zeit: dass Heimat ein innerer Zustand ist, der nichts mit Gebieten oder Geographie zu tun hat. Dass Heimat etwas ist, das von jedem selbst abhängt. Heimat kann eine Bohrinsel sein, eine Leidenschaft wie das Kino oder eine große Liebe. Oder ganz banal: das, was man tut, wie man lebt und arbeitet. Home is where the laptop is. Das hat Björk, die isländische Pop-Ikone, einmal gesagt. Und so banal ist das gar nicht.

Morgen jedenfalls werde ich im Flugzeug sitzen, und das Letzte, was ich von Warschau sehen werde, wird die Spitze des Kulturpalastes sein. Dieses Wahrzeichen wider Willen. Umgeben von den Bauskeletten modernster Bürohochhäuser, die jetzt rings um ihn herum hochgezogen werden, steht er weiterhin dort, monumental und stoisch: die Stein gewordene Erinnerung an die aufgezwungene sozialistische Vergangenheit, die heute im Kapitalismus versinkt, so wie der Kulturpalast selbst bald ganz hinter den Wolkenkratzern des 21. Jahrhunderts versinken wird. Es ist gut, dass die Polen ihn nicht abgerissen haben. Dass er mitten im Neuen weiter an das Alte erinnert. Denn Erinnerung ist nun einmal eine notwendige Voraussetzung für Identität.
  Nicht weit davon entfernt, ganz klein, aber das werde nur ich wissen, denn sehen kann man sie aus dem Flugzeug nicht mehr, steht die Palme aus Amerika. Dieser Realität gewordene Traum aus Plastik, der den Bewohnern der Hauptstadt zeigen soll, wer sie sind und wo sie leben. In Warschau, der verrückten, zerrissenen Hauptstadt Polens, mitten auf dem Weg in eine neue Zeit. In einem Land, in dem ich zu Hause war, drei Jahre lang. In Polen und nicht irgendwo.

Danke an alle Mitarbeiter des Studios Warschau, ohne deren unermüdlichen Einsatz all die Filme nicht zustande gekommen wären, auf denen dieses Buch beruht. Daiekuje bardzo.

Zeittafel

1945 Ende des Zweiten Weltkriegs. Mit den Abkommen von Jalta und Potsdam wird Polen nach Westen verschoben. Der Bug wird zur neuen Ostgrenze Polens. Die dahinter liegenden ehemaligen polnischen Ostgebiete, Lemberg und der östliche Teil des alten Galiziens, fallen an die Sowjetukraine.

1947 Parlamentswahlen, die Kommunisten fälschen das Ergebnis und verfolgen die bürgerliche Opposition.

1952 Verabschiedung einer neuen, Stalin genehmen Verfassung, Polen wird »Volksdemokratie«.

1953 Am 5. März stirbt Stalin.

1968 Unruhen nach der Absetzung von Adam Mickiewicz' Nationaldrama »Die Totenfeier«. Repressalien gegen Intellektuelle, eine antizionistische Kampagne der Regierung führt zu mehreren Auswanderungswellen der noch verbliebenen Juden im Land.

1970 Arbeiterunruhen in Danzig und Stettin werden blutig niedergeschlagen. Gierek wird I. Sekretär der regierenden kommunistischen Arbeiterpartei.
Beginn einer neuen Ostpolitik unter Bundeskanzler Willy Brandt. Am 7. Dezember kniet Willy Brandt vor dem Mahnmal für die Opfer des Warschauer Ghettos nieder.

1976 Preiserhöhungen, Streiks und Repressalien gegen die Arbeiter. Gründung des KOR, einer intellektuellen Oppositionsgruppe, die sich offen und mit legalen Mitteln für die verfolgten Arbeiter einsetzt.

1978 Karol Wojtyla wird zum Papst gewählt.

1979   Erste Pilgerfahrt des Papstes nach Polen.

1980   Erneute Preiserhöhungen, die zum Auslöser von Unruhen im ganzen Land, vor allem auf der Danziger Werft, werden. Der zuvor entlassene Elektriker Lech Walesa tut seinen berühmten Sprung über die Mauer und wird Vorsitzender des Streikkomitees. Abkommen zwischen Regierung und dem Streikkomitee auf der Danziger Werft (31.8.). Gierek wird abgesetzt. Gründung der Solidarnosc, der ersten unabhängigen Gewerkschaft im Ostblock. Moskau droht zu intervenieren.

1981   General Jaruzelski wird Premierminister und später auch I. Sekretär der regierenden kommunistischen Arbeiterpartei. Verhängung des Kriegsrechts in der Nacht zum 13. Dezember.

1983   Zweite Pilgerfahrt des Papstes nach Polen. Aufhebung des Kriegsrechts.

1984   Ermordung des oppositionellen Priesters Jerzy Popieluszko durch Beamte des Sicherheitsdienstes.

1987   Der Papst kommt ein weiteres Mal nach Polen.

1988   Neue Streikwellen im ganzen Land. Es kommt zur Bildung der Institution des »Runden Tisches«, an dem sich alle politischen Gruppierungen von der regierenden kommunistischen Arbeiterpartei bis hin zur Solidarnosc versammeln.

1989   Verhandlungen am »Runden Tisch«. Erste fast freie Wahlen (4. 6.). Niederlage der kommunistischen Arbeiterpartei. Tadeusz Masowiecki wird erster nichtkommunistischer Premierminister im gesamten Ostblock. Beginn tief greifender Wirtschaftsreformen.

1990   Endgültige Anerkennung der Oder-Neiße-Grenze durch das wiedervereinigte Deutschland. Lech Walesa wird zum polnischen Präsidenten gewählt.

1991   Erste freie Parlamentswahlen am 27.10.

1994 Antrag auf Aufnahme in die EU. Roman Herzog bittet bei der Gedenkfeier zum 50. Jahrestag des Warschauer Aufstandes das polnische Volk um Vergebung. Erstes gemeinsames Manöver mit NATO-Truppen in Polen.

1995 Lech Walesa verliert die Präsidentschaftswahlen. Aleksander Kwasniewski wird neuer polnischer Präsident.

1997 Präsident Clinton kündigt in Warschau die Aufnahme Polens in die NATO an. Hochwasserkatastrophe in Süd- und Westpolen.

1998 Beginn der EU-Beitrittsverhandlungen (31.3.). Die Danziger Werft muss Konkurs anmelden.

1999 Polen tritt der NATO bei.

2001 Erneute Hochwasserkatastrophe, diesmal in Südpolen, entlang der Weichsel.

2002 Papst Johannes Paul II. besucht erneut seine Heimat und hält vor mehr als zwei Millionen Menschen in Krakau seine bisher größte Messe ab.

2003 Am 7. und 8. Juni stimmen die Polen in einem Referendum über den EU-Beitritt ab. Nach einer kontroversen Diskussion im Vorfeld entscheiden sich 77,45 Prozent der Polen für einen Beitritt.

2004 Am 1. Mai tritt Polen der EU bei. In den einen Monat später stattfindenden Europaparlamentswahlen können vor allem die Europa-Gegner deutliche Gewinne verbuchen.

Literaturhinweise

Alexander, Manfred: Kleine Geschichte Polens, Stuttgart 2003.

Borodziej, Wlodzimierz: Der Warschauer Aufstand 1944, Frankfurt a.M. 2001.

Chiari, Bernhard (Hrsg.): Die polnische Heimatarmee. Geschichte und Mythos der Armia Krajowa seit dem Zweiten Weltkrieg, München 2003.

Davies, Norman: Der Aufstand der Verlorenen. Der Kampf um Warschau 1944, München 2004.

Davies, Norman, Moorhouse, Roger: Die Blume Europas. Breslau – Die Geschichte einer mitteleuropäischen Stadt, München 2000.

Heine, Heinrich: Über Polen. In: Heine, Heinrich: Briefe aus Berlin, Hamburg 1973.

Kossert, Andreas: Masuren. Ostpreußens vergessener Süden, Berlin 2001.

Krzeminski, Adam: Polen im 20. Jahrhundert, München 1998.

Sacher-Masoch, Leopold von: Eine Damenverschwörung. In: Simonek, Stefan; Woldan, Alois (Hrsg.): Galizien, Klagenfurt 1998.

Stasiuk, Andrzej: Die Welt hinter Dukla, Frankfurt a. M. 2000.

Stegmann, Natali: Die Töchter der geschlagenen Helden. »Frauenfrage«, Feminismus und Frauenbewegung in Polen 1863–1919, Wiesbaden 2000.

Thum, Gregor: Die fremde Stadt – Breslau 1945, Berlin 2003.

Annette Dittert / Fritz F. Pleitgen
Der stille Bug

Reise durch ein zerrissenes Land

Gebunden

In einer vergessenen Welt, im alten Galizien, entspringt ein Fluss, den nur wenige kennen: der Bug. Er durchquert eine mythische Landschaft, in der sich die großen Dramen der europäischen Geschichte auf engstem Raum ereignet haben.

Annette Dittert, Polenkorrespondentin der ARD, und Fritz Pleitgen, langjähriger Berichterstatter aus dem Osten Europas, haben eine Zeitreise durch die zerrissene Grenzlandschaft von Polen, Weißrussland und der Ukraine unternommen und dabei Menschen getroffen, deren Schicksale die dramatischen Wechselfälle Mitteleuropas widerspiegeln.
Sie führen den Leser in eine der aufregendsten Landschaften Europas, die lange vergessen war und nun durch die Erweiterung der EU wieder in unser Blickfeld rückt.

www.kiwi-koeln.de